◆ 《清明上河图》，北宋画家张择端绘，为中国十大传世名画之一，也是世界文化瑰宝，绢本设色，全卷纵24.8厘米，横528.7厘米。整幅画卷规模宏大、视角宽广，从北宋都城东京郊野画起，到汴河两岸风光，直至城门内街巷建筑，各类车马舟船、摊位店铺，近千个形态各异、身份有别的人物栩栩如生，全面、直观、真实地展现了东京的城市风貌和社会生活。全景式的构图和丰富的细节，让人身临其境。

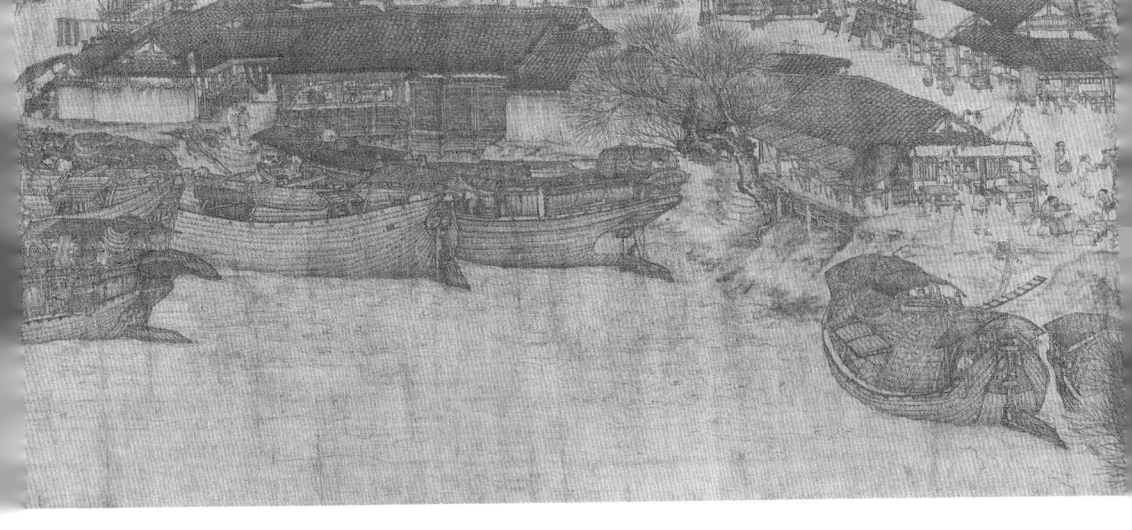

◆ 《清明上河图》以细致入微的笔触，全面、生动地呈现了北宋都城东京（又称汴京、汴梁，今河南开封）的繁华景象。《东京梦华录》亦是在东京生活了二十余年的北宋遗老孟元老回忆东京而作。从城市布局到风俗礼仪、饮食娱乐等，细致地为东京做了全纪实记载。一书一画，对后世直观地感知大宋东京繁华提供了第一手资料。

◆ 北宋是我国历史上极其富庶、开放、先进的朝代,在经济、文化、思想上均达到一定高度。世界著名经济学家冈德·弗兰克曾说:"11世纪和12世纪的宋代,中国无疑是世界上经济最先进的地区。"陈寅恪亦言:"华夏民族之文化,历数千载之演进,造极于赵宋之世。"

东京梦华录

[宋] 孟元老 著　　侯印国 译注

陕西新华出版　三秦出版社

果麦文化 出品

梦华录序

仆从先人¹，宦游南北，崇宁癸未²到京师，卜居于州西金梁桥³西夹道之南。渐次长立，正当辇毂⁴之下。太平日久，人物繁阜。垂髫之童，但习鼓舞；班白⁵之老，不识干戈。时节相次，各有观赏。灯宵月夕，雪际花时，乞巧登高，教池游苑⁶，举目则青楼画阁，绣户珠帘，雕车竞驻于天街，宝马争驰于御路。金翠耀目，罗绮飘香。新声巧笑于柳陌花衢，按管调弦于茶坊酒肆。八荒争凑，万国咸通。集四海之珍奇，皆归市易；会寰区之异味，悉在庖厨。花光满路，何限春游；箫鼓喧空，几家夜宴。伎巧则惊人耳目，侈奢则长人精神。瞻天表则元夕教池，拜郊孟享⁷。频观公主下降，皇子纳妃。修造则创建明堂，冶铸则立成鼎鼐。观妓籍⁸则府曹衙罢，内省宴回；看变化则举子唱名⁹，武人换授¹⁰。仆数十年烂赏叠游，莫知厌足。一旦兵火，靖康丙午¹¹之明年，出京南来，避地江左¹²，情绪牢落，渐入桑榆¹³，暗想当年，节物¹⁴风流，人情和美，但成怅恨。近与亲戚会面，谈及曩昔，后生往往妄生不然。仆恐浸久，论其风俗者，失于事实，诚为可惜。谨省记编次成集，庶几开卷得睹当时之盛。古人有梦游华胥之国¹⁵，其乐无涯者。仆今追念，回首怅然，岂非华胥之梦觉哉！目之曰《梦华录》。然以京师之浩穰，及有未尝经从处，得之于人，不无遗阙。倘遇乡党宿德，补缀周备，不胜幸甚。此录语言鄙俚，不以文饰者，盖欲上下通晓耳，观者幸详焉。绍兴丁卯¹⁶岁除日¹⁷幽兰居士孟元老序。

【注释】

1. 先人：已故的父亲。

2. 崇宁癸未：崇宁（1102—1106）是宋徽宗赵佶继建中靖国后的第二个年号。崇宁癸未即崇宁二年，公元1103年。

3. 金梁桥：桥名，位于汴河上的太师府桥和西浮桥之间。

4. 辇毂：皇帝的车舆。代指京城。司马迁《报任少卿书》："仆赖先人绪业，得待罪辇毂下，二十余年矣。"

5. 班白：指须发花白。"班"通"斑"。

6. 教池游苑："教池"指金明池，"游苑"指琼林苑。本书卷七记载："州西顺天门外，开金明池、琼林苑，每日教习车驾上池仪范。"

7. 拜郊孟享：拜郊指皇帝到郊坛祭祀，参见本书卷十"驾诣郊坛行礼"条。孟享，亦作"孟飨"，帝王宗庙祭礼。因于每年的四孟（孟春、孟夏、孟秋、孟冬）举行而得名。

8. 妓籍：即乐籍，借指入乐籍的妓女。

9. 唱名：又称"传胪""唱第"，是殿试赐第的一种仪式。此制始于宋太宗雍熙二年（985）。《宋会要辑稿·选举》一三之一"唱名"条记载："雍熙二年三月十五日，太宗御崇政殿试进士，梁颢首以程式上进，帝嘉其敏速，以首科处焉。十六日，帝按名一一呼之，面赐及第。唱名赐第，盖自是为始。"

10. 换授：根据才能调整官职。

11. 靖康丙午：靖康（1126—1127）是宋钦宗的年号，也是北宋的最后一个年号。靖康丙午即靖康元年，公元1126年。

12. 江左：即江东。因长江在安徽境内向东北方向斜流，而以此段江为标准确定东西和左右。在北宋时期主要指江南东路一带，包括现在的江苏省和安徽省长江以南地区。

13. 桑榆：日落时光照桑榆树端，因以指日暮，也用来比喻晚年。

14. 节物：各个季节的风物景色。

15. 华胥之国：《列子·黄帝》记载："（黄帝）昼寝而梦，游于华胥氏之国。"后来以华胥之梦指代美梦或理想的境地。

16. 绍兴丁卯：绍兴（1131—1162）是宋高宗赵构年号。绍兴丁卯即绍兴十七年，公元1147年。

17. 岁除日：年终的一天，即除夕。

【译文】

我从小跟随着父亲做官的足迹,在不同的城市生活。直到徽宗崇宁二年(1103),才来到京城,定居在城西金梁桥西边夹道的南面一带。从此之后,我就在天子脚下慢慢长大。

这时的京城,长期处于和平岁月,人情风物繁华热闹。京城里的儿童,都只一心学习鼓乐舞蹈;头发花白的老人,也从未经历过战争。一年之中的各个节日,都有可供观赏的美景盛事。不管是元宵节还是中秋节,是雪落之际还是花开之时,是七夕乞巧还是重阳登高,是金明池演习还是琼林苑游赏,举目看去,视野所及,到处都是青楼画阁、绣户珠帘,各条路上都是车水马龙,华美的车舆竞相在街边停靠,神骏的良马纵情在御路上驰骋。

放眼望去,车辇上的装饰金碧辉煌。花轿里丝绸罗带飘散着阵阵芬芳,香气扑鼻。在烟花柳巷里,伴着燕语莺声的欢笑,歌女们演唱的都是最新颖时髦的歌曲;在茶坊酒店里,各种管弦乐器的声音此起彼伏。四面八方的人们,竞相朝这里涌来;世界各国的使者,都纷纷前来这里朝见。京城的市场上,汇集了来自五湖四海的珍贵罕见之物;京城的厨房里,能见到整个世间的嘉肴奇馔。道路上遍地花光,处处都是风景,可不仅仅是在春游踏青时才能看到。有时有箫鼓乐声飘响,可能只是有几户人家正在夜宴聚会,也算不上什么大事。丰富多彩的杂技表演惊人耳目;豪放奢侈的生活风气长人精神。人们可以在元宵节的灯会、金明池演习或者是在各种帝王祭祀活动中一睹龙颜,至于公主下嫁和皇子纳妃的庆祝活动,更是屡见不鲜了。要论京城的建造水平,那明堂可谓是代表建筑;要说京城的冶铸能力,那新铸的九鼎就是代表。每当在政府府曹下班回家,或者在皇宫中参加完宴会归来,你可以随心去拜访名妓。每逢科举殿试放榜进士唱名,或者武官调整官职的时候,你可以结识朝廷新人。

我在这里生活了几十年,醉心于游玩赏乐,一遍又一遍纵情游览了无数次,但从没有觉得知足和厌倦,还愿意继续在这里永远快乐地游玩下去。但是天有不测风云,一夜之间,战火纷飞,靖康之乱的那一年,我被迫离开了京城,南下江东躲避战乱。在南方的生活没有什么乐趣，深感孤寂无聊，不知不觉就步入了垂暮之年。一个人经常回想当年的惬意生活，每个节庆的风采，都是那么精彩美好，人和人之间，是那样的和睦美满。这些美好的回忆，现在都成了怅然长叹。最近和亲戚碰面，聊到当年的风华岁月，有很多小辈往往觉得根本没有那么美好。我担心随着岁月渐行渐远，再讨论当年的风土人情，可能会越来越失真，那就实在是太可惜了。于是我凭着自己的记忆，把当年那些景观风俗记录下来，编辑成书，希望读者打开之后，就能感受到当年的盛况。

　　古人曾做梦来到华胥之国，感受到无尽快乐，我现在追忆往昔，回首之时深感怅然，难道不是从自己的华胥之梦中醒来了吗？所以我把这本书取名叫做《梦华录》。不过以京城的繁华盛大，我也不能一一走遍，加上有一些事情我自己未曾经历，只有一些从别人那里辗转得来的资料。所以这本书难免有不少的缺漏。要是有来自故乡的朋友和博学多闻的前辈，能帮忙补充指正，让这本书能更加完备，那我就真是不胜荣幸和感激了。

　　这本书用的语言比较粗浅，使用了不少市井俚语，没有进行雕琢，这是希望不论是知识分子还是普通百姓，都能够没有障碍地阅读，这一点要特别说明一下，请读者知悉。

绍兴十七年（1147）除夕夜，幽兰居士孟元老序

目录

卷之一

东都外城 …002

旧京城 …007

河道 …009

大内 …015

内诸司 …022

外诸司 …025

卷之二

御街 …029

宣德楼前省府宫宇 …030

朱雀门外街巷 …035

州桥夜市 …040

东角楼街巷 …043

潘楼东街巷 …047

酒楼 …050

饮食果子 …054

卷之三

马行街北医铺 …063

大内西右掖门外街巷 …066

大内前州桥东街巷 …070

相国寺万姓交易 …072

寺东门街巷 …075

上清宫 …078

马行街铺席 …080

般载杂卖 …083

都市钱陌 …086

雇觅人力 …088

防火 …090

天晓诸人入市 …092

诸色杂卖 …095

卷之四

军头司 …099

皇太子纳妃 …103

公主出降 …104

皇后出乘舆 …106

杂赁 ···108

修整杂货及斋僧请道 ···110

筵会假赁 ···112

会仙酒楼 ···114

食店 ···116

肉行 ···120

饼店 ···122

鱼行 ···124

卷之五

民俗 ···127

京瓦伎艺 ···130

娶妇 ···137

育子 ···144

卷之六

正月 ···148

元旦朝会 ···150

立春 ···154

元宵 ···156

十四日车驾幸五岳观 ···161

十五日驾诣上清宫 ···164

十六日 ···165

收灯都人出城探春 ···171

卷之七

清明节 ···177

三月一日开金明池琼林苑 ···181

驾幸临水殿观争标锡宴 ···185

驾幸琼林苑 ···190

驾幸宝津楼宴殿 ···192

驾登宝津楼诸军呈百戏 ···194

驾幸射殿射弓 ···202

池苑内纵人关扑游戏 ···204

驾回仪卫 ···206

卷之八

四月八日 ···210

端午 ···212

六月六日崔府君生日，二十四日神保

观神生日 …214

是月巷陌杂卖 …217

七夕 …219

中元节 …222

立秋 …224

秋社 …226

中秋 …228

重阳 …230

卷之九

十月一日 …233

天宁节 …234

宰执亲王宗室百官入内上寿 …236

立冬 …247

卷之十

冬至 …249

大礼预教车象 …251

车驾宿大庆殿 …253

驾行仪卫 …257

驾宿太庙奉神主出室 …261

驾诣青城斋宫 …263

驾诣郊坛行礼 …265

郊毕驾回 …270

下赦 …272

驾还择日诣诸宫行谢 …274

十二月 …276

除夕 …279

译后记 故都风华常念远 …281

《汴京城市布局图》（李合群 绘）

① 大庆殿
② 文德殿
③ 朝堂
④ 紫宸殿
⑤ 崇政殿
⑥ 延和殿
⑦ 清居殿
⑧ 保和殿　宣和殿　睿思殿
⑨ 柔仪殿
⑩ 福宁殿
⑪ 垂拱殿
⑫ 集英殿
⑬ 延福宫
⑭ 广圣宫
⑮ 保文阁　天章阁　龙图阁

⑯ 新衣库　市易务　権货务
⑰ 太常寺
⑱ 相国寺
⑲ 中书省
⑳ 西景灵宫
㉑ 都亭驿　秘书省
㉒ 尚书省　南北作坊　弓弩造院
㉓ 御史台
㉔ 开封府　延庆观
㉕ 都曲院　遇仙正店
㉖ 杂买务　布库
㉗ 矾楼
㉘ 绫锦院
㉙ 艮岳

卷之一

东都外城

东都外城[1],方圆四十余里。城壕曰护龙河,阔十余丈。壕之内外,皆植杨柳,粉墙朱户,禁人往来。城门皆瓮(wèng)城[2]三层,屈曲开门[3]。唯南薰门、新郑门、新宋门、封丘门,皆直门两重,盖此系四正门,皆留御路故也。新城南壁[4],其门有三[5]:正南门曰南薰门;城南一边,东南则陈州门,傍有蔡河水门;西南则戴楼门,傍亦有蔡河水门。蔡河正名惠民河,为通蔡州[6]故也。东城一边,其门有四[7]:东南曰东水门,乃汴河下流水门也,其门跨河,有铁裹窗门,遇夜如闸垂下水面,两岸各有门通人行路,出拐子城[8],夹岸百余丈;次则曰新宋门;次曰新曹门;又次曰东北水门,乃五丈河之水门也。西城一边,其门有四[9]:从南曰新郑门;次曰西水门,汴河上水门也;次曰万胜门;又次曰固子门;又次曰西北水门,乃金水河水门也。北城一边,其门有四:从东曰陈桥门(乃大辽人使驿路);次曰封丘门(北郊御路)[10];次曰新酸枣门;次曰卫州门(诸门名皆俗呼。其正名如西水门曰利泽,郑门本顺天门,固子门本金耀门)。新城每百步设马面、战棚[11],密置女头[12],旦暮修整,望之耸然。城里牙道[13],各植榆柳成阴。每二百步置一防城库,贮守御之器,有广固兵士二十指挥[14],每日修造泥饰,专有京城所[15]提总其事。

【注释】

1.东都外城:东都即汴京,今河南开封。南宋周密《癸辛杂识》别集上载:"汴之外城,周世宗时所筑,神宗又展拓,其高际天,坚壮雄伟。"其周长各书记载略有不同。

2．瓮城：建造于城门外侧的辅助性建筑，用夯土或砖石建成平面为半圆形或方形的空间环护在城门外侧。瓮城由汉代以后的雍门发展而来。

3．屈曲开门：意思是瓮城的门有的偏在其左，有的偏在其右。宋人曾公亮《武经总要·前集》卷十二《守城》："其城外瓮城，或圆或方。视地形为之，高厚与城等，惟偏开一门，左右各随其便。"

4．新城南壁：新城即外城，南壁指南面城墙。

5．其门有三：《玉海》卷一七四记载城南有五门。这里的三可能是单指正门的数量。

6．蔡州：今河南汝南一带。

7．其门有四：《玉海》卷一七四记载城东有五门。本节对城门的记载有几处与其他史料略有出入。

8．拐子城：北宋人往往称左右对称的两翼为"拐子"或"两拐子"。拐子城是城门外用以拱卫城门的两道小城门，类似瓮城。

9．其门有四：下文所列城门有五个，前后不合。《玉海》卷一七四记载有六门。

10．北郊御路：夏至日皇帝要到都城的北门外举行北郊大祭礼。北郊御路是车驾参加典礼经过的大路。

11．马面、战棚：均为防御工事。马面也叫墙垛，是突出于城墙外侧的马头状建构。宋人陈规《守城录》卷二《守城机要》记载："马面，旧制六十步立一座，跳出城外，不减二丈，阔狭随地利不定。"战棚是城墙上防守用的活动棚屋。宋人沈括《梦溪笔谈》卷十一《官政》："边城守具中有战棚，以长木抗于女墙之上，大体类敌楼，可以离合，设之顷刻可就。"

12．女头：即女墙，城墙上垛子一类的防护建筑。

13．牙道：牙通"衙"，即官道。

14．广固兵士二十指挥：广固是一种特殊的后勤军队，负责土木工程。指挥是北宋禁军最固定的编制单位，约500人。禁军的驻扎、更戍和征战，往往以指挥为单位。禁军的兵力也以指挥为单位计算。这里的二十指挥，就是大约一万名兵力。

15．京城所：广固部队的总部叫"修治京城所"。

【译文】

东京的外城方圆四十余里，围绕城墙的护城河叫"护龙河"，有十来丈宽，河两岸遍植杨柳。人们站在河边，便能看到白色的城墙和朱红的城门，那是不许普通人随意出入的地方。城墙的各个城门外侧都修建有瓮城三层，瓮城的外门有的偏左开，有的偏右开，一般不和城门直线相对。只有南薰门、新郑门、新宋门和封丘门这四个城门与众不同，它们的瓮城是两层，而且瓮城外门是正对着城门开设的。为什么会这样呢？这是因为这四个门分别是四面城墙的正门，有供皇帝御驾出入的御道。

东京外城有四面墙，其中南面城墙上共有三座城门：正南的叫南薰门，东南方的叫陈州门，在陈州门和南薰门之间，紧挨着陈州门，有蔡河流出城墙的一道水门，叫做蔡河水门。西南方的城门称为戴楼门，在戴楼门和南薰门之间，还有另一个蔡河水门。蔡河从城里流出时，分出两个支流，所以有两个水门。蔡河是老百姓的叫法，这是因为它接通蔡地的缘故。它其实有个正式的名字，叫惠民河。

外城的东面城墙上共有四座城门。东南方有个横跨在汴河上的水门叫东水门，汴河从这里流出城外。城门是包有铁皮的栅门，远看有点像窗户。每当夜色降临，这道栅门就会像一道水闸一样降入水中。城门两侧设有左右两个拐子城，各有门可以供人出入。在拐子城门，能看到汴河水宽达百十丈。东水门往北，就是东面城墙的正门新宋门。新宋门再往北，就到了新曹门。新曹门再往北，是五丈河出城的水门，因为位于外城的东北角，叫东北水门。

外城的西面城墙上也有四座城门（下文其实提到了五座城门）。从南往北，先是新郑门，然后是汴河流入城中的水门西水门，接着是万胜门，再北面则是固子门。再往北，在城墙的西边角有个水门，依方位叫西北水门，是金水河流过城墙的水门。

外城的北面城墙上也建有四座城门，从东往西，先是陈桥门，此门是辽国使节进出汴梁的专用通道。再往西是封丘门，每年夏至日，皇帝都会从这个门出城举行北郊大祭礼，所以通过这座门的道路就叫作北郊御路。封丘门再往西去，就是新酸枣门。继续往西，是整个北面城墙最西面的门，叫作卫州门。

《南薰门正面复原图》（李合群 ◆ 绘）

《南薰门及瓮城正面俯视图》（李合群 ◆ 绘）

《清明上河图》局部 ◆ 汴京城郊，小桥流水，几户人家掩映树中，远处，一队车马缓缓而来

上面说的这些城门名字，其实大都不是它们的官方称呼，而是民间通俗称谓。要说正式的名字，比如西水门，其实应该叫利泽门，因为在西门城墙上，民间就叫西水门。新郑门应该叫顺天门，因为这个门是去新郑方向的，民间就叫新郑门。固子门的官方名字叫金耀门。（据说因为城门下有石头垒叠起来的固子，民间就叫固子门了。）

整个东京外城的城墙上，每隔百步便建有一个突出于城墙之外的马面和一个战棚。女墙也遍布整个城墙。城墙高耸，非常雄伟。所有的防御工事，有土木工程部队"广固"士兵每天早晚巡查，及时修缮。城墙内的官道两侧，则遍植榆树和杨柳，绿树成荫。每隔两百步设有一个防城库，在库里备有守城驱敌的各种军事装备。整个城墙的保养维修任务，由二十个"指挥"，也就是一万名的广固部队士兵承担，在这个部队的总指挥部"修治京城所"的统筹管理下，这万名士兵每天都在对城墙进行加固修缮。

旧京城

旧京城,方圆约二十里许。南壁其门有三:正南曰朱雀门,左曰保康门,右曰新门。东壁其门有三:从南汴河南岸角门子[1],河北岸曰旧宋门,次曰旧曹门。西壁其门有三:从南曰旧郑门,次汴河北岸角门子,次曰梁门[2]。北壁其门有三:从东曰旧封丘门,次曰景龙门(乃大内城角宝箓宫前也),次曰金水门[3]。

【注释】

1. 角门子:侧门、后门称为"角门子",也叫"角子门"。据宋人蔡绦《铁围山丛谈》卷一记载,"秘书省官自角门子入,而班于大庆殿下,迓车驾起居,及还内,亦如之,可谓清切矣"。
2. 梁门:宋初名千秋门,后改阊阖门。俗称梁门。
3. 金水门:金水门是俗称,官方称为天波门。

【译文】

旧京城周长大概有二十里。南面城墙上共有三座城门,正南是朱雀门,朱雀门东面是保康门,朱雀门西侧则是新门。东面城墙上也有三座城门,从南往北,先是经过汴河南岸的角门子,往北是旧宋门,最北面是旧曹门。西面的城墙上也有三座门,从南往北看第一个是旧郑门,再北一点是汴河北岸的角门子,继续往北走就到梁门。

北面的城墙上也是三座城门,按着城墙从东往西的方向,第一个城门是旧封丘门,接着是景龙门，它的位置正对着大内皇宫宫墙角的宝箓宫的正面。继续往西，北城墙上的最后一个城门叫金水门。

《清明上河图》局部 ◆ 城门高大，为单檐庑殿顶，似飞鸟展翅，檐下三层斗拱，被漆成朱色。楼下人车出入自由，楼内有一面大鼓，但宋已解除宵禁制度，汴京成为"不夜城"

河道

穿城河道有四。南壁曰蔡河，自陈、蔡[1]由西南戴楼门入京城，迤绕自东南陈州门出，河上有桥十一[2]：自陈州门里曰观桥（在五岳观后门），从北次曰宣泰桥，次曰云骑桥，次曰横桥子（在彭婆婆宅前），次曰高桥，次曰西保康门桥，次曰龙津桥（正对内前），次曰新桥，次曰太平桥（高殿前宅前），次曰粜麦桥，次曰第一座桥，次曰宜男桥，出戴楼门外曰四里桥。中曰汴河，自西京洛口[3]分水入京城，东去至泗州[4]入淮，运东南之粮。凡东南方物，自此入京城，公私仰给焉。自东水门外七里，至西水门外，河上有桥十三[5]：从东水门外七里曰虹桥，其桥无柱，皆以巨木虚架，饰以丹雘[6]（huò），宛如飞虹，其上、下土桥亦如之。次曰顺成仓桥，入水门里曰便桥，次曰下土桥，次曰上土桥，投西角子门曰相国寺桥。次曰州桥（正名天汉桥），正对于大内御街。其桥与相国寺桥，皆低平不通舟船，唯西河平船[7]可过。其柱皆青石为之，石梁石笋楯栏，近桥两岸，皆石壁，雕镌海马[8]水兽飞云之状。桥下密排石柱，盖车驾御路也。州桥之北岸御路，东西两阙，楼观对耸。桥之西有方浅舡[9]二只，头置巨干铁枪数条。岸上有铁索三条，遇夜绞上水面，盖防遗失舟船矣。西去曰浚仪桥，次曰兴国寺桥（亦名马军衙桥），次曰太师府桥（蔡相[10]宅前），次曰金梁桥，次曰西浮桥（旧以船为之桥，今皆用木石造矣），次曰西水门便桥，门外曰横桥。东北曰五丈河，来自济、郓[11]（yùn），般挽京东路粮斛[12]（hú）入京城，自新曹门北入京。河上有桥五：东去曰小横桥，次曰广备桥，次曰蔡市桥，次曰青晖桥、染院桥。西北曰金水河，自京城西南分京索河水筑堤，从汴河上用木槽架过，从西北水门入京城，夹墙遮拥，入大内灌后苑池浦矣。河上有桥三，曰白虎桥、横桥、五王宫桥之类。又曹门小河子桥曰念佛桥，盖内诸司辇官、亲事官[13]之类，军营皆在曹门，侵晨上直[14]，有瞽者在桥上念经求化，得其名矣。

【注释】

1. 陈、蔡：陈指陈州，今河南淮阳。蔡指蔡州，今河南汝南。

2. 有桥十一："十一"疑为"十三"之误，下方文字实记有十三桥。

3. 西京洛口：北宋有四京，据宋王应麟《小学绀珠》卷二"地理类"中"四京"条记载："东京，开封府，汴；西京，河南府，洛；南京，应天府，宋；北京，大名府，魏。"西京即今洛阳。洛口是指洛水流入黄河的河口，此河口今在河南巩义的东北方。

4. 泗州：今安徽泗县。

5. 有桥十三："十三"当为"十四"之误。下文中实记十四桥。

6. 丹艧：当为"丹雘"之误。丹雘是一种朱色颜料。

7. 西河平船：汴河上之桥梁原以州桥为界（后以相国寺桥为界），将船分成东河船及西河船。东河船主要是大型漕船，吃水量深，州桥低平而无法通过。西河为平船，船身较小，吃水量浅，可以穿过州桥，进入东河。

8. 海马：传说中奔驰于海浪之上的神马。这里是指海马纹。

9. 浅舡：舡同"船"。

10. 蔡相：蔡京，先后四次任相，共达十七年之久。

11. 济、郓：济指济州，今山东巨野。郓指郓州，今山东东平。本文是指南济水在济、郓这两地的流域。

12. 般挽京东路粮斛：般，通"搬"。般挽指运输。京东路是北宋一级区划之一。北宋天下分为十五路，后析为十八路，又析为二十三路。粮斛指各种粮食。

13. 内诸司辇官、亲事官：内诸司指大内各职能部门。辇官是掌管内诸司各单位车辆、物品的保管、调配、分发的官员。亲事官是保障皇宫内的安全以及掌管皇帝的警卫、仪仗和侍从的官员。

14. 侵晨上直：侵晨即拂晓。直通"值"，上直即上班。

【译文】

　　穿过京城的河流共有四条，南面是蔡河，因为发源于陈、蔡地域而得名。蔡河流到汴梁后，顺着南城墙流淌，在京城西南方的戴楼门流入京城内，在城里曲折流淌，最后从东南方的陈州门流出城外。蔡河这段河道上有十三座桥。陈州门里侧是观桥，叫这个名字是因为它正好位于五岳观的后门。从观桥往北，先是宣泰桥和云骑桥，然后是位于彭婆婆宅前的横桥子，接着是高桥和西保康门桥，其后是正对着大内前门的龙津桥，再接着是新桥，其后是对着高殿前宅的太平桥，接着分别是粜麦桥、第一座桥、宜男桥。过了宜男桥，蔡河就从戴楼门流出城外，蔡河上位于城外的桥是四里桥。

　　京城中居中的河道是汴河。汴河的上游在洛阳洛口一带分出一条支流，这条支流流经京城，出城后向东流至泗州注入淮河。汴河担负着东南粮食漕运的交通重任，来自东南的各种土特产，也是经由它运往京城。可以说，京城里无论官民，一切生活所需，都得仰仗汴河漕运的供给。汴河在京城一带，从东水门外七里到西水门外的这段河道，一共有十四座桥。如果从东数起，第一座就是位于东水门外七里的虹桥，这座桥没有桥柱，是用巨大的木柱悬空架构而成。虹桥用丹雘涂饰，远远眺望，就像天边一道赤色飞虹。虹桥附近的上土桥和下土桥，也都是模仿它，用丹雘装饰。过了虹桥，下一座桥是顺成仓桥。过了这座桥，汴水就经过水门流入城中。

　　汴河位于城里的第一座桥是便桥，接着分别流经下土桥和上土桥，之后流到西角子门。在西角子门处的桥是相国寺桥，相国寺桥再往后一座桥，官名为天汉桥，但百姓都习惯叫作州桥。州桥正对着大内御街，它和相国寺桥的形状相似，桥身都建得比较低矮，所以这两座桥下，大一点的船都不能通行，只有西河平船可以通过。（汴河上的桥梁原以州桥为界——后以相国寺桥为界，将船分成东河船与西河船。东河船主要是大型漕船，无法通过低矮的州桥和相国寺桥。西河船是平船，船身较小，吃水量浅，可以穿过这两座桥。）

　　州桥是座石桥，桥柱是青石建造。桥上设有石梁、石柱、石栏。桥两边河岸上的石壁上雕刻着海马、水兽、飞云等祥瑞图案，桥下的石柱，也排列得相当整齐。州桥之所

《清明上河图》局部 ◆ 汴河与虹桥,汴河上舟船忙碌,见证当时水运便利,有一大船即将过桥,引众人忙碌。文中说,虹桥无柱,宛如飞虹,在画中可得印证。桥上各类摊位夹道而设,人车熙攘,诸多细节妙趣横生

以设计得如此庄重漂亮，是因为它是皇帝出行会经过的御路。

州桥北岸的御路两边，都耸立着高大的阙柱和富丽堂皇的建筑。州桥西面，可以看到两只方形的浅底船，船头放置有几条粗长的铁枪。在桥边岸上，还设有三条粗铁索。夜色降临，为了防止船只遗失，粗大的铁索就会被绞起。

从州桥继续向西的桥是浚仪桥，再往下是兴国寺桥（也称为马军衙桥）。继续往下是太师府桥（因位于做过太师的宰相蔡京的宅子前而得名）。接着是金梁桥，其后则是西浮桥（西浮桥以前是以船为桥，方便出行而已，到了宋代以后，才用木石建造成了现在的桥）。西浮桥再往后是西水门便桥，汴水从这里流出城外。位于汴水城外的桥，叫作横桥。

京城东北边的河流叫五丈河，源自于济、郓一带。五丈河也是重要的漕运水道，主要是将京东路地区出产的粮食转运到京城里来。五丈河从新曹门北流入京城，在京城里的河段上共有五座桥。从东面数过去，依次是小横桥、广备桥、蔡市桥、青晖桥和染院桥。

京城西北面的河道是金水河。京城西南建有堤坝，将金水河分流为京、索二河。（宋太祖当年想将京河水引到御沟，但是途中会经过汴河。京河水位高，汴河水位低，要是挖渠经过汴河，京河水肯定就会都随着汴水流走。为了解决这个问题，干脆在汴河上架设了一个巨大木槽。）京河通过木槽跨过汴河，再引入宫中，最后灌进皇宫后苑的池塘。入宫前这段水道两侧，都筑有夹墙，用来保护水道。金水河上有三座桥，分别是白虎桥、横桥、五王宫桥。

此外，曹门附近有座桥叫小河子桥，人们也称为念佛桥。为何会有这个名字呢？在皇宫里各职能部门里任职的辇官、亲事官们，大都住在曹门的军营里，每天天一亮，他们就要进宫当差，途中经过这座小河子桥时，就会遇到一位盲人在桥上念佛化缘，因此就有了念佛桥这个名字。

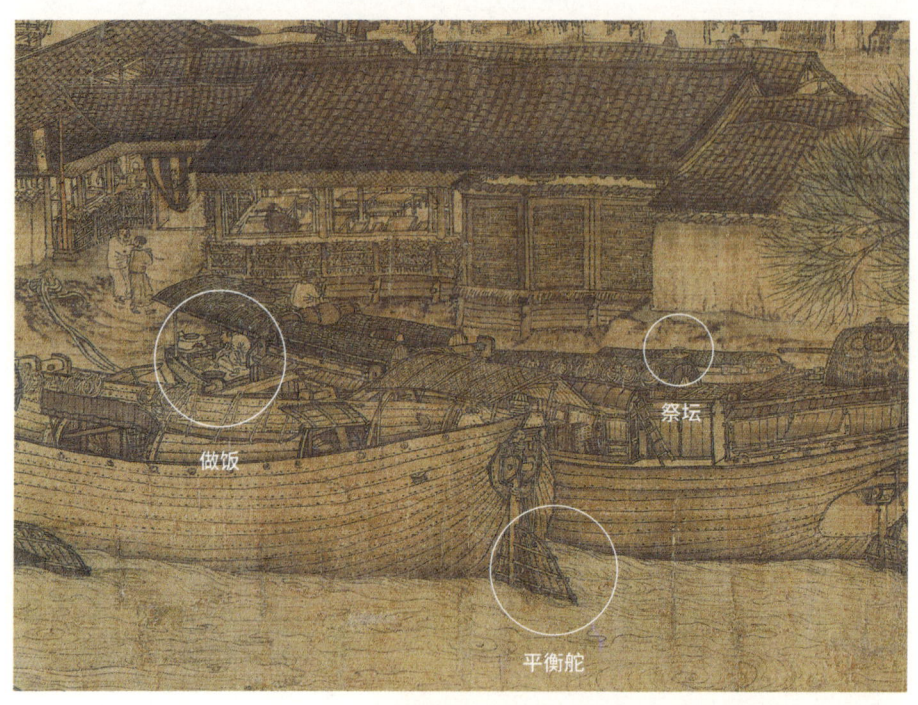

《清明上河图》局部 ◆ 汴河河道上的船,船上有桅杆、平衡舵,设有祭坛,有人在船上做饭。岸边设有测风仪

大内

　　大内正门宣德楼列五门，门皆金钉朱漆，壁皆砖石间甃[1]，镌镂龙凤飞云之状，莫非雕甍画栋，峻桷层榱[2]，覆以琉璃瓦，曲尺朵楼[3]，朱栏彩槛，下列两阙亭[4]相对，悉用朱红杈子[5]。入宣德楼正门，乃大庆殿，庭设两楼，如寺院钟楼，上有太史局保章正测验刻漏[6]，逐时刻执牙牌[7]奏。每遇大礼，车驾斋宿[8]，及正朔[9]朝会于此殿。殿外左右横门曰左、右长庆门。内城南壁有门三座，系大朝会趋朝路。宣德楼左曰左掖门，右曰右掖门。左掖门里乃明堂[10]，右掖门里西去乃天章、宝文等阁[11]。宫城至北廊约百余丈。入门东去街北廊乃枢密院[12]，次中书省[13]，次都堂[14]（宰相朝退治事于此），次门下省[15]，次大庆殿外廊横门，北去百余步，又一横门，每日宰执趋朝，此处下马。余侍从台谏于第一横门下马，行至文德殿，入第二横门。东廊大庆殿东偏门，西廊中书门下后省[16]。次修国史院[17]，次南向小角门，正对文德殿（常朝殿也）。殿前[18]东西大街，东出东华门，西出西华门。近里又两门相对，左、右嘉肃门也。南去左右银台门。自东华门里皇太子宫入嘉肃门，街南大庆殿后门、东西上阁门，街北宣祐门。南北大街西廊面东曰凝晖殿，乃通会通门入禁中矣。殿相对东廊门楼，乃殿中省[19]六尚局御厨。殿上常列禁卫两重，时刻提警，出入甚严。近里皆近侍中贵[20]。殿之外皆知省、御药幕次[21]，快行、亲从官、辇官、车子院、黄院子、内诸司兵士[22]，祗[23]候宣唤，及宫禁买卖进贡，皆由此入。唯此浩穰，诸司人自卖饮食珍奇之物，市井之间未有也。每遇早晚进膳，自殿中省对凝晖殿，禁卫成列，约栏不得过往。省门上有一人呼喝，谓之"拨食家"。次有紫衣、裹脚子 24 向后曲折幞头者,谓之"院子家",托一合 25,用黄绣龙合衣（fú）26 笼罩,左手携一红罗绣手巾,进入于此,约十余合,继托金瓜合二十余面进入,非时取唤,谓之"泛索"。宣祐门外,西去紫宸殿（正朔受朝于此）,次曰文德殿（常朝所御）,次曰垂拱殿,次曰皇仪殿,次曰集英殿（御宴及试举人于此）。后殿曰崇政殿、保和殿。内书阁曰睿思殿。后门曰拱宸门。东华门外,市井最盛,盖禁中买卖在此,凡饮食,时新花果,鱼虾鳖蟹,鹑兔脯腊（chún）27,金玉珍玩衣着,无非天下之奇。其品味若数十分,客要一二十味下酒,随索目下便有之。其岁时果瓜蔬茹新上市,并茄瓠（hù）28 之类新出,每对可直三五十千,诸阁分（hé）29 争以贵价取之。

【注释】

1. 甃：原指以砖瓦砌的井壁,这里泛指砖瓦。

2. 峻桷层榱：桷、榱都指屋椽。峻桷层榱是形容屋椽高大重叠之貌。

3. 曲尺朵楼：朵楼一般是正楼两旁的楼阙。曲尺是形容朵楼的形状,其截面类似曲尺。

4. 阙亭：宫殿大门两侧的亭子。

5. 杈子：亦名"行马"或"拒马"。用来阻拦行人通过的木制大型框架,宋代程大昌《演繁露》卷一记载："晋魏以后官至贵品,其门得施行马。行马者,一木横中,两木互穿以成四角。施之于门,以为约禁也。《周礼》谓之陛枑,今官府前叉子是也。"

6. 太史局保章正测验刻漏：太史局是掌管测验天文、考定历法的部门。保章正则是太史局里的一种技术人员。《宋史》卷一六四"职官四"记载："太史局,掌测验天文,考定历法。"其官名有令、有正、有丞、有直长、有灵台郎、有保章正等。刻漏,也叫"壶漏",是古代的计时工具。

7. 牙牌：古代出入宫门时用来验证身份的牌子,牙牌上一般刻有姓名官职。

8. 斋宿：在祭祀或典礼前,先一日斋戒独宿,表示虔诚。

9. 正朔：指一年第一天,即今天的春节。正即正月,为一年的第一月。朔即初一,为一月的第一天。

10. 明堂：古代帝王所建的最隆重的建筑物,用作朝会诸侯、发布政令、秋季大享祭天,并配祀祖宗。北京天坛祈年殿就是古代明堂式建筑。

11. 天章、宝文等阁：天章阁,宋真宗天禧四年（1020）下令营建,以奉真宗御集御书。宝文阁，原名寿昌阁，庆历元年（1041）改名。阁内收藏了仁宗御书、御制文集和英宗御书。仁宗听政之余，常在宝文阁挥毫泼墨并与皇室成员、近侍大臣诗文酬唱。

12. 枢密院：最高军事机构。掌兵符、武官选拔除授、兵防边备及军师屯戍之政令。有枢密使及枢密副使等职，元丰改制时罢枢密使、枢密副使，只以知枢密院事、同知枢密院事为长二官。

13. 中书省：中央最高政府机构之一，掌握行政大权，与掌管军事大权的枢密院合称"二府"。宋代沿袭唐代三省六部制，设尚书省、中书省、门下省，但以中书省之权特重。南宋时，中书省与门下省合并为中书门下省。

14. 都堂：尚书省的办公处。

15. 门下省：宋初门下省仅主朝仪等事。神宗元丰改官制，始恢复审查诏令的旧制。南宋初，中书、门下合并为一。

16. 中书门下后省：官署名，是中书省、门下省所属机构。宋神宗元丰八年（1085），改中书门下外省。

17. 修国史院：负责修撰本朝及前朝历史的机构。

18. 殿前：据前后行文及宋人张舜民《画墁录》等书中的相关记载，此处殿前当为殿后。

19. 殿中省：官署名。始称于唐武德元年。掌皇帝饮食、服饰、车马等事。宋承唐制，置殿中省，掌郊祀、元日冬至皇帝御殿及祫禘后庙神主赴太庙时供具伞扇之事。所属有尚食局、尚药局、尚衣局、尚舍局、尚乘局、尚辇局六局。

20. 近侍中贵：皇帝身边的服侍太监。

21. 知省、御药幕次：知省指入内内侍省都知、内侍省都知或都都知等宦官高级头目，"御药"乃"御药院勾当官"等省称。幕次是帐篷，这里指知省、御药等值班使用的帐幕。

22. 快行、亲从官、辇官、车子院、黄院子、内诸司兵士：据《梦粱录》及邓之诚考证，快行是"随皇驾出，执衣物器物"以及"平日以之供奔走、使令、转送命令器物、召唤或遣送人员等差事"的官员。亲从官是"给诸殿洒扫及契勘巡察"的官员。辇官是掌引驾车辇的官员。车子院即车辂院，掌乘舆法物及大仪仗众车队列车数等事。黄院子，即黄门院，内廷的杂役人员机构。内诸司，指驻于大内的由内侍宦官负责的各官署机构的总称。

23. 祗候：官职名，閤门祗候的省称，为閤门官，协助閤门宣赞舍人传。

24. 裹脚子：指包头的头巾上的一种装饰物。

25. 合：通"盒"。

26. 合衣：即盒衣，盖在盒子上的罩子。

27. 脯腊：古时咸干肉的通称。

28. 茄瓠：在宋代，茄瓠在四月初上市，价格高昂。参见本书卷八"四月八日"条。

29. 閤分：宋代对妃嫔的称呼。

【译文】

皇宫正门的门楼是宣德楼，宣德楼设有五座大门，每扇大门都刷朱红漆，门上有金钉。城墙则是砖石镶砌，上面雕镂着龙凤飞云图案。宣德楼雕梁画栋，栋梁乃至屋脊上都饰有各色雕刻和彩绘；屋椽高大重叠，楼顶覆盖着灿烂的琉璃瓦。宣德楼两旁的朵楼呈曲尺状，栏杆都呈朱红色，并装饰有彩色图绘。在朵楼之前，能看到两座小一点的阙亭遥相对立，中间放置着阻拦行人通过的红色大杈子。

我们走过宣德楼，首先看到的是大庆殿。殿前庭院两侧有两座小楼，看起来像寺庙里的钟楼。太史局里的官员"保章正"在这里观测刻漏，随着时辰的变化，在五更五点等时刻，他会带着牙牌入内报时。一旦遇到大典礼，皇帝就需要提前一天斋戒独宿，以表虔诚，一般就住在大庆殿里。此外每年正月初一日的朝会，也在大庆殿举行。大庆殿外有左右两个横门，分别叫作左、右长庆门。

皇宫内城南面的墙上有三座门，群臣参加大朝会的时候，就从这三座门进入皇宫。宣德楼左侧是左掖门，右侧是右掖门。左掖门进去就是明堂。右掖门进去的西边，是天章阁、宝文阁这几个阁。从宫城南墙到宫内北边走廊，大概有一百多丈。右掖门进去往东，有条东西向的小街，街北廊就从西往东依次排列着枢密院、中书省、都堂和门下省。宰相在不上朝的时间里在都堂里办公。再往东是大庆殿外廊的一个朝南开的边门。过了这个门往北走百来米，又有一个边门，宰相大臣们每天到宫里上朝，到了这个边门就要下马步行了。至于侍从、台谏等官员，则在前面提到的大庆殿外廊第一道门，就得下马了。过了这第二道门，步行进入文德殿的院落，这里的东廊上是大庆殿的东偏门，西走廊那边则是中书、门下后省和修国史院，修国史院在中书、门下后省的北面。修国史院东侧不远处，有一个朝南开的小角门，这个门正对着百官日常朝会的文德殿大殿。

文德殿后面是一条东西走向的大街，沿着这条街往东去是东华门，往西去是西华门。在文德殿附近两侧，有相对的两门，叫左、右嘉肃门。朝南对着这两座门的则是左、右银台门。皇太子宫在东华门内，从这里有一条路通往嘉肃门。大庆殿的后门以及东、西上阁门都位于东西大街的南边。宣祐门位于其北边。

宣祐门往北有条南北走向的大街，凝晖殿就在这条街的西侧，坐西朝东，这里的会通门，可以进入大内。大街东侧有个正对着凝晖殿的门楼，这里通向殿中省、六尚局御厨房。凝晖殿前总是部署重重禁卫人员，警戒森严，人员出入管理严格，能在殿内活动的，都是皇帝身边重要的服侍太监。在凝晖殿的外面，是入内内侍省、内侍省都知或都都知等宦官高级头目和御药院勾当官们值班的帐幕。此外还有快行、亲从官、辇官、车辂院、黄院子及内诸司等机构的官员和士兵。阁门祗候官的传宣，宫里种种货物的采购，各地各色贡品的进贡，也都从凝晖殿这边的入口进入宫中。因而凝晖殿外熙熙攘攘，宫内诸司的人员也会在这里兜售各种特色饮食和珍奇异物，大都是民间市井很少见到的珍品。

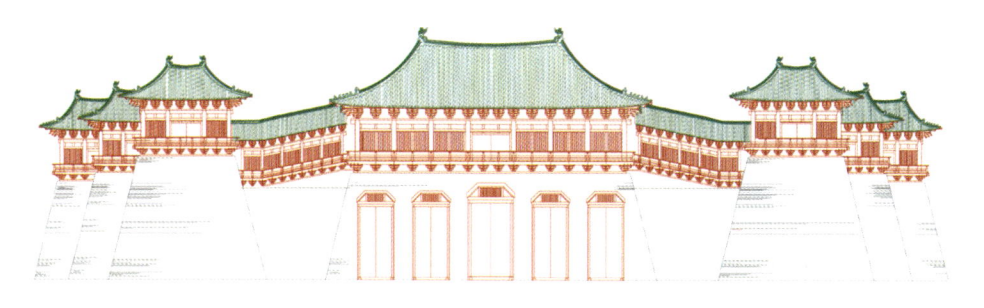

《宣德门正立面复原图》（李合群 ◆ 绘）

每到早、晚进膳之时,从殿中省到凝晖殿的这一段路上就会戒备森严,宫内禁卫排成紧凑的队列,严禁行人通过。每当这个时候,殿中省门口会出来一个官员招呼张罗,人们把这人叫作拨食家。与此同时,我们还能看到十几个身穿紫衣,头上装饰着向后折的"裹脚子幞头巾"的工作人员,他们一般被称为院子家。这些院子家右手托着一个盖着绣有龙纹黄布的盒子,左手拿着一条红罗绣花的手巾,列队走入凝晖殿。在这十几个人后面,又跟着二十多人,手上托着金色瓜形食盒,这里面装的是供皇帝和后宫嫔妃享用的点心,因为这些点心不是定时所进,随传随进,所以也叫作泛索。

出了宣祐门外往西走,就到了紫宸殿。每年的正月初一,皇帝会在这里接受群臣朝贺。紫宸殿旁边是文德殿,是国家主要的政务活动场所。再旁边就是垂拱殿,其次是皇仪殿,再往后是集英殿,这里是宫里设御宴的场所,也是科举考试中举人接受殿试的地方。在这几个殿的后面还有几个殿,像崇政殿、保和殿,内书阁所在的地方是睿思殿。皇宫的后门叫拱宸门。

东华门外,买卖市井很热闹,宫中的官员和宫女早上派人在这里采办所需食品和各色物品,包括种种饮食、时鲜花果、鱼虾鳖蟹、鹑兔脯腊以及金玉珍宝古玩乃至各种衣着,品质很高,都是天下之极品。这里的饮食品类齐全,往往有数十种之多。要是客人想点一二十种下酒,他随意点单,眼下立刻就可以办齐。每当各类时新瓜果和蔬菜上市,大家纷纷抢购,尤其是四月份茄瓠上市的时候,每对能值三五十千钱,后宫嫔妃们争相派人以高价购买。

《清明上河图》局部 ◆ 街道图，可见房屋错落有致，店铺林立，汴京城市风貌一览无余。宋以前，住宅区"坊"和商业区"市"被严格分开，至宋代，"坊""市"融为一体，以大街贯穿融合起住宅、商铺等

内诸司

内诸司皆在禁中，如学士院[1]、皇城司[2]、四方馆[3]、客省[4]、东西上閤门[5]、通进司[6]、内弓剑枪甲军器等库、翰林司[7]（茶酒局也）、内侍省、入内内侍省[8]、内藏库[9]、奉宸库[10]、景福殿库[11]、延福宫[12]、殿中省六尚局（尚药、尚食、尚辇、尚酝、尚舍、尚衣）、诸閤分、内香药库[13]、后苑作[14]、翰林书艺局[15]、医官局[16]、天章等阁、明堂颁朔布政府[17]。

【注释】

1．学士院：负责起草机密诏令，并备皇帝咨询的机构。因处官禁，接近皇帝，号称"玉堂""玉署"。

2．皇城司：宋代禁军官司名，是特务机构，性质类似明代锦衣卫。执掌宫禁、周庐宿卫、刺探情报。

3．四方馆：接待东西南北四方少数民族及外国使臣的机构。

4．客省：接待各国信使朝见、陛辞、赐宴等，及高级文武官僚从外地还京师的接待、安排朝觐、赐酒食等事的机构。

5．东西上閤门：东、西上閤门使的简称。掌供奉乘舆、朝会游幸、大宴引赞，引接亲王、宰相、百僚、藩国朝见，纠弹失仪。宋代多由外戚勋贵担任。

6．通进司：属门下省，由给事中领之。掌受三省、枢密院、尚书省六部与各寺、监等官署奏牍，摘录要点进呈，得批示后，颁布于外。

7．翰林司：负责对应茶茗汤果等，以备皇帝游幸、宴饮需要，兼掌翰林院执役者名籍，并安排其轮流服役。

8．内侍省、入内内侍省：内侍省是皇帝之近侍机构，管理宫廷内部事务，专用宦官。入内内侍省也是宦官机构，掌宫廷内部侍奉事务，与内侍省号称前后省，而更接近皇帝。

9．内藏库：负责储存每所经费节余，以供非常之用。

10．奉宸库：负责收存金玉珠宝及其他珍贵物品的机构。

11．景福殿库：负责收存丝绸绫罗的机构。

12．延福宫：大内宫苑，蔡京当权时曾大加修缮，扩展为豪华园林。

13．内香药库：负责出纳外来香药、宝石等物的机构。

14．后苑作：全称为后苑造作所，属入内内侍省，负责内廷及皇属婚娶所需物品的机构。

15．翰林书艺局：属翰林院，负责供奉皇帝以书籍、笔墨、琴弈等的机构。

16．医官局：属翰林院，全称为翰林医官院，负责为皇家提供医药服务的机构。

17．明堂颁朔布政府：负责明堂制度的机构。徽宗政和五年修建明堂，成立了相关颁朔布政的机构。颁朔指修订历法，布政指议论施政。

【译文】

内诸司都位于大内禁中，相关机构包括：学士院、皇城司、四方馆客省、东西上阁门、通进司、内弓剑枪甲军器等库、翰林司（也就是所谓茶酒局）、内侍省、入内内侍省、内藏库、奉宸库、景福殿库、延福宫、殿中省六尚局（具体包括尚药、尚食、尚辇、尚酝、尚舍、尚衣等六局）、诸阁分、内香药库、后苑作、翰林书艺局、医官局以及天章阁等，还有明堂颁朔布政府。

《清明上河图》局部 ◆ 城门边,室内人似在记账,室外有货物放置,有学者推测此为税务所。城门上的更夫向下观望,上下形成呼应

外诸司

外诸司：左右金吾街仗司、法酒库、内酒坊、牛羊司、乳酪院、仪鸾司（帐设局也）、车辂院、供奉库、杂物库、杂卖务、东西作坊、万全（造军器所）、修内司、文思院上下界、绫锦院、文绣院、军器所、上下竹木务、箔场、车营致远务、骡务、驼坊、象院、作坊物料库、东西窑务、内外物库[1]、油醋库、京城守具所、鞍辔(pèi)库、养马曰左右骐骥(jì sì)院、天驷十监、河南北十炭场[2]、四熟药局、内外柴炭库、军头引见司、架子营（楼店务、店宅务）、榷(què)货务、都茶场、大宗正司、左藏、大观、元丰、宣和等库、编估局、打套所。诸米麦等：自州东虹桥元丰仓、顺成仓、东水门里广济、里河折中、外河折中、富国、广盈、万盈、永丰、济远等仓，陈州门里麦仓子，州北夷门山、五丈河诸仓，约共有五十余所。日有支纳，下卸即有下卸指挥兵士，支遣即有袋家，每人肩两石布袋。遇有支遣，仓前成市。近新城有草场二十余所。每遇冬月，诸乡纳粟秆草牛车阗(tián)塞道路，车尾相衔，数千万辆不绝。场内堆积如山。诸军打请营在州北，即往州南仓，不许雇人般担，并要亲自负来，祖宗之法也。

【注释】

1. 内外物库：即内外物料库，负责皇宫及各官署的油盐米面等物品。
2. 十炭场：当作石炭场，生产销售石炭的部门。《宋史》卷一六五"职官五"记载："石炭场，掌受纳出卖石炭。"

【译文】

设在宫城之外的外诸司,主要有:左右金吾街仗司、法酒库、内酒坊、牛羊司、乳酪院、仪鸾司(即设帐局)、车辂院、供奉库、杂物库、杂卖务、东西作坊、万全(制造缮修军器之所)、修内司、文思院上下界、绫锦院、文绣院、军器所、上下竹木务、箔场、车营致远务、骡务、驼坊、象院、作坊物料库、东西窑务、内外物料库、油醋库、京城守具所、鞍辔库、左右骐骥院(这里是宫廷养马的地方)、天驷十监、河南北石炭场、四熟药局、内外柴炭库、军头引见司、架子营(即楼店务和店宅务)、榷货务、都茶场、大宗正司、左藏库、大观库、元丰库、宣和库、编估局、打套所。

此外,为皇宫储存米麦等粮食的机构有:位于州城东面虹桥的元丰仓、顺成仓;位于东水门的广济仓、里河折中仓、外河折中仓、富国仓、广盈仓、万盈仓、永丰仓、济远仓;以及位于陈州门的麦仓,州城北面夷门山上以及五丈河边的粮仓,一共有五十多个。这些粮仓日常有支出、缴纳、装卸、搬运等任务时,就由各仓所属下卸司的装卸兵士来执行。要是有对外发送的任务,还会请专门从事搬运工作的工人来帮忙。一般情况下,每个搬运工肩扛重量为两石的粮食布袋来装卸。遇到发送粮食的日子,每个粮仓前就好像集市一样热闹。

靠近新城地区有二十多个草场。一到冬天,周围村庄里的百姓都赶着牛车向草场缴纳粮食和柴草,因为牛车太多,先后首尾衔接,看起来得有几千万辆,道路就会堵塞,以至于难以通行。而草场内,百姓们送来的粮草早已堆积如山。如果草场位于州南,来领取粮草的军队就需要驻扎到相反方向的州北,不仅要特意保持一定距离,领取粮草还不能雇用工人,需要军士们亲自背来。这么做是为了不让军士怠惰,这是祖宗立下的规矩。

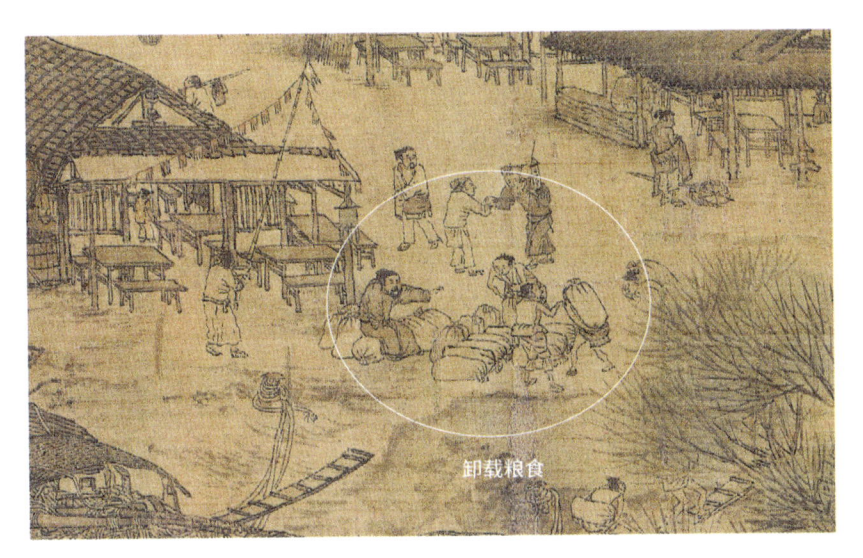

《清明上河图》局部 ◆ 汴河上，人力卸载粮食，有人在指挥

《清明上河图》局部 ◆ 有学者考证，此为递铺衙门，门上有乳钉，似张贴一布告。门前几人闲坐，一人穿短裤趴睡地上，院中有一马也在休息

卷之二

御街

坊巷御街，自宣德楼一直南去，约阔二百余步，两边乃御廊[1]，旧许市人买卖于其间，自政和间官司禁止[2]，各安立黑漆杈子，路心又安朱漆杈子两行，中心御道，不得人马行往，行人皆在廊下黑杈子之外。杈子里有砖石甃砌御沟水两道，宣和间尽植莲荷[3]，近岸植桃李梨杏，杂花相间，春夏之间，望之如绣。

【注释】

1．御廊：御街两侧的廊屋，主要用作店铺。

2．政和：宋徽宗赵佶的年号，公元1111年至1118年，共使用八年。

3．宣和：宋徽宗赵佶的最后一个年号，公元1119年至1125年，共使用七年。

【译文】

御街大概宽二百多步（约三百米），横穿众多坊巷，从皇宫宣德楼起一路向南绵延而去。御街两边是长长的御廊，早年间商贩们可以自由地在这里做买卖，但到了徽宗政和年间，官府下令禁止。现在御廊前都安置了刷黑漆的杈子，一般情况下人们只能从御廊黑杈子外侧通行。在路的中间又摆放了两排刷红漆的杈子，红杈子拦起来的中心路段是皇家御道，严禁行人车马通行。在路两边御廊的杈子里侧，各有一条用砖石砌成的御沟。徽宗宣和年间，在御沟里种满了莲荷，又在御沟两岸遍植桃树、李树、梨树、杏树，到了春末夏初的时节，桃花、李花、梨花、杏花次第开放，杂花相间，远远望去，一片锦绣。

宣德楼前省府宫宇

宣德楼前，左南廊对左掖门，为明堂颁朔布政府、秘书省[1]。右廊南对右掖门。近东则两府八位[2]、西则尚书省[3]。御街大内前南去，左则景灵东宫[4]，右则西宫。近南大晟府[5]，次曰太常寺[6]。州桥曲转大街，面南曰左藏库[7]，近东郑太宰宅[8]、青鱼市内行[9]。景灵东宫南门大街以东，南则唐家金银铺、温州漆器什物铺、大相国寺，直至十三间楼[10]、旧宋门。自大内西廊南去，即景灵西宫，南曲对即报慈寺街、都进奏院[11]、百种圆药铺[12]，至浚仪桥大街。西宫南皆御廊杈子，至州桥投西大街，乃果子行。街北都亭驿（大辽人使驿也），相对梁家珠子铺。余皆卖时行纸画、花果铺席。至浚仪桥之西，即开封府。御街一直南去，过州桥，两边皆居民。街东车家炭、张家酒店，次则王楼山洞梅花包子、李家香铺、曹婆婆肉饼、李四分茶[13]。至朱雀门街西，过桥即投西大街，谓之"曲院街"，街南遇仙正店[14]，前有楼子，后有台，都人谓之"台上"。此一店最是酒店上户，银瓶酒七十二文一角，羊羔酒八十一文一角。街北薛家分茶、羊饭、熟羊肉铺。向西去皆妓馆舍，都人谓之"院街"。御廊西即鹿家包子。余皆羹店、分茶、酒店、香药铺、居民。

【注释】

1. 秘书省：又名兰台、麟台，职责是管理皇家图书馆，掌邦国经籍图书之事。秘书监原设于东汉桓帝时。北宋经籍图书归秘阁，秘书仅掌祭祀祝版。宋神宗元丰改制后，秘书省职事恢复。

2. 两府八位：两府指枢密院和中书省。这两个部门的长官最初没有官邸，熙宁年间在右掖门前营建，分别称为东府、西府，每府各四位，八位即其总称。

3. 尚书省：由汉代皇帝的秘书机关尚书发展而来，是魏晋至宋的中央最高政令机构，为中央政府最高权力机构之一，负责执行国家的重要政令。

4. 景灵东宫：宋真宗大中祥符五年（1012）营建，北宋时是朝廷奉历代帝王御容之处。

5. 大晟府：北宋官署名。掌乐律。崇宁四年（1105）置，长官为大司乐，副为典乐。宣和二年（1120）废。

6. 太常寺：古代掌管宗庙祭祀的机构。神宗元丰年间改制后，其职掌主要为礼乐事宜，兼涉郊庙、社稷、坛壝、陵寝等。

7. 左藏库：收受四方财赋，以充国家经费的机构。元丰改制后隶太府寺。

8. 郑太宰：郑居中，字达夫，汴京（今河南开封）人，宰相王珪之婿。宋徽宗朝太宰。

9. 青鱼市内行：中国自隋唐以来，随着城市经济的发展，而有市的设置，有固定的店铺，有同类的手工业和商业集中在一处进行买卖，称为"市"或"行"。青鱼市内行，是指设在城中的青鱼行市所在。

10. 十三间楼：五代后周时大将军周景威的宅第。宋王辟之《渑水燕谈录》卷九记载："周显德中，许京城民居起楼阁。大将军周景威，先于宋门内临汴水建楼十三间，世宗嘉之，以手诏奖谕。景威虽奉诏，实所以规利也。今所谓十三间楼子者是也。"

11. 都进奏院：钤辖诸道进奏院的省称。为上情下达、下情上达之中转文书机构。

12. 百种圆药铺：圆通"丸"，即百种丸药，以此为名，标榜店铺货品之全。

13. 分茶：宋代称食店之大者为"分茶"。

14. 遇仙正店：宋代酒店分为正店和脚店。因为酒水专营，只有部分酒店被许可从官府购买酒曲后自行酿酒，这种能够自己酿酒的酒店叫作正店，从正店买酒后再行销售的酒店，叫脚店。遇仙正店是北宋末东京七十二正店之一，也叫遇仙楼，这家正店所酿玉液酒在当时颇负盛名。

【译文】

我们从宣德楼的大门走出,左南廊对左掖门,这里先后是明堂颁朔布政府和秘书省两个部门的所在地。右南廊对着的,是右掖门。

右掖门对面附近有一组建筑,靠东的是枢密院和中书省两大部门的府衙和官邸,俗称"两府八位",靠西则是尚书省所在地。沿着皇宫前的御街往南走,路的左手边是收藏有先帝御容画像的景灵东宫,右手边则是景灵西宫。景灵东宫稍稍往南,是掌管乐律的政府部门大晟府,旁边则是太常寺。

御街到了州桥,拐弯向东有条东西向大街,街上坐北朝南的是国家的"小金库"左藏库,再往东有座大宅子,原来是徽宗朝太宰郑居中的府邸,旁边还有售卖青鱼的行市。

景灵东宫南门大街,其东侧依次有唐家金银铺、温州漆器杂物铺和大相国寺。沿着大街往东走,就来到了五代后周时大将军周景威的宅第"十三间楼"。

再回到御街,从御街的西廊往南走,就能看到景灵西宫。朝南拐弯也有条东西向的大街,街上有报慈恩寺、都进奏院和一家叫百种圆的药铺。

要是继续往西,就到达浚仪桥大街了。这条街在景灵西宫的南面,也有御廊和权子。州桥往西的大街,有卖果子的行市。这条街北面就是都驿亭,这地方是专为辽国使臣设立的馆舍。

往对面看,是梁家珠子铺,旁边也都是店铺,大都经营各种时下流行的纸画,以及时鲜花卉水果生意。这条街通到浚仪桥,再往西就是开封府的府辖地界。

从御街一路往南,过了州桥之后的街道是居民区和商业区,两边全是民居,路东边有车家炭行,然后是张家酒店,再隔壁是王楼山洞梅花包子、李家香铺、曹婆婆肉饼铺、李四饭店。路过他们,继续前行,就到了朱雀门,往西边过了桥,就来到西大街,这条街也叫曲院街。

街的南面是东京著名的酒家之一,以酿造玉液酒出名的遇仙正店。遇仙正店前有楼房,后有台阁,布局独具一格,人们一般直接叫它台上。

《清明上河图》局部 ◆ 孙羊正店，可直观宋代正店豪华气派，门首装饰彩楼欢门，门前有"孙羊""正店""香醪"等灯箱广告，挂栀子灯（意味着有陪酒妓女），三层楼高，酒客盈座，楼上楼下一派热闹景象

遇仙正店是京城里的上等高端酒家，你要是在这里买一角银瓶酒，得花七十二文铜钱，而一角羊羔酒则更是要八十一文。

这条街的北面是薛家饭店、羊饭铺、熟羊肉铺，往西那一带则全都是妓院，所以京城人把这一带叫作"院街"。在御廊的西面出名的店铺是鹿家包子铺，其他还有一些卖羹的食店、饭店、酒店、香料铺以及大量民居。

朱雀门外街巷[1]

出朱雀门东壁亦人家。东去大街麦秸巷、状元楼，余皆妓馆，至保康门街。其御街东朱雀门外，西通新门瓦子[2]。以南杀猪巷，亦妓馆。以南东、西两教坊，余皆居民或茶坊。街心市井，至夜尤盛。过龙津桥南去，路心又设朱漆杈子，如内前。东刘廉访[3]宅，以南太学、国子监。过太学又有横街，乃太学南门。街南熟药惠民南局[4]。以南五里许，皆民居。又东去横大街，乃五岳观后门。大街约半里许，乃看街亭，寻常车驾行幸，登亭观马骑于此。东至贡院什物库[5]、礼部贡院、车营务草场[6]。街南葆真宫，直至蔡河云骑桥。御街至南薰门里，街西五岳观[7]，最为雄壮。自西门东去观桥、宣泰桥，柳阴牙道，约五里许，内有中太一宫[8]、佑神观。街南明丽殿、奉灵园[9]。九成宫内安顿九鼎[10]。近东即迎祥池，夹岸垂杨，菰（gū）蒲莲荷，凫雁游泳其间，桥亭台榭、棋布相峙，唯每岁清明日放万姓烧香游观一日。龙津桥南西壁邓枢密[11]宅，以南武学巷内曲子张宅[12]、武成王庙[13]。以南张家油饼、明节皇后[14]宅。西去大街曰大巷口，又西曰清风楼酒店，都人夏月多乘凉于此。以西老鸦巷口军器所[15]，直接第一座桥。自大巷口南去延真观，延接四方道民于此。以南西去小巷口三学院，西去直抵宜男桥小巷，南去即南薰门。其门寻常士庶殡葬车舆皆不得经由此门而出，谓正与大内相对，唯民间所宰猪，须从此入京，每日至晚，每群万数，止十数人驱逐，无有乱行者。

【注释】

1. 朱雀门外街巷："巷"字原文无，据元刻本补。

2. 瓦子：宋代出现的一种游娱场所。瓦子以演艺为主，兼及卖卦、饮食等。

3. 刘廉访：在宋代，廉访是一省的最高司法官，全称是廉访使。元置肃政廉访使，明清改称按察使。刘廉访生平不详。

4. 熟药惠民南局：熟药惠民局是宋神宗后政府开办的药店，在东京城内有五所。这是其中靠南面的一所。

5. 贡院什物库：贡院是古代举行科举考试的场所。什物库是仓储相关礼器、陈设、杂物的地方。

6. 车营务草场：车营务是宋朝太仆寺所属机构，职责是饲养牛驴，以供京城内外官署役使。车营务草场是满足其饲养需要的草场。

7. 街西五岳观：五岳观，真宗大中祥符五年（1012）创建。观内东西列五岳圣帝五殿，左右二夹殿奉五岳储副佐命的罗浮、括苍、霍山、抱犊、少室、武当等十山真君。初名五岳观，观成，则赐名会灵。这里的"街西"，据《续资治通鉴长编》及本书"河道"条，应该是"街东"。

8. 中太一宫：当时东京著名寺庙。苏辙写有《中太一宫祈雨青词》二首。

9. 奉灵园：当时著名的园林。据《宋东京考》卷十三记载，大中祥符五年在汴京南门外东北普济水门西北建会灵观（即前文所提到的五岳观），观之南有奉灵园，东有凝祥池（本书下文作"迎祥池"）。

10. 九成宫内安顿九鼎：徽宗崇宁元年（1102），方士魏汉津请备百物之象铸九鼎。崇宁四年三月，九鼎成，奉安于九成宫。据《宋东京考》卷十三记载，九成宫以中太一宫之南象为殿。

11. 邓枢密：邓洵武，字子常，双流人。政和六年（1116）知枢密院，封莘国公。

12. 曲子张：政和年间著名文人张衮臣。《碧鸡漫志》卷二记载："政和间曹组元宠……每出长短句，脍炙人口……同时有张衮臣者，组之流，亦供奉禁中，号'曲子张观察'。"

13. 武成王庙：简称"武庙"，旧称"太公庙"，专门祭祀姜太公以及历代良将的庙宇。

14. 明节皇后：刘氏，宋徽宗妃嫔。宣和二年（1120）五月封为贵妃，称安妃。宣和三年（1121）四月安妃因病薨逝，享年三十四岁，追封为皇后，谥曰明节。

15. 军器所：制造御前军器所的简称。

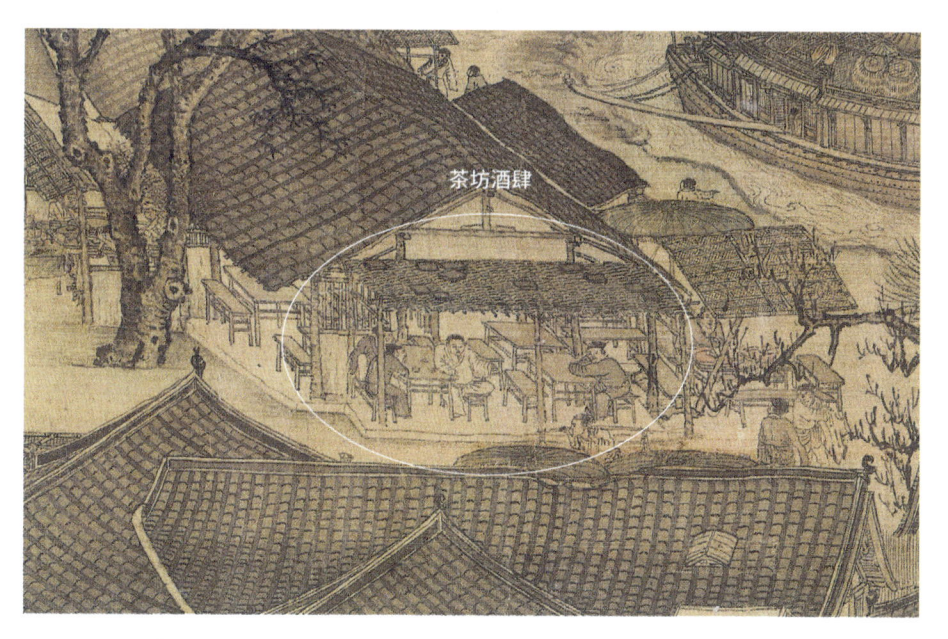

《清明上河图》局部 ◆ 汴河边茶坊、酒肆密布,桌椅整齐,皆敞开安置

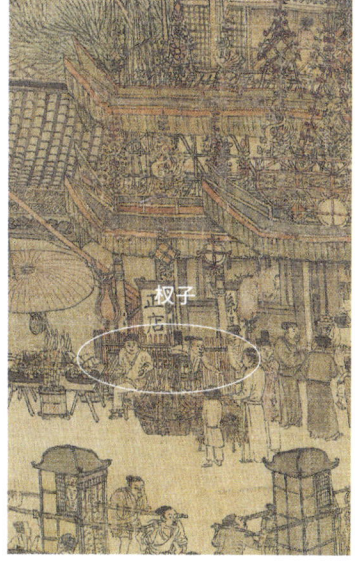

《清明上河图》局部 ◆ 孙羊正店和十千脚店前的杈子,杈子主要为阻隔人马的装置

【译文】

我们出朱雀门后,东城墙一侧大部分都是民居。往东的大街通向麦秸巷,这段路上除了有座状元楼,其余的建筑基本上都是妓院,一直绵延到保康门街。御街东面的朱雀门外有条街道,要是向西走,就到了著名的娱乐场所新门瓦子,往南则会走到杀猪巷,这边也都是妓院。继续往南走,就会来到东、西两个教坊,除了这座官署,其他建筑基本上都是民居或者茶馆。有人在街道中心摆起摊子,时间长了这里就成了一个集市,到了晚上,人气更是旺盛,热闹非凡。

过了龙津桥向南走,我们就会看到这里路中间又立起很多跟皇宫前一样的那种红杈子。路的东边是刘廉访的府邸,继续前行,我们就能看到太学、国子监,走过太学有条横街,太学的南门就在这边。我们还沿着原路往南走,街的南边是政府开办的药店熟药惠民南局。从这边往南走的五里路,基本上都是民宅。我们不继续往南,在原地往东看,会看到一条往东去的横街,沿着横街走,首先映入眼帘的是五岳观的后门,继续往东走大约半里地,就是看街亭。以前皇帝会走进这个亭子,视察过往的行人和车马。我们走进亭子里往东远眺,贡院什物库、礼部贡院、车营务草料场这些建筑都历历在目,尽收眼底。往南看,可以看到葆真宫,一直延伸到蔡河上的云骑桥。

御街到南薰门的这段路的西侧,坐落着五岳观的主体部分,非常壮丽。我们从西门往东走,这是一条大概五里长的柳荫路,在这条路上漫步,依次会经过观桥和宣泰桥,附近还坐落着中太一宫和佑神观。路的南面是明丽殿、奉灵园、九成宫这几座华丽的宫殿、园林。九成宫里安放着徽宗崇宁年间铸造的九鼎,它的东边是凝祥池,池畔都是杨柳,水中生长着茭白蒲草,野鸭与大雁在池水中穿梭嬉戏。这座园林里亭、榭、桥、坛高低起伏,错落有致。每年只有清明节这一天,百姓才可以进入到凝祥池烧香游览,其他时候都不能入内。

在龙津桥南有面墙,那是担任过知枢密院官职的邓洵武宅邸的院墙。继续往南,我们能走到武学巷,就在这条巷子里,有号称"曲子张"的著名文人张衮臣的宅邸,隔壁是供奉姜子牙等前贤的武成王庙。

继续往南走,先后经过张家油饼铺和明节皇后府邸。这边有条往西去的大街,叫大巷口,大巷口街上有著名的清风楼酒店,酒店门前有不少露天散座,到了夏天,不少居民喜欢来这里纳凉。如果继续往西,会到老鸦巷口,这里是制造御前军器所这个部门的所在地,军器所与名叫"第一座桥"的桥是挨在一起的。

回到大路,继续往南,我们就到了延真观,这座道观可以接待从全国各地游方到京城的道教信徒。延真观的南面,有一条向西的小巷,巷子口就是"三学院"。沿着小巷往西,会走到另一个小巷,叫宜男桥小巷。要是沿着刚才小巷往南,那就会到南薰门。大部分时间,南薰门是禁止寻常百姓和出殡人车通行的,因为它正对着皇宫大门。但是京城外乡下百姓要把待宰的猪赶进城,只能从南薰门进到城里。每天一到晚上,数万头猪就会从这个门被赶进都城,猪群虽多,赶猪的人却很少,只有十几个人。他们的赶猪能力很强,猪群不会走乱,也从不走失一头。

《清明上河图》局部 ◆ 猪群出现在街中,行人泰然视之,可想象书中提及数万头猪穿城而过的盛景

州桥夜市

出朱雀门,直至龙津桥。自州桥南去,当街水饭、爊肉、干脯[1]。王楼前獾儿野狐肉、脯鸡。梅家、鹿家鹅鸭鸡兔、肚肺、鳝鱼、包子、鸡皮、腰肾鸡碎[2],每个不过十五文。曹家从食[3]。至朱雀门,旋煎[4]羊白肠、鲊脯、燠冻鱼头、姜豉、䑋子、抹脏、红丝、批切羊头、辣脚子、姜辣萝卜。夏月,麻腐鸡皮、麻饮细粉、素签、沙糖冰雪冷元

《清明上河图》局部 ◆ 虹桥及孙羊正店前小吃摊,汴京个体小摊位和大酒店和谐共存

子⁵、水晶皂儿、生淹水木瓜、药木瓜、鸡头穰(ráng)、沙糖绿豆甘草冰雪凉水、荔枝膏、广芥瓜儿、咸菜、杏片、梅子姜、莴苣笋⁶、芥辣瓜儿⁷、细料馉饳(gǔ duò)儿⁸、香糖果子、间道糖荔枝、越梅、镟(qū)刀紫苏膏、金丝党梅、香枨(chéng)元，皆用梅红匣儿盛贮。冬月，盘兔、旋炙猪皮肉、野鸭肉、滴酥、水晶鲙、煎夹子、猪脏之类，直至龙津桥须脑子肉止，谓之"杂嚼"，直至三更。

【注释】

1. 水饭、爊肉、干脯：水饭类似粥或稀饭，爊肉是烤熟的肉，干脯就是肉干。

2. 鸡碎：应为"杂碎"，鸡的繁体字"鷄"和杂的繁体字"雜"字形接近，形近而误。

3. 从食：从食是指各色品种的蒸作糕点，包括多种馒头、包子（包儿）、糕、饼、馅、酥、夹子（夹儿）、元子（即丸子）、粽子、豆团、麻团、糍团、油炸千层儿。吴自牧《梦粱录》卷十六"荤素从食店"列举蒸作面行出卖的从食五十一种，素点心从食店出卖的素从食二十六种，粉食店出卖的各色元子、水团、糕、粽子等十五种。周密《武林旧事》卷六"蒸作从食"条记载有五十余种。

4. 旋煎：现煎现卖。

5. 元子：即丸子。

6. 莴苣笋：亦名莴笋、莴苣。宋代陶穀《清异录》卷上"蔬菜门"载："呙国使者来汉，隋人求得菜种，酬之甚厚，故名千金菜，今莴苣也。"

7. 芥辣瓜儿：芥辣是用芥子制成的一种调料，芥辣瓜儿是芥辣腌制而成的食物。宋吴氏《中馈录》"芥辣"条载其制法："二年陈芥子，碾细，水调，纳实碗内，韧纸封固。沸汤三五次，泡出黄水，覆冷地上。倾后有气，入淡醋解开，布滤出渣。"

8. 馉饳儿：一种圆形、有馅、用油煎或水煮的面食，类似馄饨、饺子。

【译文】

从朱雀门出，直到龙津桥，经过州桥一路往南走，这算是美食一条街。夜色降临的时候，这里的夜市各种美食应有尽有，比如水饭摊、烤肉摊、肉脯摊。在王楼前，有卖獾子肉、野狐狸肉、鸡肉干的。隔壁是两家名店，名叫梅家、鹿家，专卖各种熟食，有鹅、鸭、兔肉，还有肚肺、鳝鱼，以及包子、鸡皮、腰肾杂碎，单价都在十五文以内。再附近是一家专卖从食的店铺，叫作曹家店。靠近朱雀门一带，有家现煎现卖羊白肠的，还有卖鲊脯、爊冻鱼头、姜豉、剩子、抹脏、红丝、批切羊头、辣脚子、姜辣萝卜的。

在夏天，时令食物有麻腐鸡皮、麻饮细粉、素签、沙糖冰雪冷元子、水晶皂儿、生淹水木瓜、药木瓜、鸡头穰、沙糖绿豆甘草冰雪凉水、荔枝膏、广芥瓜儿、咸菜、杏片、梅子姜、莴苣笋、芥辣瓜儿、细料馉饳儿、香糖果子、间道糖荔枝、越梅、鐹刀紫苏膏、金丝党梅、香橙元等等，装在红色小盒子里，非常精致。到了冬天，就有盘兔、现烤现卖的猪皮肉、野鸭肉、滴酥、水晶鲙、煎夹子、猪脏之类的食品供应。

整个夜市在靠近龙津桥的位置才结束，最后一家是卖须脑子肉的摊子。京城百姓把平时来这个夜市吃东西叫"杂嚼"，经常吃到三更半夜才肯罢休。

《货郎图》局部（南宋 ◆ 李嵩）

东角楼街巷

自宣德东去，东角楼乃皇城东南角也。十字街南去，姜行。高头街北去，从纱行至东华门街、晨晖门、宝箓宫[1]，直至旧酸枣门，最是铺席要闹[2]，宣和间展夹城牙道矣。东去乃潘楼街，街南曰鹰店，只下贩鹰鹘客[3]，余皆真珠匹帛，香药铺席。南通一巷，谓之"界身"，并是金银彩帛交易之所，屋宇雄壮，门面广阔，望之森然，每一交易，动即千万，骇人闻见。以东街北曰潘楼酒店[4]。其下每日自五更市合[5]，买卖衣物书画，珍玩犀玉；至平明，羊头、肚肺、赤白腰子、奶房[6]、肚胘、鹑兔鸠鸽野味、螃蟹蛤蜊之类；讫，方有诸手作人上市，买卖零碎作料。饭后，饮食上市，如酥蜜食、枣䭅、澄砂团子、香糖果子、蜜煎雕花之类。向晚，卖何娄[7]头面、冠梳、领抹、珍玩、动使[8]之类。东去则徐家瓠羹[9]店。街南桑家瓦子，近北则中瓦，次里瓦，其中大小勾栏五十余座。内中瓦子莲花棚、牡丹棚，里瓦子夜叉棚、象棚最大，可容数千人。自丁先现、王团子、张七圣辈[10]，后来可有人于此作场。瓦中多有货药、卖卦、喝故衣[11]、探搏[12]、饮食、剃剪纸画[13]、令曲[14]之类。终日居此，不觉抵暮。

【注释】

1. 宝箓宫：即上清宝箓宫，位于景龙门东，与晨晖门相对，密连禁署。政和五年（1115），徽宗听信林灵素之言所建，是当时著名的宫观。

2. 要闹：繁华热闹之地。

3. 贩鹰鹘客：捕捉和贩卖鹰鹘的生意人。鹰与鹘驯养后可助田猎。

《清明上河图》局部 ◆ 匹帛店和香料铺,都有醒目招牌。宋代香料繁盛,"楝香"即"拣香",据《诸蕃志》记载:"香之为品十有三,其最上者为拣香,圆大如指头,其所谓滴乳是也。"

4. 潘楼酒店：东京著名的酒楼，历史悠久。《都城纪胜》"酒肆"条记载："酒家事物，门设红杈子、绯绿帘、贴金红纱栀子灯之类，旧传因五代郭高祖游幸汴京潘楼，至今成俗。"可见潘楼酒店不仅后周时已经存在，而且引领宋代酒店的装修潮流。

5. 市合：市场开市，开始营业。

6. 奶房：指供食用的动物乳房，下水的一种。

7. 何娄：当时东京市语，指售卖的假货。

8. 动使：日常应用器具。

9. 瓠羹：古代用瓠叶和羊肉、葱等制成的食物。北魏贾思勰《齐民要术》有详细记载。宋代瓠羹店经营各种肉食。

10. 丁先现：一作"丁仙现"，北宋后期宫中教坊司的乐师，老年离开皇宫后在街市间卖艺谋生，在当时名气非常大。耐得翁《都城纪胜》、邵伯温《邵氏闻见录》卷二、彭乘《续墨客挥犀》卷五、叶梦得《避暑录话》卷一等宋人笔记中都记载有他的轶事。王团子、张七圣也是当时在瓦舍谋生的艺人。

11. 喝故衣：唱卖旧衣服。

12. 探搏：角力相击之术，兼具摔跤相扑之道。

13. 剃剪纸画：艺人当街为人剪出头像及花样图案的一种手艺。

14. 令曲：一般称字句不多的小调短曲为令曲，又称小令、令词。

【译文】

我们从宣德门往东走，在皇城的东南角位置，能看到皇城的东角楼。在十字街往南，有个卖姜的行市。要是从高头街往北，会走到卖纱的行市，继续往北走，会走到东华门街，依次路过晨晖门、宝箓宫，最终到达旧酸枣门。这条街本是店铺小摊最热闹繁华的地方，但在宣和年间被拓展成了一条夹城官道。在这边往东走，就是潘楼街。街的南侧有家鹰店，出入的都是各地抓捕贩卖鹰鹘之类猛禽的生意人。附近其他的店铺，则大都是做珍珠、丝绸、香料、药材生意的。

沿着街往南走，通到一个小巷子，名叫界身巷，巷子里都是金银、彩帛交易之地，这些店铺房子很壮观华丽，门面开阔宽敞，看上去森严巍峨。这里成交的买卖，每一笔动辄成千上万，在普通百姓看来简直是骇人听闻。

往东去也有一条街，街北是有名的潘家酒楼。楼下也有不少商家，早上五点就开工做生意了，售卖各种服饰、字画、珍玩、犀角、玉器等。天亮之后，不少卖吃的摊子就开张了，有卖熟羊头肉、熟猪肚猪肺、红白腰子、乳肉、牛肚、牛百叶的，有卖鹌鹑、兔子、斑鸠、鸽子等野味，还有卖螃蟹、蛤蜊之类水产品的摊子，等到这些各色食品摊收摊了，售卖各种手工艺品、零碎物品的摊子又开张了。早饭过后，这里还售卖酥蜜食、枣䭅、澄砂团子、香糖果子、蜜煎雕花之类的各色甜点饮食。夜色降临，这里夜市也很热闹，有卖头面、冠梳、领抹等衣饰的，有卖古物珍玩的，也有卖日用百货。但夜市里也有不少人趁着夜色卖假货，东京人把假货叫"何娄"。

沿着这条街继续往东走，会路过徐家瓠羹店，在街南侧，就是非常有名的娱乐场所桑家瓦子，它北面不远处是中瓦，挨着中瓦是里瓦。这几个瓦子里有五十多个不同规模的勾栏。这些勾栏各自都有名字，其中最具规模的当属中瓦子的莲花棚和牡丹棚，以及里瓦子的夜叉棚和象棚。这几个大勾栏，都能容纳几千人同时观看表演。早期在瓦子里固定表演的著名艺人有丁先现、王团子、张七圣等人，后来陆续有很多著名艺人在这里演出。瓦子里做各种买卖的，像卖药的、算卦的、卖旧衣服的、表演摔跤的、卖饮食的、剪纸的、卖字画的、唱小曲的，各色营生不一而足。一到这声色犬马的繁华瓦子，你就觉得时间都不够用了。一大早过去，不知不觉沉迷其中，转瞬间就到了天黑时分。

潘楼东街巷

潘楼东去十字街,谓之"土市子",又谓之"竹竿市"。又东十字大街,曰从行裹角茶坊,每五更点灯博易[1],买卖衣服、图画、花环、领抹之类,至晓即散,谓之"鬼市子"。以东街北赵十万宅,街南中山正店、东榆林巷、西榆林巷[2],北郑皇后[3]宅。东曲首向北墙畔单将军庙,乃单雄信[4]墓也,上有枣树,世传乃枣槊(shuò)[5]发芽,生长成树,又谓之"枣冢子巷"。又接东则旧曹门街,北山子茶坊,内有仙洞仙桥,仕女往往夜游,吃茶于彼。又李生菜小儿药铺、仇防御药铺[6]。出旧曹门,朱家桥瓦子。下桥南斜街、北斜街,内有泰山庙,两街有妓馆。桥头人烟市井,不下州南。以东牛行街、下马刘家药铺、看牛楼酒店,亦有妓馆,一直抵新城。自土市子南去,铁屑楼酒店、皇建院街,得胜桥郑家油饼店,动二十余炉。直南抵太庙街、高阳正店,夜市尤盛。土市北去乃马行街也,人烟浩闹。先至十字街,曰鹩儿市(liáo)[7],向东曰东鸡儿巷,向西曰西鸡儿巷,皆妓馆所居。近北街曰杨楼街,东曰庄楼,今改作和乐楼,楼下乃卖马市也。近北曰任店,今改作欣乐楼,对门马铛家羹店。

【注释】

1. 博易:交易、贸易。这种鬼市的交易往往带有关扑赌博的性质。
2. 西榆林巷:此四字据元刻本补。
3. 郑皇后:即宋徽宗郑皇后,政和元年(1111)立为皇后。

4. 单雄信：隋末瓦岗军起义中的将领，骁勇善战，尤其能够马上使枪，军中号称"飞将"。后兵败于李世民，被俘后斩于洛阳。

5. 枣槊：用枣木做杆的长矛。单雄信的兵器就是枣槊。

6. 仇防御药铺：防御是武官官衔，但经常授予医生。仇防御是当时有名的医生，南宋叶大廉的《叶氏录验方》一书中保存有仇防御的药方"生肌真珠散"。

7. 鹌儿市：疑当作"鹌儿市"。宋元人隐语，把卖淫叫"卖皮鹌鹑"。鹌儿市字面意是售卖鹌鹑的市场，其实是指妓院所在。

《清明上河图》局部 ◆ 虹桥上卖工具、卖鞋、卖小吃、卖绳等的各类小摊，可见地摊经济之繁盛，"一切弛放，任令通商"，宋朝惠商的措施得以体现

【译文】

从潘楼大街往东到十字大街的一段路上，有"土市子"，也叫"竹竿市"，往东走到了十字大街，有家从行裹角茶坊。这一带的市场，五更天就早早点灯开张，交易各类衣服、图画、花环、领抹等物品，天一亮他们就收摊，所以人们也把这一带叫"鬼市子"。我们继续往东走，能看到街北侧是赵十万家的宅邸，街南侧则是一家著名的酒楼，叫中山正店。酒店附近还有两个巷子口，分别通往东榆林巷和西榆林巷。目光回到街北侧，还有一座大的府邸，那是郑皇后的宅第。我们继续往前走，街道边有个向东拐的巷子，靠北侧的地方有一座单将军庙，这里是隋末瓦岗起义军中的骁将单雄信的墓。墓边有棵枣树，传说是单雄信的兵器枣槊发芽生长出来的。因为有这棵枣树的传说，这个巷子也叫枣冢子巷。我们还沿着刚才的街道继续往东前行，就到了旧曹门街，街上有个北山子茶坊，装修有"仙洞""仙桥"等景观，官宦人家的仕女闺秀，往往会来这里夜游，吃茶游玩。在这附近还有两家有名的药店，分别是李生菜小儿药铺、仇防御药铺。出旧曹门是朱家桥，这边有朱家桥瓦子。过了桥是南斜街和北斜街，其中北斜街上有一座泰山庙。两条街上都开有妓院。总的来说，朱家桥这一带人气非常旺，市井繁华，不亚于城南。继续往前，路的东边是牛行街、下马刘家药铺和看牛楼酒店，也有妓院，直通到新城。

要是我们从土市子那块往南走，会经过铁屑楼酒店、皇建院街、得胜桥郑家油饼店。得胜桥郑家油饼店生意特别好，需用二十几个灶来炸油饼。这条街往南直达太庙街和京城里有名的酒店高阳正店，夜市生意尤其兴隆。

从土市子往北，就是马行街，马行街一带也是人烟稠密繁华热闹的场所。土市子到马行街之间的十字街边，有个"鹌（鹑）儿市"（当时人把卖淫叫"卖皮鹌鹑"，所以这里其实是妓院所在的地方）。从此处往东的巷子叫东鸡儿巷，往西的巷子叫西鸡儿巷，两条巷子里都是妓院。北面不远有条杨楼街，此街东侧以前有家酒店叫庄楼，现在改名叫做和乐楼，楼下还有卖马的行市。靠北那家酒店就是有名的任店，不过现在已经改名叫欣乐楼了。欣乐楼的对门是马铛家羹店。

酒楼

凡京师酒店,门首皆缚(fù)彩楼欢门¹。唯任店入其门,一直主廊约百余步,南北天井两廊皆小阁子²。向晚灯烛荧煌,上下相照,浓妆妓女数百,聚于主廊槏(qiàn)面上,以待酒客呼唤,望之宛若神仙。北去杨楼,以北穿马行街,东西两巷谓之"大小货行",皆工作伎巧所居。小货行通鸡儿巷妓馆,大货行通笺纸店、白矾楼³,后改为丰乐楼,宣和间,更修三层相高,五楼相向,各有飞桥栏槛,明暗相通,珠帘绣额,灯烛晃耀。初开数日,每先到者,赏金旗,过一两夜则已。元夜则每一瓦陇中,皆置莲灯一盏。内西楼后来禁人登眺,以第一层下视禁中。大抵诸酒肆瓦市,不以风雨寒暑,白昼通夜,骈阗(pián)如此。州东宋门外仁和店、姜店。州西宜城楼、药张四店、班楼、金梁桥下刘楼、曹门蛮王家、乳酪张家。州北八仙楼,戴楼门张八家园宅正店,郑门河王家,李七家正店,景灵宫东墙长庆楼,在京正店七十二户,此外不能遍数,其余皆谓之"脚店"。卖贵细⁴下酒,迎接中贵⁵饮食,则第一白厨,州西安州巷张秀,以次保康门李庆家、东鸡儿巷郭厨、郑皇后宅后宋厨、曹门砖筒李家、寺东骰子李家、黄胖家。九桥门街市酒店,彩楼相对,绣旆(pèi)相招,掩翳(yì)天日。政和后来,景灵宫东墙下长庆楼尤盛。

【注释】

1. 彩楼欢门:也叫"楼子""欢门",当时酒楼及其他店面前以杆件绑扎而成的店面装饰。《闸口盘车图》《石渠宝笈三编》以及《清明上河图》中都有描绘。

2．小阁子：类似今天的包间。

3．白矾楼：原商贾鬻矾于此，故名白矾楼。一说因店主姓樊，而名樊楼。至宋时已为酒楼，为京师酒肆之冠，饮者常千余人。其附设之酒坊，年用官曲五万斤，有三千脚店酒户来取酒零售。宋刘子翚《汴京纪事诗》云："梁园歌舞足风流，美酒如刀解断愁。忆得少年多乐事，夜深灯火上樊楼。"

4．贵细：珍贵精巧之物。

5．中贵：即中官、宦官。古代泛指皇帝宠爱的近臣。

【译文】

大凡京城里的酒店，都会在自家店面门口搭建起华丽的彩楼欢门。只有任店这家酒店比较独特，门口没有搭建彩楼，从他们家店门进去，是一个长达一百多步的大廊厅，南北各有一个天井，天井边的两廊是一排小包间。夜色降临，这里灯火辉煌，酒楼上下的灯烛交相辉映，一大群浓妆艳抹的妓女，聚集在主廊的各个窗户前，等待客人招呼，远望像是一群仙女。

任店往北方向是另一家酒店杨楼，继续往北，穿过马行街，东、西侧各有一条巷子，分别叫大货行巷和小货行巷，是做小手工工艺品的工匠们居住聚集的地方。其中小货行巷通往鸡儿巷里的妓院，大货行巷通往笺纸店和白矾楼。

白矾楼后来改名为丰乐楼（这是京城里最大最豪华的酒楼之一）。宣和年间丰乐楼做过一次大的翻修，新改建了三层大楼，在主楼和附近五栋面朝主楼的大楼之间，架设了凌空飞桥。这些飞桥装有护栏，彼此相通。白矾楼的房间都挂着珠帘，帘子上方还挂着用丝绸绣成的匾额，灯烛的光照在珠帘和绣额上，反射出一片金碧辉煌。这个酒楼新开业的前两天搞酬宾活动，当天最先消费的几位客人，每人送一面金旗，不过这种好事只在开业前几天有，再往后就不再举办了。

每年到了元宵节的时候，白矾楼在各个楼的房檐瓦片上都摆放莲花灯，灯火辉煌。早年有很多客人在白矾楼登高远眺，但后来发现西楼高处可以窥见皇宫内的情景，就不让大家再登临了。

《清明上河图》局部 ◆ "十千脚店"的灯箱广告以及"天之""美禄"招牌。脚店是没有合法酿酒权的较小的酒店。彩楼欢门多处可见,形态大小各异,可知其盛行之状

无论是刮风下雨，还是酷暑严寒，从白天到黑夜，京城里的这些酒店、瓦子，日夜笙歌，从无休歇。名气比较大的酒店，比如汴城东面宋门外的仁和店、姜店，城西的宜城楼附近的药张四店、班楼，金梁桥下的刘楼、曹门蛮王家、乳酪张家，汴城北的八仙楼，戴楼门附近的张八家园宅正店，郑门附近的河王家、李七家正店，景灵宫东墙那儿的长庆楼等等，所有这些店铺都是通宵达旦，灯红酒绿。在京城，得到官府许可能够自行酿酒的大酒楼叫正店，共有七十二家，规模小一些的酒店，那就数不胜数了。这其中不能自行酿酒，而是从正店批发酒水再行零售的酒店，叫作脚店。

这些酒店不仅提供美酒，美食也很值得一提，他们准备的各色精美珍巧的下酒菜，能接待宫里的宦官贵人们。这其中厨艺最为高明的，当推白厨和住在城西安州巷名厨张秀，其次有名的大厨，还有家住保康门的大厨李庆，家住东鸡儿巷的大厨郭厨，家住郑皇后宅后面的大厨宋厨，家住曹门砖筒的李家，家住寺东骰子的李家，还有大厨黄胖。

九桥门街一带，都是各种行市和酒店，酒店门前的彩楼欢门错落有致，两两相对，彩楼上的绣旗也是迎风招展，各自往对方家里飘去。酒楼彩旗太多，天空阳光都被遮了起来。到了政和后期，景灵宫东面宫墙外头的长庆楼酒店的生意尤其红火。

饮食果子

凡店内卖下酒厨子，谓之"茶饭量酒博士"[1]。至店中小儿子[2]皆通谓之"大伯"。更有街坊妇人，腰系青花布手巾，绾危髻，为酒客换汤斟酒，俗谓之"焌糟(jùn zāo)"。更有百姓入酒肆，见子弟少年辈饮酒，近前小心供过使令，买物命妓，取送钱物之类，谓之"闲汉"。又有向前换汤斟酒歌唱，或献果子香药之类，客散得钱，谓之"廝波"。又有下等妓女，不呼自来筵前歌唱，临时以些小钱物赠之而去，谓之"劄(zhā)客"，亦谓之"打酒坐"。又有卖药或果实、萝卜之类，不问酒客买与不买，散与坐客，然后得钱，谓之"撒暂"。如此处处有之。唯州桥炭张家、乳酪张家，不放前项人入店，亦不卖下酒，唯以好淹藏菜蔬，卖一色好酒。所谓茶饭者，乃百味羹、头羹、新法鹌子羹、三脆羹[3]、二色腰子[4]、虾蕈、鸡蕈、浑炮等羹、旋索粉玉棋子[5]、群仙羹[6]、假河鲀[7]、白渫齑(ji)[8]、货鳜(guì)鱼[9]、假元鱼[10]、决明兜子[11]、决明汤齑、肉醋托胎衬肠[12]、沙鱼两熟[13]、紫苏鱼[14]、假蛤蜊[15]、白肉夹面子[16]、茸割肉、胡饼、汤骨头、乳炊羊、燖(tún)羊[17]、闹厅羊[18]、角炙腰子、鹅鸭排蒸、荔枝腰子、还元腰子、烧臆子、入炉细项[19]、莲花鸭签[20]、酒炙肚胘、虚汁垂丝羊头、入炉羊、羊头签、鹅鸭签、鸡签、盘兔、炒兔、葱泼兔、假野狐、金丝肚羹、石肚羹、假炙獐、煎鹌子、生炒肺、炒蛤蜊、炒蟹、渫(xiè)蟹[21]、洗手蟹[22]之类，逐时旋行索唤，不许一味有阙，或别呼索变造下酒，亦即时供应。又有外来托卖炙鸡、燠(yù)鸭[23]、羊脚子[24]、点羊头、脆筋巴子[25]、姜虾、酒蟹、獐巴、鹿脯、从食蒸作[26]、海鲜、时果、旋切莴苣、生菜、西京笋。又有小儿子，着白虔布衫，青花手巾，挟白磁缸子，卖辣菜。又有托小盘卖干果子，乃旋炒银杏、栗子、河北鹅梨、梨条、梨干、梨肉、胶枣、枣圈、梨圈、桃圈、核桃肉、牙枣²⁷、海红²⁸、嘉庆子²⁹、林檎³⁰旋、乌李、李子旋、樱桃煎³¹、西京雪梨、尖梨、甘棠梨、凤栖梨、镇府浊梨、河阴石榴、河阳查子、查条、沙苑榅桲（wēn po）³²、回马字萄（bèi）³³、西川乳糖、狮子糖、霜蜂儿、橄榄、温柑、绵㭲（chéng）金橘、龙眼、荔枝、召白藕、甘蔗、漉（lù）梨、林檎干、枝头干、芭蕉干、人面子³⁴、巴览子³⁵、榛子、榧子、虾具之类，诸般蜜煎香药、果子罐子、党梅、柿膏儿、香药、小元儿、小腊茶、鹏沙元之类。更外卖软羊诸色包子、猪羊荷包、烧肉干脯、玉板鲊、把鲊³⁶、片酱之类。其余小酒店，亦卖下酒，如煎鱼、鸭子、炒鸡兔、煎燠肉、梅汁、血羹、粉羹之类，每分不过十五钱。诸酒店必有厅院，廊庑掩映，排列小阁子，吊窗花竹，各垂帘幕，命妓歌笑，各得稳便。

【注释】

1．博士：对茶、酒坊等侍应的敬称。"博士"一词，最早见于战国初期，指博学通达者，亦称"通士"和"达士"。到战国后期成为官职名称，并历代相沿。宋元时期下层人士以官名互作敬称成为时尚，对茶坊师傅、酒坊的酒保概称博士。

2．小儿子：酒店里干杂活的小厮。

3．三脆羹：三种山野时蔬制成的羹。南宋林洪《山家清供》卷下"山家三脆"云："嫩笋、小蕈、枸杞头。"

4．二色腰子：亦名"两色腰子"，系用鲜猪腰、鲜鸡腰制作的名菜，至今犹有流传。

5．棋子：一种面食，吴自牧《梦粱录》卷十六"分茶酒店"中载有三鲜棋子、虾棋子、虾鱼棋子、丝鸡棋子、七宝棋子、百花棋子等。南宋无名氏《居家必用事类全集》庚集"湿面食品"中载有"米心棋子"的做法。

6．群仙羹：用多种原料制成的羹。无名氏《居家必用事类全集》中载有"聚八仙"，即是由八种左右原料制成的菜品。

7．假河鲀："河鲀"即"河豚"。唐宋时制作的仿真食物，都名为"假某某"，如南宋林洪《山家清供》卷下"假煎肉"，是用葫芦、面筋等制作的类似煎肉的素食。"假河豚"就是用面粉、蔬菜等制作的形似河豚的素食。

8．白渫齑：伊永文先生谓白渫齑"即白水煮菜，熟后切碎拌和成肴"。

《清明上河图》局部 ◆ 街市巷陌食店酒肆密布,足见宋代饮食盛景。十千脚店前,疑似饭店服务员送外卖

9. 货鳜鱼：以鳜鱼为主，杂以其他配料的菜肴。

10. 假元鱼：元鱼即鼋。假元鱼的制作方法与上文假河鲀类似。

11. 兜子：一种类似烧麦的食物，但面皮一般是粉皮或豆腐皮。本书卷四"食店"条载有"鱼兜子"，《梦粱录》载有"江鱼兜子"，南宋林洪《山家清供》载有"山海兜"。无名氏《居家必用事类全集》载有其详细做法。

12. 肉醋托胎衬肠："托胎"即"脱胎"，衬肠就是小肠。是将肉醋填入小肠中后制作的一种食物，类似今天的"猪肠灌肉"。

13. 沙鱼两熟：沙鱼即鲨鱼。但此菜并非鲨鱼制成，而是一种素食，就是无名氏《居家必用事类全集》庚集"素食"类所载的"两熟鱼"。

14. 紫苏鱼：用紫苏作为佐料的鱼。

15. 假蛤蜊：陈元靓《新编群书类要事林广记》卷四癸集载"假蛤蜊法"："用鳜鱼，批取精肉，切作蛤蜊片子，用葱丝、盐、酒、胡椒淹一处，淹了，别作虾汁烫熟。"

16. 白肉夹面子：夹子是一种有馅儿的面食，白肉夹面子即以白肉为馅的夹子。

17. 煺(tǔn)羊：此二字，据元刻本补。

18. 闹厅羊：由顾客到羊圈中挑选活羊，现杀上桌。

19. 入炉细项：细项为鸭、鸡等各类原材料的合称。也有学者认为入炉细项与下文莲花鸭签连读。

20. 莲花鸭签：将鸭肉切片，摆放成莲花形状。《武林旧事》卷九载有"莲花鸭签"。

21. 渫蟹：即水煮蟹。清童岳荐《调鼎集》卷五"江鲜部"记载"煮蟹"做法："蟹洗净，用生姜、紫苏、橘皮、盐同煮，水略滚便翻转，大滚即起，蘸用橙橘丝、姜粉、老醋。"

22. 洗手蟹：将活螃蟹洗净，加盐、酒、生姜、陈皮、花椒等调味料腌渍而成，食客洗个手的功夫就可以食用，因而得名，也叫"蟹生"。傅肱《蟹谱》下篇"食品"载："北人以蟹生析之，酤以盐梅，芼以椒橙。盥手毕，即可食，目为洗手蟹。"宋《吴氏中馈录》载："蟹生：用生蟹剁碎，以麻油先熬熟，冷，并草果、茴香、砂仁、花椒末、水姜、胡椒俱为末，再加葱、盐、醋共十味，入蟹内拌匀，即时可食。"高似孙《蟹略》："今人以蟹沃之盐、酒，和以姜、橙，是蟹生，亦曰洗手蟹。"

23. 燠鸭：熬制之鸭。有学者疑为燫鸭，即在灰火中烤制的鸭，洪迈《夷坚志·丁志》

卷四有"王立爊鸭"条,《夷坚志·丙志》卷九有"李吉爊鸡"条。

24. 羊脚子:即羊脚馔。用羊脚煮熟去骨后制成的美食。清郑光祖《一斑录》"杂述二"中"名厨佳制"条记录有详细制作方法。

25. 脆筋巴子:巴子也作"𦚬子",是长条状的干肉,分为腌制和未腌制两种。脆筋是形容其口感。

26. 从食蒸作:参见本书卷二"州桥夜市"条注释3。

27. 牙枣:枣的一种。俞希鲁《至顺镇江志》卷四"土产果"条载:"枣有数种,实大味美而色莹白者,名牙枣。"

28. 海红:即海红柑。韩彦直《橘录》卷上:"海红柑,颗极大,有及尺以上围者,皮厚而色红,藏之久而味愈甘。"

29. 嘉庆子:即李子的一种。程大昌《演繁露》卷十五记载:"东都嘉庆坊有李树,其实甘鲜,为京城之美,故称嘉庆李。今人但言嘉庆子。"

30. 林檎:即沙果,也叫花红、来禽、文林郎果。据说此果味甜,果林能招来众禽,故有林檎、来禽之名。

31. 樱桃煎:用樱桃汁和糖水熬制成的食物。元忽思慧《饮膳正要》"樱桃煎"条:"樱桃五十斤,取汁,白沙糖二十五斤,右,同熬成煎。"

32. 沙苑榲桲:榲桲是一种类似梨子的果实。清代汪灏等纂《广群芳谱》记载:"榲桲出关陕,沙苑者更佳。"又载有宋无名氏咏榲桲诗:"秦中物专灵,榲桲为佳果。"沙苑是地名,在陕西关中一带。

33. 回马孛萄:孛萄即葡萄。回马是指新疆天山南路一带。

34. 人面子:南方出产的一种水果,因其果核似人面而得名。李时珍《本草纲目》卷三十三记载:"人面子,《草木状》云:出南海,树似含桃,子如桃实无味,以蜜渍可食。其核正如人面,可玩。"

35. 巴览子:又称巴榄子,西域水果。朱弁《曲洧旧闻》卷四记载:"巴榄子如杏核,色白,扁而尖长,来自西番。比年近畿人种之亦生,树似樱桃,枝小而极低。"

36. 把鲊:也叫犯鲊,北宋京师流行的一种食物。周煇《清波别志》卷二记载:"京师东华门何吴二家造鱼鲊,十数胹作一把,号把鲊,著闻天下。文士有为赋诗,夸为珍味。"吴自牧《梦粱录》卷十六记载:"更有犯鲊铺兼货生熟肉,且如犯鲊铺,名件最多。"

【译文】

　　酒店里负责迎客接待，为客人送茶送酒的厨师，一般都尊称其为"茶饭量酒博士"。店里打杂的小厮，则被叫做"大伯"。还有街坊上的女子，腰上系着青花布手巾，梳着高高的发髻，来店里主动给客人斟酒、换茶，这些女性服务人员一般叫作"焌糟"。还有一些周边街坊的百姓，看到有富家子弟们来酒店喝酒，就来桌前作揖请安，接一些桌上客人安排的使唤杂活，比如去酒店外买点东西，或者让他们安排妓女陪酒或者唱曲，或者打发他们取送钱物之类的，这些人被称为"闲汉"。还有一种人，主动到客人面前斟酒倒茶，也会唱点小曲，还会给客人送上水果、小香袋之类的小礼物，客人吃完饭会给他们打赏。这类人叫作"厮波"。也有一些下等的妓女，不请自来，主动跑来客人桌前唱曲，一般客人会临时送点小钱或者小东西给她们，她们才会离开，这类妓女被叫做"箚客"，也叫"打酒坐"。还有卖药或者卖水果、萝卜之类的小商贩也穿梭在酒店里，他们可不管你买不买，先把东西分到各个桌上，请你试吃或者试用，临走了才问你收钱。这种生意人一般叫做"撒暂"。这几类依靠大酒店为生的人，在城里各家酒店基本上都有。只有州桥炭张家、奶酪张家这两家店特立独行，禁止他们入内，而且这两家店内还不出售各种普通的下酒小菜，只卖上好的菜肴和上好的酒。

　　酒店提供的饮食叫作"茶饭"，包括百味羹、头羹、新法鹌子羹、三脆羹、二色腰子、虾蕈、鸡蕈、浑炮等各类羹汤，以及旋索粉玉棋子、群仙羹、假河鲀、白渫虀、货鳜鱼、假元鱼、决明兜子、决明汤虀、肉醋托胎衬肠、沙鱼两熟、紫苏鱼、假蛤蜊、白肉夹面子、茸割肉、胡饼、汤骨头、乳炊羊、煎羊、闹厅羊、角炙腰子、鹅鸭排蒸、荔枝腰子、还元腰子、烧臆子、入炉细项、莲花鸭签、酒炙肚胘、虚汁垂丝羊头、入炉羊、羊头签、鹅鸭签、鸡签、盘兔、炒兔、葱泼兔、假野狐、金丝肚羹、石肚羹、假炙獐、煎鹌子、生炒肺、炒蛤蜊、炒蟹、渫蟹、洗手蟹之类的各种菜肴，不管客人什么时候点菜，店家都能保证及时供应，绝不会出现菜单上有但是酒店后厨没法供应的尴尬情况。有时候客人会临时提出修改菜单上菜肴的做法，后厨也都会马上一一照办。

《清明上河图》局部 ◆ "香饮子""饮子"饮料摊。宋代香饮子种类繁多,有些添加独特香料,有不同的口味和功效,具有一定的药用价值

还有一些商贩手里托着盒子、盘子，来店里托酒店代卖炙鸡、烤鸭、羊脚子、点羊头、脆筋巴子、姜虾、酒蟹、獐巴、鹿脯、从食蒸作、海鲜、时果、旋切莴苣、生菜、西京笋等不同种类的美食。

店里还有小厮身穿白布罩衫，带着青花布手巾，抱着小白瓷缸子卖辣菜，还有托着盘子卖各种水果干的，种类非常多，有旋炒银杏、栗子、河北鹅梨、梨条、梨干、梨肉、胶枣、枣圈、梨圈、桃圈、核桃肉、牙枣、海红、嘉庆李子、林檎旋、乌李、李子旋、樱桃煎、西京雪梨、尖梨、甘棠梨、凤栖梨、镇府浊梨、河阴石榴、河阳查子、查条、沙苑楂桲、回马葡萄、西川乳糖、狮子糖、霜蜂儿、橄榄、温柑、绵枨金橘、龙眼、荔枝、召白藕、甘蔗、漉梨、林檎干、枝头干、芭蕉干、人面子、巴览子、榛子、榧子、虾具之类，还有各种样式的蜜煎香药、果子罐子、党梅、柿膏儿、香药、小元儿、小腊茶、鹏沙元之类。还有卖软羊诸色包子、猪羊荷包、烧肉干脯、玉板鲊、把鲊、片酱之类的。

大酒店能提供的丰盛美味如上所述。小一点的酒店可能没有这么多品类，但也卖一些物美价廉的下酒菜和羹汤，比如煎鱼、鸭子、炒鸡兔、煎燠肉、梅汁、血羹、粉羹之类，每份不过十五文钱。京城的酒店照例都有个院子，店内有大厅，有曲回的廊庑，一般沿着廊庑会设立包间，包间装修比较雅致安静，窗户都用吊窗，窗沿下种上花草丛竹。包间的门窗上都挂着帘幕，因而各间互不打扰。你在一个小包间纵情声色，调笑唱曲，不会影响他人，大家都能各得其乐。

卷之三

马行街北医铺[1]

马行北去,乃小货行时楼[2]、大骨傅药铺,直抵正系旧封丘门,两行金紫医官药铺[3]。如杜金钩家、曹家,独胜元[4];山水李家,口齿咽喉药;石鱼儿班防御[5]、银孩儿柏郎中家[6],医小儿;大鞋任家,产科。其余香药铺席、官员宅舍,不欲遍记。夜市比州桥又盛百倍,车马阗拥,不可驻足,都人谓之"里头"。

【注释】

1. 马行街北医铺:元刻本题为"马行街北诸医铺"。

2. 小货行时楼:小货行,即小货行巷,巷子名。参本书卷二"酒楼"条。时楼,酒楼名。宋张能臣《酒名记》记载时楼的碧光酒是当时都城的名酒。

3. 金紫医官药铺:金紫医官指宫廷医官。赵升《朝野类要》卷二中解读说:"名医中选差充诊御脉,内宿祇应,此是翰林金紫医官。"宋代不少宫廷医官在官外开店,称为金紫医官药铺。

4. 独胜元:元,即"丸"。当时避钦宗赵桓讳将"丸"写作"元"。独胜丸是古代一种专治耳聋、耳鸣的药。

5. 石鱼儿班防御:防御是武官官衔,但经常授予医生。班防御是当时一位姓班的有名的儿科医生。宋代刘昉的医学名著《幼幼新书》中收录有班防御的方剂。石鱼儿应是该店铺的招牌标记。

6. 银孩儿柏郎中家:银孩儿是店铺标记。

《清明上河图》局部 ◆ 赵太丞家医铺以及杨家应症医铺,宋代重视医学发展,医铺众多,有各类丸散膏药,集香丸和大理中丸在宋代文献中都有记载

【译文】

我们沿着马行街一路往北,会路过小货行巷子,路口有家酒楼唤作"时楼",很有名气。酒楼旁边是家药铺,名叫"大骨傅"。我们继续往前,就会走到旧封丘门。这段路两边有不少大名鼎鼎的药铺医馆,都是在宫里做金紫医官的名医所开,比如专卖治耳聋耳鸣药"独胜丸"的杜金钩家和曹家,专卖口齿咽喉药的山水李家,专攻儿科的石鱼儿班防御和银孩儿柏郎中家,以及专攻产科的大鞋任家。当然,除了药店,街两边还有很多其他的香药店铺和官员府宅什么的,这里就不一一介绍了。

这一带的夜市是最热闹的,比州桥那边更要热闹百倍。平时都是车水马龙,以至于交通堵塞拥挤,普通行人无法驻足停留。因此京城里的人都把这块地方叫作"里头"。

大内西右掖门外街巷

大内西去，右掖门、祆(xiān)庙[1]，直南浚仪桥街，西尚书省东门，至省前横街，南即御史台[2]，西即郊社[3]。省南门正对开封府后墙。省西门谓之"西车子曲"[4]，史家瓠羹、万家馒头，在京第一。次曰吴起庙[5]。出巷乃大内西角楼。大街西去踊路街，南太平兴国寺后门，北对启圣院[6]，街以西殿前司[7]，相对清风楼、无比客店、张戴花洗面药。国太丞、张老儿、金龟儿、丑婆婆药铺，唐家酒店，直至梁门，正名阊阖。出梁门西去，街北建隆观，观内东廊于道士卖齿药，都人用之。街南蔡太师宅[8]，西去州西瓦子，南自汴河岸，北抵梁门大街。亚其里瓦[9]，约一里有余。过街北即旧宜城楼，近西去金梁桥街，西大街，荆筐儿药铺、枣王家金银铺。近北巷口，熟药惠民西局[10]，西去瓮市子，乃开封府刑人之所也。西去盖防御药铺、大佛寺、都亭西驿[11]，相对京城守具所。自瓮市子北去大街，班楼酒店，以北大三桥子[12]，至白虎桥，直北即卫州门。

【注释】

1. 祆庙：祆教的寺庙。祆教亦称火祆教、拜火教，是唐朝对从波斯传入中国的琐罗亚斯德教的统称。北宋东京有两座祆庙，此为其一。

2. 御史台：监察长官的官署。

3. 郊社：皇帝举行郊社之礼祭祀天地的地方。冬至祭天称为郊，夏至祭地称为社。

4. 西车子曲：宋代把小巷叫曲，这是一个叫西车子的小巷子。

5. 吴起庙：祭祀战国时期政治家、军事家吴起的庙。据《宋会要》，吴起庙最早由开封

《清明上河图》局部 ◆ "久住王员外家""久住曹二"客店。客店设在城门边或十字路口繁华地带，旅客入城即可住宿。侧旁还有一个修面小铺，形成了完善的服务体系

府派官员祈报祭祀，后改由朝廷派官员致祭。

6. 启圣院：这里是宋太宗赵光义出生之地。宋真宗咸平年间开始供奉宋太宗画像。

7. 殿前司：即殿前都指挥使司，与侍卫司分统禁军。

8. 蔡太师宅：宋徽宗时太师蔡京的宅子。

9. 亚其里瓦：亚，通"淹"，隐藏。当时大型瓦子分里瓦子和中瓦子两部分。这句话是说把里瓦深藏在后面。

10. 熟药惠民西局：熟药惠民局是宋神宗后政府开办的药店，在东京城内有五所。这是其中靠西面的一所。

11. 都亭西驿：鸿胪寺所属机构，用于接待西番等国的使节。

12. 大三桥子：桥名，在金水河上。

【译文】

我们站在皇宫前，然后往西面走，会经过右掖门和拜火教的神庙，我们一般将之叫作祆庙。我们要是一路往南，就会到浚仪桥大街，向西行，则会来到尚书省的东门。我们身在尚书省门前的横街，会看到两边都是很重要的建筑：南边是监察长官办公的御史台，而西边更厉害，是皇帝行郊社之礼祭祀天地的地方。尚书省的南门，正对着开封府的后墙；尚书省的西门前面，有一条叫西车子曲的巷子很值得一提，尤其是开在这个巷子里的史家瓠羹店和万家馒头店，味道一绝，在整个京城堪称第一。紧挨着两家店旁边，有一座祭祀古代将军吴起的庙。出了西车子曲巷子，抬头就能看到大内皇宫的西角楼。

我们沿着尚书省门口的横街往西走，走到踊路街。这边往南是太平兴国寺的后墙，往北则对着启圣院。街的西边则是殿前都指挥使司，对面有几家著名的客栈和药店，有清风楼、无比客店和卖洗面药的张戴花洗面药店。继续走会看见国太丞药铺、张老儿药铺、金龟儿药铺和丑婆婆药铺，前面还有家酒店叫唐家酒店，再往前就到所谓的梁门了。梁门的正式名字叫"阊阖"。出了梁门再往西走，街北面有个叫建隆观的道观，道观里头东廊下有位于道士很有名气，这位于道士专卖治牙齿疼的药，名动京城，京城的人很多都用他的药。街南面则是宰相蔡京的宅子。

稍微往西，就是娱乐场所州西瓦子。这个瓦子规模庞大，南起汴河岸边，北到梁门大街，占地要一里多，里面还藏着叫里瓦子的场所。

走过这条街，北面就可以看到旧宜城楼，往西走，则是金梁桥街和西大街，西大街上值得介绍的铺子有两家：荆筐儿药铺和枣王家金银铺。在附近往北一点的巷口，则是有名的熟药惠民西局。往西去是瓮市子，这里是开封府处决死刑犯的地方。我们继续往西走，会经过盖防御药铺、大佛寺、都亭西驿，对面还有京城守具所。从瓮市子往北有条大街，大名鼎鼎的班楼酒店就开在这里。从酒店再往北，则会路过大三桥子，到达白虎桥，继续一路往北，我们就到卫州门了。

大内前州桥东街巷

　　大内前，州桥之东，临汴河大街，曰相国寺。有桥平正如州桥，与保康门相对。桥西贾家瓠羹、孙好手馒头，近南即保康门潘家黄耆圆[1]。延宁宫禁女道士观，人罕得入。街西保康门瓦子。东去沿城皆客店，南方官员商贾兵级[2]，皆于此安泊。近东四圣观、袜袝巷。以东城角定力院，内有朱梁高祖[3]御容。出保康门外，新建三尸庙[4]、德安公庙[5]。南至横街，西去通御街，曰麦稍巷[6]口，以南太学东门、水柜街余家染店、以南街东法云寺。又西去横街张驸马[7]宅。寺南佑神观后门。

【注释】

1. 黄耆圆：圆即"丸"。黄耆丸是一种由黄耆等组成，益气温阳，祛风舒筋的药剂。
2. 兵级：宋代对兵丁和级节的合称。
3. 朱梁高祖：当为朱梁太祖，五代后梁开国皇帝朱温。
4. 三尸庙：供奉道教三尸神的庙。
5. 德安公庙：宋代祭祀夷门山神的庙。夷门山位于今河南开封市内东北角。
6. 麦稍巷：邓之诚注本云当作"麦秸巷"。本书卷二"朱雀门外街巷"载有"麦秸巷"，与此巷位置不同。元刻本亦作"麦秸巷"。
7. 张驸马：宋代驸马姓张者仅张敦礼一人，他在宋神宗熙宁元年（1068）选尚宋英宗第三个女儿祁国长公主。

《清明上河图》局部 ◆ 不同身份的人及便面（见人不想打招呼而用扇子遮面），肉铺前被众人包围者像说书人，每个人都带着故事出场

【译文】

皇宫前有座地标性的桥叫州桥，在桥以东紧临汴河的大街上，就是著名的寺庙相国寺。我们先看看寺庙附近的建筑。寺门口有座桥，横跨汴河，这桥和保康门正对着，外形平正，很像州桥。桥西有两家有名的平民美食：贾家瓠羹店和孙好手馒头店。此店稍微往南一点的地方就是售卖黄耆丸的保康门潘家药铺。隔壁是个有点神秘的地方，叫延宁宫禁女道士观，一般闲杂人是无法进入其中的。

相国寺门口街道的西面，也有个瓦子，就叫保康门瓦子。往东走，挨着宫墙，有一大片旅店，这些旅店有固定的客源，生意很不错。南方来的官员、商人和军官士兵，到了京城基本上都定点来这边的客店歇脚。路过酒店区，再稍微往东走，依次会路过四圣观、袜袆巷，继续再往前，到东城角上有座寺庙，名叫定力院，这座庙远近闻名是因为它里面收藏的一幅画，其他地方都没有，那是后梁太祖朱温的画像。

要是我们走出保康门外，会看到两个神庙，一座是新落成的供奉三尸神的三尸庙，另一座则是祭祀京城夷门山神的德安公庙。庙前面有个巷口叫麦秸巷口，位置很好，往南通往横街，往西走通往御街，巷口南面是太学的东门和水柜街余家染店。自此再向南走，街东面可以看到法云寺，法云寺的南边就是佑神观的后门。往西去，则会看到横街张驸马家的宅院。

相国寺万姓交易[1]

相国寺每月五次开放，万姓交易。大三门[2]上皆是飞禽猫犬之类。珍禽奇兽，无所不有。第二[3]、三门皆动用什物[4]，庭中设彩幕、露屋、义铺[5]，卖蒲合簟席、屏帏洗漱、鞍辔弓剑、时果脯腊之类。近佛殿（diàn），孟家道冠、王道人蜜煎、赵文秀笔，及潘谷墨[6]占定。两廊皆诸寺师姑卖绣作、领抹、花朵、珠翠、头面、生色销金花样幞头、帽子、特髻、冠子、绦线之类。殿后资圣门前，皆书籍、玩好、图画及诸路罢任官员土物香药之类。后廊皆日者货术、传神[7]之类。寺三门阁上并资圣门，各有金铜铸罗汉五百尊、佛牙等。凡有斋供，皆取旨方开。三门左右有两瓶琉璃塔，寺内有智海、惠林、宝梵、河沙[8]。东西塔院，乃出角院舍，各有住持僧官。每遇斋会，凡饮食茶果，动使器皿，虽三五百分，莫不咄嗟（duō jiē）而办。大殿两廊，皆国朝名公笔迹，左壁画《炽盛光佛降九曜鬼百戏》[9]，右壁《佛降鬼子母》[10]，建立殿庭，供献乐部、马队之类。大殿朵廊，皆壁隐楼殿人物，莫非精妙。

【注释】

1. 相国寺万姓交易：元刻本题作"相国寺内万姓交易"。
2. 大三门：相国寺的山门。佛教寺庙大门称为三门或山门。三门取"三解脱门"之意。
3. 第二："二"字据元刻本补。
4. 动用什物：日常生活所需的各类杂物。
5. 彩幕、露屋、义铺：彩幕，彩色帐幕。露屋，没有顶的棚屋。义铺，售货摊。
6. 潘谷墨：潘谷所制的墨，在当时极负盛名。《墨史》记载潘谷去世后苏东坡写诗悼念,有"一朝入海寻李白,空看人间画墨仙"之句。

7. 日者货术、传神:日者,占卜者。货术,以占卜方式提供咨询建议的人。传神,画人像的人。

8. 智海、惠林、宝梵、河沙:寺内四座小佛塔的名字。

9.《炽盛光佛降九曜鬼百戏》:炽盛光佛是盛唐时期密宗兴起后流行的一种佛教信仰,认为炽盛光佛周身流出炽盛光焰,能够降服九执、七曜、十二宫神、二十八星宿等神灵,帮助世人消弭一切灾难尤其是自然灾害。有关炽盛光佛及诸曜诸宿内容的佛经主要有不空译《佛说炽盛光大威德消灾吉祥陀罗尼经》《文殊师利菩萨及诸仙所说吉凶时日善恶宿曜经》,一行撰《七曜星辰别行法》,金俱吒译《七曜禳灾决》以及根据一行思想而编撰的《梵天火罗九曜》等。《炽盛光佛降九曜鬼百戏图》应该是一幅表达炽盛光佛降服九曜的壁画。

10.《佛降鬼子母》:据《佛说鬼子母经》及《摩诃摩耶经》等佛经,鬼子母喜食他人婴儿,佛陀施展大法力将鬼子母的孩子藏于钵盂内,让鬼子母对失去孩子的痛苦有切身体会,并最终度化了鬼子母。《佛降鬼子母》就是讲述这一故事的壁画。

【译文】

相国寺虽然是一座寺庙,但其实是个很热闹的地方,每个月开放五次。到了开放日,这里就成了一个热闹的大集市,无数百姓来此交易物品。

相国寺的集市分成很多区域,各自经营不同的买卖。在山门口,往往是卖飞禽猫狗等宠物的摊子,有时还能买到很多珍禽异兽,品种极多。而在相国寺的第二道和第三道门,卖的则都是日常生活所需的各类杂货。继续往里走,在寺内的庭院里,有人架起彩色帐幔,有人支起露天的棚屋,有人摆起来杂货摊子,这里售卖的东西包括草席、竹席、屏风、帐子和洗漱用具,还有马鞍、缰绳、弓剑、时鲜瓜果以及腊肉之类。大佛殿的前边也是摊位满满,这边一般是被孟家道冠摊、王道人蜜饯摊、赵文秀笔摊以及潘谷墨摊等几家占满。

大殿的左右回廊上,是各寺院的尼姑们固定售卖针织品和饰品的地方,种类很多,有刺绣、领巾抹额、绒花、珍珠、翡翠、头饰、生色销金花样幞头、帽子、假发髻、贵妇人的冠、彩色丝带等各类物品。佛殿后面的资圣门前,文化气息稍微浓郁一点,摆的

《清明上河图》局部 ◆ 北宋初年，大相国寺被钦定为"为国开堂"的皇家寺院，画中寺庙，门边像是哼哈二将，旁有一僧人，正门屋檐底有斗拱，说明此寺院等级不低

全是书籍和各种珍玩、字画，还有各地已经卸任的官员弄来售卖的各地土特产、香料、药品等。再往后走，到了后廊一带则全是各式各样的占卜摊子和画人物肖像的摊子。

相国寺山门的门楼里和资圣门门楼里分别陈列有铜铸的鎏金五百罗汉像及佛牙。这些陈设说明相国寺的地位很尊贵。相国寺其实也可以摆斋供，但要求很高，必须事先得到皇帝的允准。相国寺的建筑特色是有很多塔。在大门外，左、右两侧各置放一座瓶状琉璃塔。寺里还有分别命名为智海、惠林、宝梵和河沙的四座小塔。在寺院的边角上有东、西两大塔院，分别由寺院住持和僧官负责管理。每当寺内举行斋会，参与者往往有三五百人之多。但是寺内组织这么大阵仗的法事经验很成熟，几百人的茶点、水果、饮食乃至碗碟器皿，每次都能快速备齐。大殿两边走廊的墙上悬挂着本朝名人书写的匾额、墨宝。大殿内的左墙上画的是表现炽盛光佛信仰的《炽盛光佛降九曜鬼百戏图》，右墙画的是讲述佛陀度化鬼子母故事的《佛降鬼子母图》，在殿庭之上，还有供奉佛陀的乐部和马队等塑像。两翼回廊的墙上画有楼台、亭榭和各种人物像，画工都非常精妙。

寺东门街巷

寺东门大街，皆是幞头、腰带、书籍、冠朵铺席、丁家素分茶。南即录事巷[1]妓馆。绣巷皆师姑[2]绣作居住。北即小甜水巷，巷内南食[3]店甚盛，妓馆亦多。向北李庆糟姜铺，直北出景灵宫东门前。又向北向东税务街、高头街。姜行后巷，乃脂皮画曲妓馆、南北讲堂巷、孙殿丞药铺、靴店。出界身北巷口宋家生药铺，本铺中两壁，皆李成所画山水[4]。自景灵宫东门大街向东，街北旧乾明寺，沿火改作五寺三监[5]。以东向南曰第三条甜水巷，以东熙熙楼客店，都下着数。以东街南高阳正店，向北入马行，向东街北曰车辂院，南曰第二甜水巷。以东审计院，以东桐树子韩家[6]，直抵太庙前门。南往观音院，乃第一条甜水巷也。太庙北入榆林巷，通曹门大街，不能遍数也。

【注释】

1. 录事巷：录事，唐宋时妓女的别称。录事巷因妓院众多而得名。
2. 师姑：女尼。宋庄季裕《鸡肋编》卷上："京师僧讳和尚，称曰大师；尼讳师姑，呼为女和尚。"
3. 南食：用南方烹饪方法做成的饭菜。
4. 李成所画山水：李成（919—967），字咸熙，山水画大家。初师荆浩、关仝，后隐山林，师法自然。凡烟云变化，水石幽闲，树木萧森，山川险易，莫不曲尽其妙，时称"李寒林"。宋人画山水者多宗李成笔法。存世作品有《晴峦萧寺图》《小寒林图》《群峰雪霁图》等。

5. 五寺三监：指宋神宗熙宁之后新设立的太常寺、太府寺、司农寺、大理寺、宗正寺和将作监、军器监、国子监。徽宗时隆道抑佛，废毁佛寺，乾明寺被改为五寺三监的衙门。

6. 桐树子韩家：吴曾《能改斋漫录》记载："韩子华兄弟皆为宰相，门有梧桐，京师人以桐木韩家呼之。"

【译文】

　　相国寺的四面是风格迥然不同的四条街道。东门是一条商业街，尽是些售卖幞头、腰带、书籍、冠朵之类的摊铺，丁家素分茶铺子在此街。相国寺的南面是大名鼎鼎的录事巷，这是有名的妓院一条街。旁边的绣巷则是个正经地方，这里生活的大都是一些尼姑，日常做一些绣品维持生活。相国寺的北面是小甜水巷，巷内有不少具有南方特色的饭馆，生意兴隆。这条巷内也有不少妓院。再往北，有家李庆糟姜铺很有名气。要是一直往北走，就到了景灵宫的东门。再向北走，路过东税务街、高头街，我们就到了姜行后巷，这里有家脂皮画曲妓院。附近是南北讲堂巷，这条巷子里有孙殿丞药铺和靴店。

　　旁边有个巷子叫界身北巷，巷子口就是宋家生药铺。这家药铺来头很大，左右两面墙上，都是山水画大家李成亲笔所绘的山水画。从刚才提到的景灵宫东门大街向东走的话，乾明寺的旧址就在街的北边，这里现在早已经不是寺庙了，而是政府五寺三监这几个部门办公的地方。我们继续往东，有条向南去的巷子，唤作第三条甜水巷，继续往东走，就到了熙熙楼客店，这是京城里数一数二的名店。再往东走，街的南边是高阳酒店，酒店往北拐，就到了前面提到的马行街。继续往东，街的北侧是车辂院，南侧有一条巷子，名叫第二条甜水巷。继续往东，便是审计院。

　　再往东是做过宰相的韩子华兄弟家，他们家门口有棵大梧桐树，在京城很有名。走到底便会看到太庙的前门。从这里往南走，就能到达观音院。这边有一条巷子，名为第一条甜水巷。甜水巷是很受大家喜欢的名字，好多巷子取这个名字。从太庙往北就会进到榆林巷，这条巷子和曹门大街相通，以小店众多出名。这里的街头小店数不胜数，我就不再逐一列举了。

《晴峦萧寺图》（五代宋初 ◆ 李成）

上清宫

上清宫[1]在新宋门里街北，以西茆(mǎo)山下院。醴泉观在东水门里。观音院在旧宋门后、太庙南门。景德寺在上清宫背，寺前有桃花洞，皆妓馆。开宝寺[2]在旧封丘门外斜街子，内有二十四院，惟仁王院最盛。天清寺在州北清晖桥。兴德院在金水门外。长生宫在鹿家巷。显宁寺在炭场巷北。婆台寺在陈州门里。兜率寺在红门道。地踊佛寺[3]在州西草场巷街南。十方静因院[4]在州西油醋巷。浴室院在第三条甜水巷。福田院在旧曹门外。报恩寺在卸盐巷。太和宫女道士在州西洪桥子大街。洞元观女道士在班楼北。瑶华宫在金水门外。万寿观在旧酸枣门外十王宫前。

【注释】

1. 上清宫：即上清储祥宫。宋代宋敏求《东京记》记载："端拱元年（988）二月，太宗诏取晋邸时太祖所赐金帛建宫。至道元年（995）八月宫成，帝御书额，金填其字赐之。"此宫屡次失火重建，最后毁坏时间不详。苏轼集中有《上清储祥宫碑》一文。

2. 开宝寺：旧名独居寺，北齐文宣帝天保十年（559）创建。宋太祖开宝三年（970）改名为开宝寺。

3. 地踊佛寺：即地涌佛寺。周城《宋东京考》卷十五记载："地涌佛寺在陈州门内之南草场巷，始建未详，元末兵毁。"

4. 十方静因院：即"净因院"，李濂《汴京遗迹志》卷十一云："净因院在金梁桥西，汴河之南，元末兵毁。"

【译文】

这里介绍一些寺院道观的位置给大家参考。

上清宫在新宋门里街的北面,往西则是茆山下院。醴泉观在东水门内,观音院则位于旧宋门后、太庙南门附近。景德寺在上清宫的后面,寺前有个桃花洞,这里都是妓院。开宝寺位于旧封丘门外的斜街,它内部有二十四个小院,其中供奉护法仁王的仁王院香火最旺。天清寺在城北清晖桥那里。兴德院在金水门外。长生宫在鹿家巷。显宁寺在炭场巷的北边。婆台寺在陈州门里边。兜率寺在红门道。地踊佛寺位于城西草场巷子的南侧。十方净因院则坐落在城西的油醋巷内。浴室院在第三条甜水巷。福田院在旧曹门的外面。报恩寺在卸盐巷。太和宫女道士观在城西洪桥子大街。洞元观女道士观在班楼的北边。瑶华宫在金水门外。万寿观位于旧酸枣门外、十王宫前。

马行街铺席

马行北去，旧封丘门外祆庙斜街、州北瓦子。新封丘门大街，两边民户铺席，外余诸班直¹军营相对，至门约十里余。其余坊巷院落，纵横万数，莫知纪极。处处拥门，各有茶坊酒店，勾肆饮食。市井经纪之家，往往只于市店旋买饮食，不置家蔬。北食则矾楼前李四家、段家爊物²、石逢巴子，南食则寺桥金家、九曲子周家，最为屈指。夜市直至三更尽，才五更又复开张。如要闹去处，通晓不绝。寻常四梢远静去处，夜市亦有燋酸䭎³、猪胰胡饼⁴、和菜饼、獾儿野狐肉、果木翘羹、灌肠、香糖果子之类。冬月虽大风雪阴雨，亦有夜市。剠子、姜豉、抹脏、红丝、水晶脍、煎肝脏、蛤蜊、螃蟹、胡桃、泽州饧⁵、奇豆⁶、鹅梨、石榴、查子、榅桲、糍糕、团子、盐豉汤⁷之类。至三更，方有提瓶卖茶者。盖都人公私营干，夜深方归也。

【注释】

1. 诸班直：班直是宋代皇帝随身的卫兵。诸班有：殿前指挥使、内殿直、散员、散指挥、散都头、散祗候、金枪班、东西班、招箭班、散直、钧容直等。诸直有：御龙直、御龙骨朵子直、御龙弓箭直、御龙弩直等。各班诸直总称诸班直，统属殿前司。

2. 爊物：把食物埋在灰火中煨熟。

3. 燋酸䭎：燋，同"焦"，一种用油煎烤的烹饪方式。酸䭎，同"酸馅"，一种类似包子的食物。元代《居家必用事类全集》记载有"酸馅"的制作方法。

4. 猪胰胡饼：将猪内脏切碎夹入饼中，似今日肉夹馍。南宋耐得翁《都城纪胜》云："如猪胰胡饼，自中兴以来只东京脏三家一分，每夜在太平坊巷口，近来又或有效之者。"

《荷蟹图》（宋 ◆ 佚名）　　　　　　　《石榴文鸟图》（宋 ◆ 马麟）

5．泽州饧：产自泽州（今晋城）的麻糖。

6．奇豆：当时也叫"棋子"，现在关中地区仍有流传，叫作"棋子豆"，本书卷二"饮食果子"条中有"旋索粉玉棋子"。参见该条注释4。

7．盐豉汤：用豆豉做的汤。

【译文】

我们沿着马行街往北，走出旧封丘门，可以看到祆庙斜街和州北瓦子。再前行就到了新封丘门大街，这里两侧都是居民住户和店铺。最有特色的，是在民居和店铺之外，驻扎着皇上卫兵的兵营，这些兵营相对排列，一直绵延到新封丘门，连续有十几里路。这一带大街小巷、民居院落，纵横交错，数量多到数都数不清。每个区域都是门庭熙攘，茶坊、酒馆随处可见，卖艺、小吃，所在皆是。生活在这里的生意人，往往习惯在这条街上买东西吃，从不买菜回家做饭。

这里有不少南北风味的饭店：北方风味饮食，有矾楼前李四家的店，有段家爠物店，还有石逢巴子店。至于南方风味饮食，则有寺桥金家店和九曲子周家店，这两家的口味在整个都城都是屈指可数，值得推荐。

这一片的夜市非常出名。在这里，每天的夜市一直要到三更天才打烊。没过多久，五更天早市便又早早开张了。其中有几处闹市，夜市更是彻夜不休。即便是在周边偏僻的地方，夜市上也能买到烤菜包子、猪胰胡饼、和菜饼、獾肉、野狐狸肉、果木翘羹、灌肠、香糖点心之类美味小吃。

即使在寒冬腊月，大风大雪，天气条件很差的时候，夜市依旧风雨无阻，这里可以买到**剩**子、姜豉、抹脏、红丝、水晶脍、煎肝脏、蛤蜊、螃蟹、胡桃、泽州饧、奇豆、鹅梨、石榴、查子、榅桲、糍糕、团子、盐豉汤等等无数好吃的。除了吃的还有喝的。京城里做公私差事的，往往都是到了深夜才能下班回家，因而即使是三更时分，夜市上还会有人拎着水瓶贩卖热茶。

《琵琶山鸟图》（南宋 ◆ 林椿）

般载杂卖

东京般载车[1]，大者曰"太平"，上有箱无盖，箱如构栏而平，板壁前出两木，长二三尺许。驾车人在中间，两手扶捉鞭绥(sui)驾之。前列骡或驴二十余，前后作两行，或牛五七头拽之。车两轮与箱齐，后有两斜木脚拖。夜中间悬一铁铃，行即有声，使远来者车相避。仍于车后系骡驴二头，遇下峻险桥路，以鞭唬(xià)之，使倒坐绥车，令缓行也。可载数十石。官中车惟用驴，差小耳。其次有平头车，亦如太平车而小，两轮前出长木作辕木，梢横一木，以独牛在辕内项负横木，人在一边，以手牵牛鼻绳驾之，酒正店多以此载酒梢桶矣。梢桶如长水桶，面安靥口，每梢三斗许，一贯五百文。又有宅眷坐车子，与平头车大抵相似，但棕作盖，及前后有构栏门垂帘。又有独轮车，前后二人把驾，两旁两人扶拐，前有驴拽，谓之"串车"，以不用耳子转轮也。般载竹木瓦石，但无前辕，止一人或两人推之。此车往往卖糕及糕糜(mi)之类人用，不中载物也。平盘两轮，谓之"浪子车"，唯用人拽。又有载巨石大木，只有短梯盘而无轮，谓之"痴车"，皆省人力也。又有驼骡驴驮子，或皮或竹为之，如方匾竹篓两搭背上，斛(hú)斗(dǒu)[2]则用布袋驼之。

【注释】

1. 般载车：般，通"搬"。搬运货物的车辆。
2. 斛斗：分别是古代两种量取粮食的容器。这里代指粮食。

【译文】

京城里搬运货物的车辆，大的叫作"太平车"。这种车上有车厢，但车厢顶没有盖儿，所以车厢的形状有点像闹市里那种勾栏，不过不像勾栏那么弯曲，结构挺齐整。车厢板壁前面，各有一根两三尺长的笔直木头向前边伸出来，驾车之人就坐在两根木头的中间，两只手分别握住马鞭和缰绳，控制车子前进。这种车子需要靠前后排成两行的二十多匹驴或骡来拉动，当然，用五到七头牛来拉车也行。这种车子会装有两个非常大的轮子，轮子竟然和车厢一样高。车子后面，安装有两个倾斜着的木脚拖刹车。要是需要夜间行车的话，就会在车的中部安一个铁铃铛，车动铃响，可以提示对向的车辆小心彼此相撞。除了在车前要套拉车的牲口，车后还要拴套两头驴或骡。每当车子要下坡或遇到险峻的路桥时，就要挥鞭吓唬车后这两头牲畜，让它们向后使劲，车速就可以缓下来，这是一种独特的刹车系统。这种大车，可以运载几十石的货物。官府的太平车块头会稍微小一点，一般都是用驴来拉的。

其次是体积比太平车小的"平头车"，形状和太平车很像。平头车的车轮轴上，会向前伸出两根长的木头作为车辕，两根车辕的前端用一根横木固定。把一头牛放到车辕中间，再把刚才提到的那根横木放到牛脖子上，驾车人坐在车的一边，用手牵着牛鼻绳来驾车。大型的酒店经常用这种平头车来运送装酒的梢桶。这种酒梢桶，又长又大，桶的顶部装有一个密封口。每个桶可以装三斗多酒，可以卖一贯五百文钱。

还有一种专供女眷乘坐的车子，外形和平头车很像，但车厢顶是由棕榈枝叶做成的。这种车厢前后都装勾栏式的门，门上还会挂起帘子，以防女眷曝光。

此外还有一种独轮的车，前后两个人来操作，车子的两边还各有一人扶着，以防拐弯的时候倾倒，这种车是用驴来拉的，叫串车，不需要两边的耳子轮转。这种车载货量很大，一般用来搬运竹、木、瓦片、石头。

还有一种车前面没有车辕，只由一或两个人推着走，这种车通常是那些卖糕糜的人在用，一边走一边叫卖，它不适于搬运重物。还有一种车是两轮的，它的车身是一块平板，叫作"浪子车"，只能是人来拉。

·084·

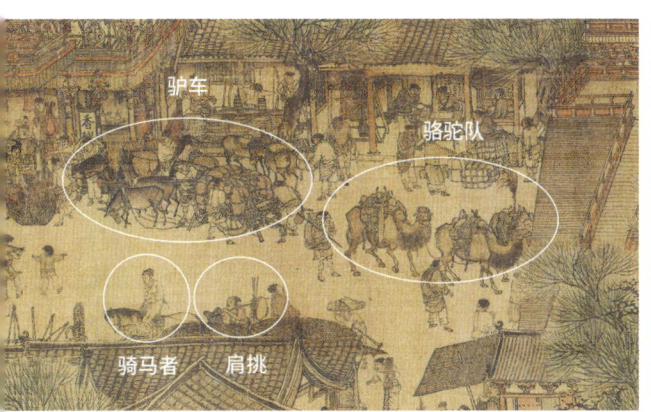

《清明上河图》局部 ◆ 各样运载及出行方式，刻画翔实丰富，栩栩如生，让我们可直观千年前古人的搬载用车情景

又有一种车，用来装载巨石或大木头，这车只有短梯盘，没有轮子，人们管它叫"痴车"。这几种车子都能节省人力。

此外，大家有时候也不用车，就用牲口来驮运货物，骆驼、驴、骡都可以，一般把用皮或竹子做的或扁或方的容器，两个一组搭到牲口背上，赶着牲口来运输。要是需要运输的是粮食，那就不会用竹容器，而是往往装在布袋子里，再搭在牲口背上驮运。

都市钱陌

都市钱陌[1],官用七十七,街市通用七十五,鱼肉菜七十二陌,金银七十四,珠珍、雇婢妮、买虫蚁六十八,文字五十六陌。行市各有短长使用。

《清明上河图》局部 ◆ 有学者推测此处为装载钱币,当街装载,不避行人,可叹。宋代经济繁荣,货币铸量大,品种多,工艺也较好

【注释】

1. 钱陌：陌即一百文，钱陌是计算钱数时的换算方式。中国古代有一种奇特的现象，在经济活动中计算钱数时，经常把不足一百文当作一百文来计算。如果能以一百文当一陌，就称为足陌；如果以不足一百文当作一陌，则称为短陌。从南北朝到唐代，短陌现象一直是常态。宋太宗时官方正式规定以七十七文为一陌，因为这一比例是官省所定，称为省陌。但省陌并非一律通用，在不少场合人们都使用其他的钱陌。因为宋代人的日常生活经常涉及不同钱陌的换算，在宋代的数学书中，换算钱陌是常见的应用题。

【译文】

东京市场的货币换算，官方规定是以七十七文为一陌，而事实上街市换算存在短陌的现象，通常则是以七十五文为一陌。买卖鱼肉蔬菜，以七十二文为一陌。买卖金银，以七十四文为一陌。买卖珠宝、雇用婢女、买卖虫蚁，以六十八文为一陌。文字类交易则是以五十六文为一陌。各个行当交易的时候，都有各自不同的兑换计数方法。

雇觅人力

凡雇觅人力、干当人[1]、酒食作匠[2]之类,各有行老[3]供雇。觅女使[4]即有引至牙人[5]。

【注释】

1．干当人：即勾当人,在官衙或大户人家被雇用做雇佣工的杂役。一般从事管理田庄、经营商铺、办理诉讼、收租讨债、监督营造等勾当差事。
2．酒食作匠：厨师。
3．行老：大都市中各行各业的头儿,兼为人介绍职业。
4．女使：女仆,女用人。
5．牙人：居于买卖双方之间,从中撮合以获取佣金的中介。

【译文】

凡是要雇用人力、杂役工人、宴席厨师等人员,各行业都有叫行老的角色,可以介绍推荐人选。雇用女用人,也有专门牵线搭桥的中介。

纤夫

纤夫

卸载粮食的劳力（手中拿长签计酬）

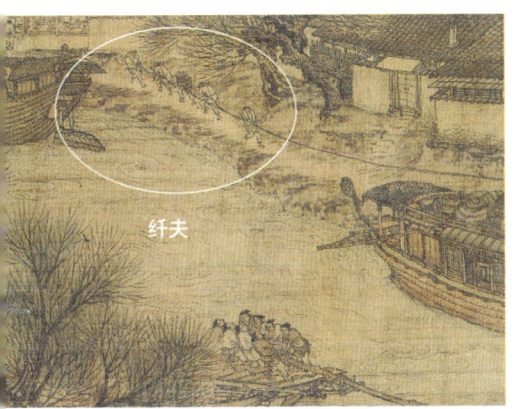

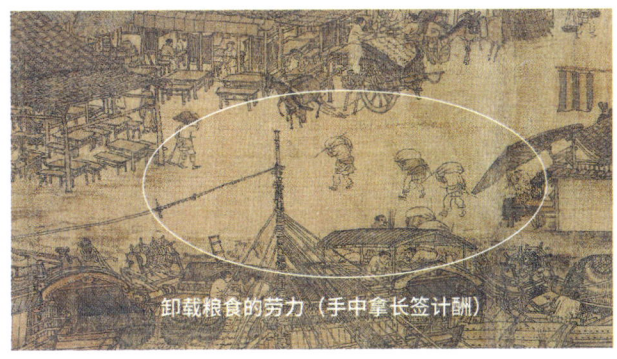

牙人，觅揽人力

《清明上河图》局部 ◆ 纤夫，卸载粮食的劳力以及觅揽人力的牙人。宋以前基本抑商，但宋朝宽容开明，属商人的黄金时代，商品流通和城乡交流加强，各行各业用人需求也增多

防火

每坊巷三百步许,有军巡铺屋[1]一所,铺兵五人,夜间巡警,收领公事。又于高处砖砌望火楼,楼上有人卓望。下有官屋数间,屯驻军兵百余人,及有救火家事[2],谓如大小桶、洒子、麻搭、斧锯、梯子、火叉、大索、铁猫儿[3]之类。每遇有遗火去处,则有马军奔报军厢主[4],马步军、殿前三衙、开封府各领军级扑灭[5]。不劳百姓。

【注释】

1. 军巡铺屋:相当于今天的派出所,属于军队。主要职责包括巡警、收领公事、防捕盗贼以及防火。
2. 家事:即"家什",各类工具器材。
3. 铁猫儿:即铁茅,救火用的铁钩。
4. 军厢主:军主和厢主的并称。厢主,五代至北宋殿前司、侍卫司所统厢都指挥使的省称。宋朝禁军捧日、天武、龙卫、神卫、虎翼、骁捷等军左、右厢均有厢都指挥使,是统兵长官。军主,在厢这一级之下设军,长官称为军都指挥使,别称军主。
5. 各领军级扑灭:元刻本作"各领军汲水扑灭"。

【译文】

在京城的各条坊巷,每隔三百步左右,就会设有一所军巡铺屋。每铺有士兵五人,负责夜间巡逻,拘捕坏人。在地势较高的地方,会用砖砌成望火楼,楼上设有瞭望哨,有人执勤眺望,及时观察是否有地方失火。楼下有若干间公房,驻扎百余名士兵，并储存有救火的各种器具，例如大小桶、洒水工具、扫帚、麻绳梯子、斧头、锯子、梯子、火叉、粗绳、铁钩之类。每当发现火情，就有骑兵飞马报告军都指挥使和厢都指挥使，安排马军、步军及殿前指挥这三个衙门和开封府等部门率领人马灭火，不需要惊动老百姓。

《清明上河图》局部 ◆ 望火楼。宋代建筑多为砖木结构，加之人口众多，曾发生过多次大的火灾，所以当朝重视消防，设有多处望火楼，并派军队驻守

天晓诸人入市

　　每日交五更，诸寺院行者[1]打铁牌子或木鱼，循门报晓，亦各分地分，日间求化。诸趋朝入市之人，闻此而起。诸门桥市井已开，如瓠羹店门首坐一小儿，叫"饶骨头"[2]，间有灌肺及炒肺。酒店多点灯烛沽卖，每分不过二十文，并粥饭点心。亦间或有卖洗面水、煎点汤药[3]者，直至天明。其杀猪羊作坊，每人担猪羊及车子上市，动即百数。如果木亦集于朱雀门外及州桥之西，谓之"果子行"。纸画儿亦在彼处，行贩不绝。其麦面，每秤作一布袋，谓之"一宛"；或三五秤作一宛，用太平车或驴马驮之，从城外守门入城货卖，至天明不绝。更有御街州桥至南内前，趁朝卖药及饮食者，吟叫百端。

【注释】

1. 行者：出家修行但未经过剃度的佛教徒。
2. 饶骨头：将骨头作为饶头，额外赠送。《西湖老人繁胜录》载："饶皮骨，壮汉只吃得三十八钱，起吃不了，皮骨饶荷叶裹归，缘物贱之故。起每袋七十，省二斤二两肉，卖九十，省一斤。城内诸店皆如此饶皮骨。"
3. 煎点汤药：煎点是当时的煎茶工序，宋《两宋名贤小集》卷六录陈克《观钱德尝书画》："老子眼寒俱不识，劳君煎点入香茶。"汤药即茶茗之类，《宋史·职官志》载："光禄寺翰林同掌供果实及茶茗汤药。"

【译文】

京城有很独特的风俗。每天清晨五更时分,各个寺院的行者就会敲打着铁牌子或木鱼,挨家挨户地报晓叫早。行者们报晓也都是有各自的地段,早上在各自地段报晓,白天就在各自地段化缘。那些赶早集做生意的人,听见报晓声后就得马上起床。此时京城各个城门和街市都已开放。

店铺都很会做生意,比如瓠羹店的门前经常会坐着一个小男孩,嘴里喊:"来店里吃东西喽,额外送骨头哦!"店里偶尔也会把灌肺和炒肺作为饶头赠送。酒店里大多天还不亮就点着油灯或蜡烛做生意,每一份早餐不过二十文钱,包括粥饭和点心,还是很丰盛的。也有的酒店更人性化,同时也卖洗脸水及代煎茶汤,一直忙到天亮。

那些杀猪杀羊的作坊,常常自己挑着或者用推车推着猪羊肉来到集市上,这些肉贩数量很多,动辄数以百计。卖水果的摊儿大都集中在朱雀门外和州桥的西边,叫作果子行。纸画交易也集中在那边,买卖十分兴旺,商贩络绎不绝。

还有卖麦面粉的,每秤装一个布袋,叫作一宛;或者以三五秤作为一宛,用太平车或驴马驮运。他们通常在五更前就在城门外守候,城门一开就进城兜售,到天亮还不停歇。

还有御街上从州桥到皇城的南门外这一段,赶早市卖药材及卖饮食的摊子绵延不绝,各种不同的叫卖声混杂在一起,不绝于耳。

《清明上河图》局部 ◆ 城门边的骆驼商队以及各类挑载货物者。宋朝商业活动不仅涉及社会各个阶层,还有了夜市,且对外贸易发达。图中骆驼商队,有可能便是境外客商

诸色杂卖

若养马,则有两人日供切草。养犬则供饧糟[1]。养猫则供猫食并小鱼。其锢路[2]、钉铰、箍桶、修整动使、掌鞋、刷腰带、修幞头帽子、补洗鱿角冠子[3]、日供打香印[4]者,则管定铺席、人家牌额,时节即印施佛像[5]等。其供人家打水者,各有地分坊巷。及有使漆、打钗环、荷大斧斫柴、换扇子柄、供香饼子、炭团。夏月则有洗毡、淘井者,举意皆在目前。或军营放停,乐人动鼓乐于空闲,就坊巷引小儿、妇女观看。散糖果子之类,谓之"卖梅子",又谓之"把街"。每日如宅舍宫院前,则有就门卖羊肉头肚、腰子、白肠、鹑、兔、鱼、虾、退毛鸡鸭、蛤蜊、螃蟹、杂燠、香药果子,扑卖[6]冠梳、领抹、头面、衣着、动使、铜铁器、衣箱、磁器之类,亦有扑上件物事者,谓之"勘宅"。其后街或闲空处,团转盖屋,向背聚居,谓之"院子",小民居止。每日卖蒸梨枣、黄糕糜、宿蒸饼、发芽豆之类。每遇春时,官差人夫监淘在城沟渠,别开坑盛淘出者泥,谓之"泥盆",候官差人来检视了方盖覆。夜间出入,月黑宜照管也。

【注释】

1. 饧糟:制作麦芽糖后所余的渣滓。

2. 锢路:亦作锢露、锢漏、骨路,即用融化的铜铁等金属去补金属器皿上的漏洞。

3. 鱿角冠子:即鱿冠,以鱼枕骨为饰的冠。

4. 打香印:香印是用模具做成特别造型的香。当时民间经常买香用以计时。北宋买卖香印者因避宋太祖赵匡胤名讳,不直接叫卖,而用打锣来表示,称为"打香印"。

5. 以上文字疑有脱误，可参考吴自牧《梦粱录》卷十三"诸色杂货"条。

6. 扑卖：也称博卖、关扑。宋元时流行的带有赌博性质的交易方式。一般用数枚铜钱作为赌具，顾客选定关扑商品后，需要缴纳一定扑资，然后投掷铜钱，如果其正反面朝向符合约定的情况（比如全部朝上），则顾客赢，可拿回扑资，并免费或大折扣获得商品，否则就要输掉扑资，或高价购买商品。

【译文】

汴京的市场有各种各样的买卖，专业分工很强：你若养马，就有商家每天安排两人供应马所需的饲草；你若养狗，就有商家供给饴糖渣；你若养猫，就有商家专门卖猫食和小鱼。在市场里，还有补壶、铜碗、补锅、箍桶、日常用具维修、补鞋、整修官服上的腰带、修理幞头、补洗鱿角冠等，卖香印的每日给各自负责的店铺送香，到月底统一结算。每逢佛教的各种纪念日，还有人印制佛像施赠给大家。

供应居民用水的打水者，各自有划分好的地段街巷。还有油漆工、打造发钗耳环的匠人、扛着斧头替居民劈柴的、修理扇子的、供应香料袋囊和炭团的。在夏天，有专门清洗毛织品的匠人以及淘井的工人，一旦需要，很容易就能找到他们。有时遇到军人退役，乐队在空闲处鼓乐齐奏，附近的儿童、妇女都被吸引去围观。表演者还不时会给围观的小孩儿发零星的糖果。这种表演叫"卖梅子"或"把街"。在大宅院或者官院的前面，有人挨着门叫卖羊肉头肚、腰子、白肠、鹑兔、鱼虾、褪毛鸡鸭、蛤蜊、螃蟹、杂燠、香药果子等物品。还有人专门摆摊扑卖冠梳、领抹、头面、衣着、日常品及铜铁器、衣箱、磁器之类，上述物品可以正常销售，也可以用关扑的方式赌博交易，后者也被称为"勘宅"。城里背街以及闲隙地块，有人会占地建起一圈屋子，这些屋子或者相对或者相邻，叫"院子"。住在这里的人都是身份普通的百姓。他们每天做蒸梨枣、黄糕糜、宿蒸饼、发牙豆之类的活计。每到春天，官府都会派人监工，安排疏通城里的水道沟渠，附近会挖一些大坑，然后把疏通水渠的污泥都倾倒进那些大坑里。这种大坑叫作"泥盆"，要等到官府派人来检查过了才允许封盖。夜间出行，视野昏暗，一定要谨防这些没有封盖的大坑，以防不慎掉进去。

水井图

医铺边的水井

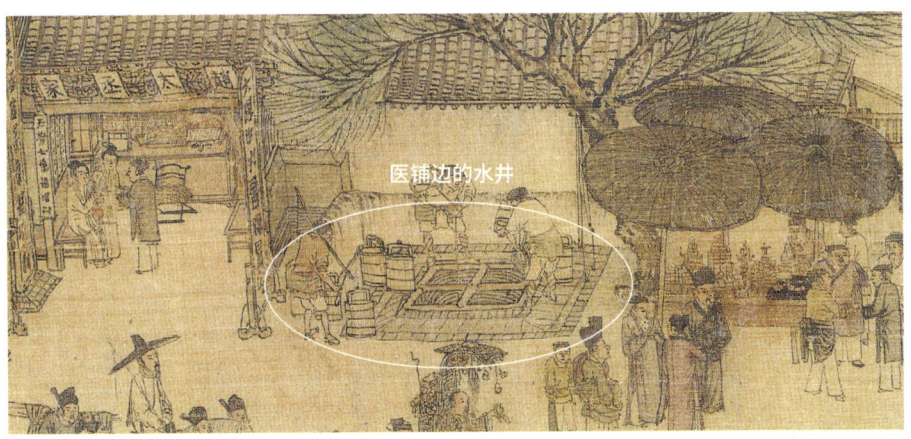

《清明上河图》局部 ◆ 图中水井直接呈现了汴京郊区田边以及城内取水境况。医铺边的水井呈方形，分为四块，方便更多人共同打水，水位也应不深

卷之四

军头司

军头司¹每旬休²，按阅内等子³、相扑手、剑棒手格斗。诸军营殿前指挥使直⁴，在禁中有左右班，内殿直、散员、散都头、散直、散指挥；御龙左右直，系打御从物：御龙骨朵子直、弓箭直、弩直、习驭直、骑御马、钧容直、招箭班、金枪班、银枪班。殿侍诸军东西五班，常入祗候⁵，每日教阅野战。每遇诸路解到武艺人对御⁶格斗。天武、捧日、龙卫、神卫，各二十指挥⁷，谓之"上四军"，不出戍。骁骑、云骑、拱圣、龙猛、龙骑，各十指挥。殿前司、步军司⁸有虎翼，各二十指挥。虎翼水军、宣武，各十五指挥，神勇、广勇各十指挥，飞山、床子弩、雄武、广固等指挥。诸司则宣效六军。武肃、武和、街道司诸司、诸军指挥，动以百数。诸宫观宅院，各有清卫厢军禁军剩员⁹十指挥。其余工匠，修内司¹⁰、八作司¹¹、广固作坊¹²、后苑作坊¹³、书艺局、绫锦院、文绣院、内酒坊、法酒库、牛羊司¹⁴、油醋库、仪鸾司、翰林司、喝探¹⁵、武严、辇官、车子院、皇城官¹⁶、亲从官、亲事官、上下宫皇城黄皂院子¹⁷、涤除，各有指挥，记省不尽。

【注释】

1. 军头司：宋代禁军指挥机关名，为军头引见司省称。端拱元年（988）后，军头司、引见司分别冠以御前忠佐之名，各司其职。职掌崇政殿供奉班及诸州驻泊、捕捉权管之事。

2. 旬休：唐宋官员每十天休息一天，分为上旬、中旬、下旬，称为旬休或旬假。

3. 内等子：又名等子，据宋代吴自牧《梦粱录》卷二十"角觝"记载：内等子"隶御前忠佐军头引见司所管，元于殿步诸军选膂力者充应名额，即虎贲郎将耳……内等子设额一百二十名,内有管押人员十将各二名,上中等各五对,下等八对,剑棒手五对,余皆额里额外,准备祗应。三年一次,就本司争拣上名下次入额"。

4. 殿前指挥使直:指殿前指挥使等班直。诸班为骑军,诸直为步军。各班直又分别分为左右班。诸班诸直总称班直。

5. 常入祗候:一般写作"长入祗候",禁军诸军之一。

6. 对御:皇帝赐宴,与群臣共饮。

7. 指挥:宋朝部队编制的最大的单位是"厢",依次从大到小分别是"军"和"都"。每"都"百人。五个"都"组成一个"指挥"(即五百人)。一个"军"通常含五个"指挥"。

8. 殿前司、步军司:殿前司是宋代禁军官司,与侍卫亲军司合称"两司"。其下属机构殿前都指挥使司与侍卫亲军司下属机构侍卫亲军马军都指挥使司、侍卫亲军步军都指挥使司合称"三衙"。"两司三衙"为宋代禁军最高指挥机构。

9. 剩员:宋朝,凡是因疾病、年老或其他原因而不能继续在清卫、厢军、禁军中担任勤务的士兵,可以在这三军中改而担任零星杂役,保留军籍,但削减军俸,称为"剩员"。

10. 修内司:隶属于将作监。掌管宫城和太庙修缮事宜。监官由宦官担任。南宋时由修内司监烧的瓷器,世人称之为修内司窑。

《清明上河图》局部 ◆ 孙羊店边的士兵。有一个正张弓试箭。在汴京驻扎有大量的士兵

11. 八作司：负责京城内外修缮事务的官署。

12. 广固作坊：广固是负责维修京城的军队，广固作坊是维修制造各类物资设备的小工厂。

13. 后苑作坊：为皇室制造各种精巧奢侈品的工厂。

14. 牛羊司：光禄寺牛羊司省称。专掌畜牧羔羊、奶牛、食用牛以供御膳及宫廷日费的机构。

15. 喝探：即御营喝探，禁军之一。

16. 皇城官：当为"皇城司"，五代时始置，宋代沿置，掌皇城警卫及密探之事。

17. 黄皂院子：院子，也叫院子家，旧时称仆役或宫廷仆人。《咸淳临安志》卷十四"皇城司"条记载"黄院子入宫禁，皂院子入大内"。

【译文】

宋代政府各部门都是每工作十天休息一天，也就是在每个月上中下旬的第一天休息，称为"旬休"。禁军指挥机关军头引见司会在旬休的时候，检阅内等子、相扑手、剑棒手的训练，也要督促禁军各班直实战训练。班直包括诸军营殿前指挥使直、内殿直、散员、散都头、散直、散指挥和御龙左右直。御龙左右直负责皇帝出行仪仗，包括御龙骨朵子直、弓箭直、弩直、习驭直、骑御马、钩容直、招箭班、金枪班、银枪班。殿侍诸军东西五班、长入祗候等，每天都有实战训练，有时候各地将武艺高强之士送到京城，皇帝会赐宴与群臣共饮，并欣赏他们和各地高手比武演练。

京城禁军有"上四军"，分别是天武军、捧日军、龙卫军和神卫军，每军兵力为二十指挥，上四军驻守京城。此外还有骁骑军、云骑军、拱圣军、龙猛军和龙骑军，这五个军的兵力都是十个指挥。殿前司、步军司还分别下辖有一个虎翼军，分别都是二十指挥的兵力。又有虎翼水军和宣武军，分别都是十五指挥的兵力，再有神勇军和广勇军，分别是十指挥的兵力，有飞山、床子弩、雄武、广固等指挥。殿前诸司下辖有宣效六军，武肃军、武和军以及街道司下属的诸军指挥，数量往往以百计。

皇宫的各宫观宅院，由清卫军、厢军和禁军的剩员来负责清扫服务，人员有十个指挥。此外的各种工匠，像修内司、八作司、广固作坊、后苑作坊、书艺局、绫锦院、文绣院、内酒坊、法酒库、牛羊司、油醋库、仪鸾司、翰林司、御营喝探、武严、辇官、车子院、皇城司及其所属的亲从官、亲事官、上下官皇城司下属的黄皂院子、涤除等人员，都有指挥，这里就不一一列举了。

《蚕织图》局部（宋 ◆ 梁楷）

皇太子纳妃

皇太子纳妃,卤部仪仗¹,宴乐仪卫。妃乘厌翟车²,车上设紫色团盖,四柱维幕,四垂大带,四马驾之。

【注释】

1. 卤部:即卤簿,皇室出行时的前导和仪仗队伍。汉代应劭《汉官仪》卷下记载:"天子车驾次第,谓之'卤簿'。"
2. 厌翟车:用雉鸟毛作为遮蔽的车子。翟,雉鸟。

【译文】

皇太子纳妃场面浩大,皇家仪仗队在迎亲队伍前导引,宴会时,会安排文仪武卫的乐队奏乐。太子妃坐厌翟车,车上布置有紫色圆形车盖,车盖下的四根柱子上都挂有帷幕,四面各垂着一条镶嵌有美玉的大彩带,用四匹马来驾车。

公主出降

公主出降[1],亦设仪仗、行幕[2]、步障[3]、水路。凡亲王、公主出则有之,皆系街道司兵级数十人,各执扫具、镀金银水桶。前导洒之,名曰水路。用檐床[4]数百,铺设房卧[5],并紫衫卷脚幞头天武官抬舁(yú)[6]。又有宫嫔数十,皆真珠钗插,吊朵玲珑,簇罗头面,红罗销金袍帔(pèi),乘马双控双搭[7],青盖前导,谓之短镫。前后用红罗销金掌扇遮簇,乘金铜檐子,覆以剪棕,朱红梁脊,上列渗金铜铸云凤花朵。檐子约高五尺许,深八尺,阔四尺许,内容六人,四维垂绣额珠帘,白藤间花。匡箱之外,两壁出栏槛,皆缕金花,装雕木人物神仙。出队两竿十二人,竿前后皆设绿丝绦,金鱼勾子勾定。

【注释】

1. 出降:公主出嫁。因为公主地位尊崇,出嫁被认为是降低了身份,所以叫出降。

2. 行幕:出行使用的帐幕。

3. 步障:用以遮蔽风尘或视线的一种屏幕。

4. 檐床:檐床,即下文所提及的檐子。古代官宦贵人出行时乘坐的轿子,有上盖和四边屏障的称为舆,无上盖和四边屏障的称为檐子。

5. 房卧:泛称铺盖衣饰,后来引申为嫁妆。

6. 天武官:禁军天武军的官兵。

7. 双控双搭:双骑并排而行。

【译文】

公主下嫁，也要有仪仗队导引，路上还设有移动帐幕和遮蔽风尘和视线的步障，此外还要进行一个"水路"仪式，此仪式亲王公主出行都会有。水路仪式具体是这样的，由街道司派出数十个兵士，他们手执洒扫工具，提着镀金银的水桶，走在仪仗队的前方，一边洒水一边扫地，确保道路整洁。送亲的队伍有数百个轿子，里面摆放的都是公主的嫁妆。这些轿子由天武军官兵担抬，他们都是统一打扮，头戴卷脚幞头，身穿紫色制服。队伍中还有几十个骑着马的宫女，她们头戴珍珠钗、吊朵绢花以及成簇的罗绢头饰，身披红罗销金的袍帔，两两一组，一对对并排骑马前行，前面还有青色伞盖仪仗开道，这个称为"短镫"。

出嫁的公主坐在一个金铜轿子里，轿子前后都簇拥着红罗销金掌扇。公主的轿子顶上，覆盖着精心修剪过的棕叶，轿顶的梁脊色泽朱红，装饰有渗金铜铸成的云纹、凤纹和花纹。这轿子高五尺多，深八尺，宽四尺多，能坐得下六个人。轿子四面都挂着珠帘和绣幅，装饰着白藤图样。轿厢的左、右厢装有木窗栏，镂刻有黄金花朵，以及各色木雕人物神仙。抬轿子的人分别站在轿竿的两侧，左右各有六人，共十二人。轿竿前后都装饰有绿色丝带，用金鱼状的钩子来固定。

皇后出乘舆

皇太后、皇后出乘者谓之"舆",比檐子稍增广,花样皆龙,前后檐皆剪棕。仪仗与驾出[1]相似而少,仍无驾头警跸[2]耳。士庶家与贵家婚嫁,亦乘檐子,只无脊上铜凤花朵。左右两军自有假赁所在,以至从人衫帽,衣服从物,俱可赁,不须借措。余命妇王公士庶,通乘坐车子,如檐子样制,亦可容六人。前后有小勾栏,底下轴贯两挟朱轮。前出长辕,约七八尺,独牛驾之。亦可假赁。

【注释】

1. 驾出:御驾出巡。
2. 驾头、警跸:驾头,宋代帝王出行时仪仗之一。宋沈括《梦溪笔谈·故事一》记载:"正衙法座,香木为之,加金饰,四足堕角,其前小偃,织藤冒之,每车驾出幸,则使老内臣马上抱之,曰驾头。"宋陆游《老学庵笔记》卷二记载:"驾头,旧以一老宦者抱绣裹兀子于马上,高庙时犹然,今乃代以阁门官,不知自何年始也。"警跸,古代帝王出入时,于所经路途设侍卫警戒,清道止行,谓之"警跸"。出为警,入为跸。

【译文】

皇太后或皇后出行都乘坐舆,舆比檐子宽大一点,饰以龙纹。舆顶的前后檐都以精细修剪的棕叶装饰。皇太后或皇后出行的仪仗和皇上御驾出巡很接近,只是仪仗队伍人数要少一些,而且没有前导的驾头和清道的警跸。

不管是普通人家还是富贵人家，新娘出嫁都乘坐檐子，和公主出嫁时乘坐的檐子相比，只是不装饰铜凤花朵而已。出嫁的仪仗队伍都可以租借，自家送亲队伍需要穿的各样衣帽服饰和各种婚庆用品，也都可以租借，不需要自己费心置办。其他送亲的命妇、达官贵人和百姓，都乘坐车子，车子的形制和檐子略相似，车里可以坐下六人。车前车后都有小栏杆，车下则是一根横轴，用来连接两端红色的车轮。车轴前端，有一个七八尺长的车辕，用来套在拉车的牛身上。不管是车还是牛，都可以租借使用。

《清明上河图》局部 ◆ 孙羊正店前的乘轿者。轿子在我国有几千年的历史，图中可看到宋代轿子的样貌。有一妇人向轿外张望，骑马随后者应为同行人，推测为官员等上层人士

杂赁

若凶事出殡,自上而下,凶肆[1]各有体例。如方相[2]、车舆、结络、彩帛,皆有定价,不须劳力。寻常出街市干事,稍似路远倦行,逐坊巷桥市,自有假赁鞍马者,不过百钱。

【注释】

1. 凶肆:出售租赁丧葬用物的店铺。
2. 方相:逐疫驱鬼之神,《周礼·夏官·方相氏》记载:"方相氏掌蒙熊皮,黄金四目,玄衣朱裳,执戈扬盾,帅百隶而时难,以索室驱疫。"古人用竹纸做成方相模型,在驱鬼祭仪中作开路神、先导神。方相神的形象特征为头长双角,鼓目呲牙,满脸凶相。

【译文】

要是有人家遇到丧事出殡,全程上上下下的各项准备,都可以交给出售租赁丧葬用物的凶肆操办,他们对每个环节都非常熟悉,可以全程协助。比如准备出殡需要的方相、车舆及装饰用的结络、彩帛,每样物品都有固定的价格,不需要客户劳心劳力。

要是你平时出门办事,又嫌路途太远,走起来太累,那也不用担心,附近的街坊集市中都有租借鞍马的地方,租一次马,一般也不超过一百文钱。

骑马、牵马者

《清明上河图》局部 ◆ 宋朝缺马,马也较为珍贵,图中不多见,但也是重要的出行方式

修整杂货及斋僧请道

倘欲修整屋宇,泥补墙壁,生辰忌日,欲设斋僧尼道士,即早辰[1]桥市街巷口,皆有木竹匠人,谓之"杂货工匠",以至杂作人夫,道士僧人,罗立会聚,候人请唤,谓之"罗斋"。竹木作料,亦有铺席。砖瓦泥匠,随手即就。

【注释】

1. 早辰:即早晨。

【译文】

要是有人家房屋年久失修,需要整修房屋或者修补墙壁;再或者到了先祖生辰忌日,需要请僧尼道士祈福,都可以一早来到桥市和附近的街巷口。在这里,不管是被称为"杂货工匠"的木匠人和竹匠人,还是随时可以做各种杂活的零工,乃至于和尚道士,都三五成群,环立集聚,等候雇用,堪称一道独特的风景,人们把这个叫做"罗斋"。修缮房屋需要的各种竹木材料,都有专门的店铺。要找专业的砖瓦泥水匠,也是呼之即来,非常便利。

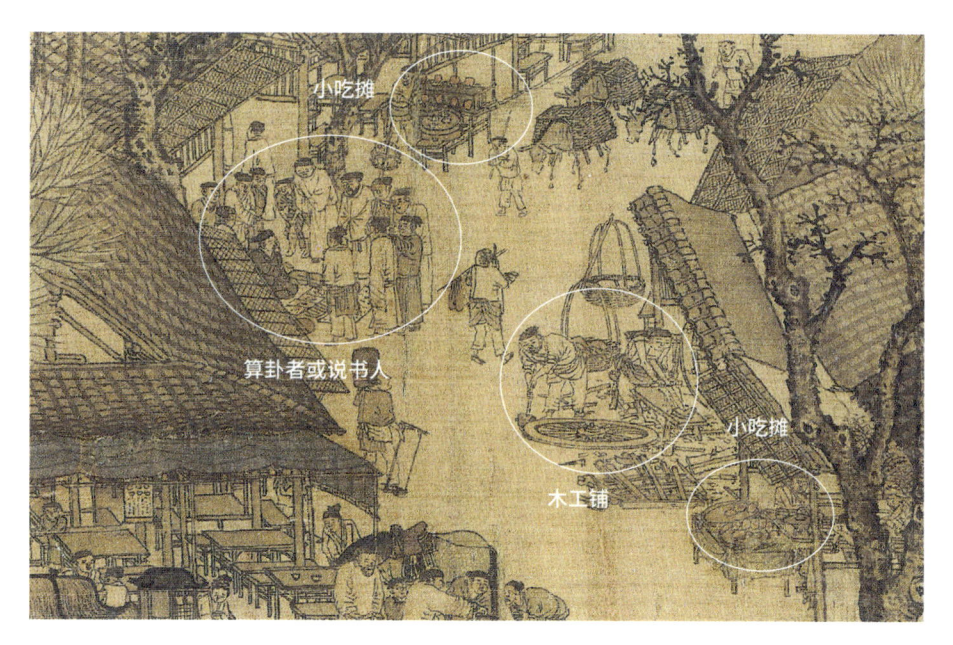

《清明上河图》局部 ◆ 木匠是一个古老的行业，至宋代木作工艺已趋于精细，图中处处可见船、车等木制品，图中木工铺正打造车轮

《清明上河图》局部 ◆ 与人聊天的僧人。宋开放，僧人并无太多清规戒律，可经商。宋人庄绰《鸡肋编》记载："市井坐估，多僧人为之，率皆致富，又例有家室。"

筵会假赁

凡民间吉凶筵会，椅卓陈设、器皿合盘、酒檐[1]、动使之类，自有茶酒司[2]管赁。吃食下酒，自有厨司。以至托盘下请书、安排坐次、尊前执事、歌说劝酒，谓之"白席人"[3]。总谓之"四司人"。欲就园馆亭榭寺院游赏命客之类，举意便办。亦各有地分，承揽排备，自有则例，亦不敢过越取钱。虽百十分，厅馆整肃，主人只出钱而已，不用费力。

【注释】

1. 酒檐：即酒担。檐，通"担"。
2. 茶酒司：宋代都市中专门帮人操办宴席的机构，有四司六局。四司是帐设司、厨司、茶酒司、台盘司，六局是果子局、蜜煎局、蔬菜局、油烛局、香药局、排办局，分别负责宴会的各个环节。
3. 白席人：安排宴席的服务人员。

【译文】

百姓们遇到红白喜事要办筵会，所需的各种桌椅陈设、厨具杯盘、酒担和各种零碎用品，都可以找"茶酒司"代为操办。至于筵会上的各种吃食和下酒菜肴，完全可以由"厨司"来安排。至于如何往宾客家送请柬、安排宾客座次、招呼宾客吃饭、劝客人吃好喝好乃至唱曲说书来劝酒等等事宜，都有专门的"白席人"来操办。

这所有负责代办宴席的服务人员,统称为"四司人",他们来自专门帮人操办宴席的机构四司六局。要是你希望在有名的园林、馆舍、亭台、寺庙等地游览并在其中宴客,"四司人"随时待命,都可以帮你马上办到。

"四司人"内部有自己的行规,不同的团队有自己的地段,在各自的地段上努力做好服务,价格方面则有统一的定价,不会私下乱收费。他们很讲规矩,哪怕一次筵会有百十来桌,他们也一定会把现场安排得整整齐齐、干干净净。只要把筵会托付给他们,主人便尽管放心,只需做好一件事就行,那就是付钱。

《清明上河图》局部 ◆ 运酒坛的车。宋代酒类繁多,宋人张能臣专著《酒名记》,记录北宋末年名酒上百种

会仙酒楼

如州东仁和店，新门里会仙楼正店，常有百十分厅馆动使，各各足备，不尚少阙一件。大抵都人风俗奢侈，度量稍宽，凡酒店中，不问何人，止两人对坐饮酒，亦须用注碗[1]一副，盘盏两副，果菜楪(dié)各五片，水菜碗三五只，即银近百两矣。虽一人独饮，碗遂亦用银盂之类。其果子菜蔬，无非精洁。若别要下酒，即使人外买软羊[2]、龟背、大小骨、诸色包子、玉板鲊、生削巴子、瓜姜之类。

【注释】

1．注碗：温酒器，和酒壶搭配使用，注碗内放热水，将酒壶放入注碗中，可温酒。
2．软羊：即烂蒸羊。宋朱弁《曲洧旧闻》曾载："烂蒸同州羊羔……以匕不以箸。"

【译文】

像州东的仁和酒店，以及设在新门里的会仙楼酒店，常年都备有百十套供餐厅馆阁使用的餐具，全套设备一一俱足，不许缺少任何一件。总的来说，京城的风气是推崇奢华，注重排场。但凡去酒店消费的客人，不管是什么来头，哪怕只有两个人对坐喝点小酒，也需要摆上一套温酒的注碗，两套盘盏以及每人五个果菜碟子、三到五个水菜碗。这些器物的价格，就将近一百两银子了。即使一个人独自饮酒，使用的也往往是银制器皿。配套的水果蔬菜，也都力求精美干净。如果需要其他种类的下酒菜，可以派人去外面买软羊、龟背、大小骨、诸色包子、玉板鲊、生削巴子、瓜姜之类。

《清明上河图》局部 ◆ 图中处处可见对坐喝酒或喝茶,颇具生活气息。"新酒""小酒",即根据酿造季节和酿造方法等不同而有所区别

食店

大凡食店，大者谓之"分茶"，则有头羹、石髓羹、白肉胡饼、软羊、大小骨、角炙犒腰子、石肚羹、入炉羊、罨生¹软羊面、桐皮面、姜泼刀回刀²、冷淘³、棋子、寄炉面饭之类。吃全茶，饶虀头羹。更有川饭店⁴，则有插肉面、大燠面、大小抹肉淘、煎燠肉、杂煎事件⁵、生熟烧饭。更有南食店，鱼兜子、桐皮熟脍面、煎鱼饭。又有瓠羹店，门前以枋木及花样沓结缚如山棚，上挂成边⁶猪羊，相间三二十边。近里门面窗户，皆朱绿装饰，谓之"欢门"。每店各有厅院东西廊，称呼坐次。客坐则一人执箸纸，遍问坐客。都人侈纵，百端呼索，或热或冷，或温或整，或绝冷、精浇、膘浇⁷之类，人人索唤不同。行菜⁸得之，近局次立⁹，从头唱念，报与局内。当局者谓之"铛头"¹⁰，又曰"着案"，讫。须臾，行菜者左手权三碗，右臂自手至肩，驮叠约二十碗，散下尽合各人呼索，不容差错。一有差错，坐客白之主人，必加叱骂，或罚工价，甚者逐之。吾辈入店，则用一等琉璃浅棱碗，谓之"碧碗"，亦谓之"造羹"。菜蔬精细，谓之"造齑"。每碗十文。面与肉相停，谓之"合羹"；又有单羹，乃半个也。旧只用匙，今皆用箸矣。更有插肉拨刀炒羊、细物料棋子、馄饨店，及有素分茶，如寺院斋食也。又有菜面、胡蝶齑腌臜¹¹，及卖随饭、荷包白饭、旋切细料馉饳儿、瓜齑、萝卜之类。

【注释】

1. 罨生：罨是一种掩盖发酵食品的处理工艺，与"腌"相同或相近。宋姜特立《罨菜》诗云："梅山罨菜胜羹藜，怪见宾筵玉箸齐。"《都城纪胜》记载有"罨生面"。

2. 姜泼刀回刀：一种面食。"泼刀"亦作"拨刀"，是一种面食制作方法。本书本节下文有"插肉拨刀炒羊"。《梦粱录》卷十六"面食店记"中有"笋泼刀"。《都城纪胜》记载的面食店有"姜拨刀"。也有人认为"姜泼刀""回刀"是两种面食。

3. 冷淘：凉面，或云汤面，或云凉粉。

4. 川饭店：四川菜饭店。

5. 杂煎事件：事件，泛指各类食品。西湖老人《繁胜录》"食店"条载有"煎羊事件""花事件"等。杂煎事件即各类煎制的食品。

6. 边：被屠牲口的半扇。

7. 精浇、膘浇：类似今天的浇头或臊子，以瘦肉为主叫精浇，以肥肉为主叫膘浇。

8. 行菜：负责传送饭菜的人。

9. 近局次立：局，指厨房。这句话是说靠近厨房旁边站住。

10. 铛头：掌勺厨师。

11. 胡蝶齑肐膝：胡蝶，即蝴蝶面，亦名水引。程大昌《演繁录》卷十五"不托"条："水引，今世犹呼之，俚俗又遂名为蝴蝶面也。"疙瘩亦作"肐膝"，南宋无名氏《居家必用事类全集》庚集"素食"中"山药肐膝"条载有详细制作方法。

【译文】

大凡京城里吃饭的地方，大一点的就叫"分茶"，一般都会供应头羹、石髓羹、白肉胡饼、软羊、大小骨、角炙犒腰子、石肚羹、入炉羊、罨生软羊面、桐皮面、姜泼刀回刀、冷淘、棋子、寄炉面饭之类，要是你选择吃"全茶"，店里还免费附送一份齑头羹。京城里还有专门的川菜馆，主要供应插肉面、大煤面、大小抹肉淘、煎煤肉、杂煎事件、生熟烧饭等；有专门提供南方特色饮食的饭店，供应鱼兜子、桐皮熟脍面、煎鱼饭等。瓠羹店喜欢用枋木和雕花的木头在门口搭起一座棚架，上面会挂着一扇扇的猪羊肉，有时候能挂二三十扇。

酒店靠近大街一边的门窗，都会用红绿彩绢等来装饰，叫作"欢门"。一般规模大一点的酒店，进门就能看到一个大院子，两边是走廊，客人一般就在廊中用餐。跑堂会招呼

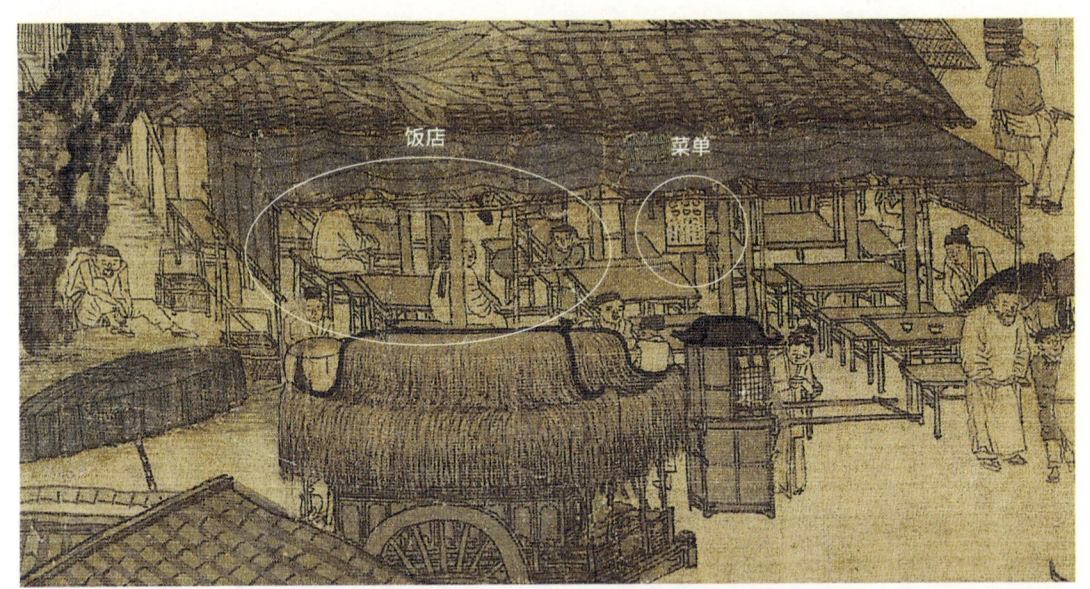

《清明上河图》局部 ◆ 汴京既有大酒店也遍布各类小食店,满足各类人需求。图中,墙上字纸疑为菜单,还有店员给顾客打包,右侧食客捧起碗疑似吃面喝汤

客人落座。客人坐好后，会有跑堂拿出纸笔，仔细询问客人们都要吃些什么。京城里的客人都非常讲究奢华，点菜时也往往百般挑剔，同样的菜，有的点名要加热，有的点名要加凉，还有的点名要不冷不热，还有的要极冷。有的要加上瘦肉浇头，也有人要加上肥肉浇头，每个人的要求都各不相同。等传菜员拿到菜单后，便来到厨房附近，把客人点的菜和特殊要求从头到尾报给厨房。厨房的掌勺大师傅叫"铛头"，又叫"着案"。很快饭菜就按要求做好了。只见传菜员左手和小胳膊上托着三个碗，右胳膊从肩膀到手掌叠放着二十个碗，来到客人桌前，逐一分发，每一份都不允许有差错。一旦出了差错，客人可以向店主投诉传菜员送错菜了，店主就会狠狠责骂跑堂的，严重的可能会扣他的工钱，更严重者则会被直接开除。

人们去酒店，吃饭用上等玻璃做成的浅碗，一般叫"碧碗"，也叫"造羹"。酒店里菜蔬很精细，叫作"造齑"，一碗十文。有种肉和面混合做成的吃食，叫"合羹"，你也可以买半份，这个叫"单羹"。以前吃这种肉面都是用勺子，现在基本上都改用筷子了。此外还有卖插肉拨刀炒羊、细物料棋子和馄饨的店，也有大的素菜馆，卖的东西都是素的，有点像寺庙里的斋饭，但也有很多花样，比如菜面、胡蝶齑疙瘩，还能买到随饭、荷包白饭、旋切细料馉饳儿、瓜齑、萝卜等美味素食。

肉行

坊巷桥市，皆有肉案，列三五人操刀。生熟肉从便索唤，阔切片批、细抹顿刀之类。至晚即有燠爆熟食上市。凡买物不上数钱得者是数。

【译文】
京城里的坊巷桥市，都有卖肉的摊子。肉案子前一般有三五个人同时干活，生肉熟肉，都能提供。不管客人需要切厚片还是切薄片，切肉丝还是肉馅，无论阔切片批还是细抹顿刀，都可以根据客人的需要提供不同的切法。到了晚上，肉案还会有烧烤的熟食供应，即使客人买得很少，不够销售的基本数量，店家也大都会卖给你。

《清明上河图》局部 ◆ 孙羊店旁肉店，上有"斤六十足"的招牌。店前热闹，有大人小孩围着似听说书，店员不怕众人挡在铺前影响生意。苏东坡爱吃猪肉，有《猪肉颂》："早晨起来打两碗，饱得自家君莫管。"

饼店

凡饼店,有油饼店,有胡饼店。若油饼店,即卖蒸饼[1]、糖饼、装合[2]、引盘[3]之类。胡饼店即卖门油、菊花、宽焦、侧厚、油䭔(tuó)、髓饼、新样、满麻。每案用三五人捍剂卓花[4]入炉。自五更卓案之声,远近相闻。唯武成王庙前海州张家、皇建院前郑家最盛,每家有五十余炉。

【注释】

1. 蒸饼:即炊饼。据说因宋仁宗名赵祯,避其讳而将蒸饼改称为炊饼。
2. 装合:盒装的饼。
3. 引盘:盛于盘子里的食品。
4. 捍剂卓花:捍通"擀"。剂是用面团切成的大小差不多的剂子。卓花是将面块捏出花边。捍剂卓花就是把面团分成大小相近的小剂子,再分别擀开成饼,最后再捏出花纹。

【译文】

京城里的面饼店有两种,一是油饼店,一是胡饼店。油饼店里一般会卖炊饼、糖饼,还有盒装的饼和盛盘的饼。胡饼店里卖的有门油、菊花、宽焦、侧厚、油䭔、髓饼、新样、满麻等种类。每个店里三五人合作,在一个案板上各司其职,把面团分成大小相近的小剂子,再分别擀开成饼,然后再捏出花纹,最后送进火炉。从早上五更开始,干活的声音就会从店里传出,远近都能听到。

京城里的面饼店中生意最火爆的，当属武成王庙前的海州张家饼店和皇建院前的郑家饼店。这两家面饼店都有五十多个烧饼炉子。

卖饼的摊位

《清明上河图》局部 ◆ 饼摊。图中可见饼大而圆，上有黑点，应为烤制，像现在的馕。《水浒传》中武大郎卖的炊饼有蒸笼，应似现在的馒头

鱼行

卖生鱼则用浅抱桶[1],以柳叶间串,清水中浸,或循街出卖。每日早惟新郑门、西水门、万胜门,如此生鱼有数千檐[2]入门。冬月即黄河诸远处客鱼[3]来,谓之"车鱼",每斤不上一百文。

【注释】

1. 抱桶:一种木桶类制品,圆形无盖,因一人双臂就能环抱而得名。
2. 檐:通"担",一百斤。
3. 客鱼:从外地贩卖鱼。

【译文】

卖活鱼的会把鱼放置在浅一点的抱桶里,用细细的柳树枝把鱼串起来,泡在清水里,有时候还会带着桶沿街叫卖。单单是新郑门、西水门、万胜门三座城门,每天早上都会有城外卖鱼人送进来好几千担的鱼。到了寒冷的季节,商贩会顺着黄河把很多外地的鱼运送到京城来,这些外地鱼叫"车鱼",这种鱼价格每斤不到一百文。

《群鱼戏瓣图卷》(北宋 ◆ 刘寀)

卷之五

民俗

凡百所卖饮食之人,装鲜净盘合器皿,车檐动使,奇巧可爱。食味和羹,不敢草略。其卖药卖卦,皆具冠带。至于乞丐者,亦有规格。稍似懈怠,众所不容。其士农工商,诸行百户,衣装各有本色,不敢越外。谓如香铺裹香人,即顶帽[1]披背。质库[2]掌事,即着皂衫角带,不顶帽之类。街市行人,便认得是何色目[3]。加之人情高谊,若见外方之人为都人凌欺,众必救护之。或见军铺收领到斗争公事,横身劝救,有陪酒食檐官方救之者,亦无惮也。或有从外新来邻左居住,则相借措动使,献遗汤茶,指引买卖之类。更有提茶瓶之人[4],每日邻里,互相支茶,相问动静。凡百吉凶之家,人皆盈门。其正酒店户,见脚店三两次打酒,便敢借与三五百两银器。以至贫下人家,就店呼酒,亦用银器供送。有连夜饮者,次日取之。诸妓馆只就店呼酒而已,银器供送,亦复如是。其阔略大量,天下无之也。以其人烟浩穰,添十数万众不加多,减之不觉少。所谓花阵酒池,香山药海。别有幽坊小巷,燕馆歌楼,举之万数,不欲繁碎。

【注释】

1. 顶帽:原文脱"帽"字,据元刻本补。
2. 质库:即当铺,进行押物放款收息的商铺,亦称质舍、解库等。
3. 色目:人品、身份。
4. 提茶瓶之人:在茶坊为客人端茶送水的服务者,兼做消息传递工作。《都城纪胜》记:"提茶瓶,即是趁赴充茶酒人。寻常月旦望,每日与人传语往还,或讲集人情分子。"

《清明上河图》局部 ◆ 图中详尽绘制了各阶层的人，官员、书生、底层劳动者，包括小桥上两个小乞儿等，对应书中所言一看衣着装饰便知身份，对后世研究宋朝衣饰也有参考价值

【译文】

京城里所有贩售餐食的人,都用非常干净光鲜的盘盆与器皿盛放食物。他们使用的车子、担子和各种器具物件,也都新奇精美,讨人喜欢。菜肴羹汤味道都恰到好处。对于饮食质量,他们绝不敢草率。街头卖药算卦的,也都衣冠楚楚,甚至街头巷尾的乞丐们,也有自己的规矩。要是有人言行有所逾越和懈怠,就会不被大家所容纳。士农工商、各行各业,所有的人衣着都有自己的规矩,不能乱来。比如说,要是你是香铺里的售货员,上班就戴着顶帽,穿着披背;要是你是当铺里的掌事人,上班就穿黑上衣,系角带,不戴帽子。走在街上,大家一看你的衣着打扮,就知道你是什么身份。

京城人非常看重人情道义。要是有城里人欺负外乡人,其他人肯定会出头打抱不平,搭救保护这个外地人。有时巡街军士要拘捕打架斗殴之类的人,也会有热心人挺身而出,甚至肯自己出钱请军官吃饭,将大事化小。在这些方面,京城人从不怕麻烦。要是有外地人搬家来京城定居,左邻右舍都会热心地把自家的生活用品借给他,端着热茶主动来串门探望,还会详尽告知他们各种生活信息,比如附近各类商铺买卖的位置信息等。更有茶坊中的"提茶瓶",他们除了在茶坊做端茶送水的服务人员,还是半职业打听传递消息的人,每天走动在各家各户之间,送茶送水的同时,也打听和传送各户人家的最新消息。只要有人家办红白喜事,都会宾客盈门,来帮忙操办或送来祝贺、慰问。

能自家酿酒的大酒店的掌柜,见到来批发酒水去零售的小脚店员工,来自己家买过三两次酒了,就敢把价值三五百两银子的酒具借给他们用。有时候一些家境贫苦的人来店里打酒回家请客,酒店也会用昂贵的银制器皿给他装酒。有人要彻夜痛饮,当天不能把器皿还来,酒店也完全允许,第二天才派人去取回。即便是妓院里客人差人来要酒菜,也是照样用银器装酒送去。京城人就是这样大度豪放,这种风格在其他地方是看不到的。京城地广人多,富庶繁华,就算再添个十几万人口,也一点不觉得更拥挤,少个十几万人,也不会觉得比原来空旷。这座城市,繁花成阵,美酒成池,香料如山,群药似海,最是红尘中繁华之地;其间也有不少幽静小巷,处处酒楼歌社,数以万计,难以一一介绍。

京瓦伎艺

崇、观[1]以来，在京瓦肆伎艺，张廷叟、孟子书[2]主张[3]。小唱[4]李师师[5]、徐婆惜、封宜奴、孙三四等，诚其角者[6]。嘌(piāo)唱[7]弟子张七七、王京奴、左小四、安娘、毛团等。教坊减罢并温习[8]张翠盖、张成，弟子薛子大、薛子小、俏枝儿、杨总惜、周寿奴、称心等，般杂剧[9]。杖头傀儡[10]任小三。每日五更头回小杂剧[11]，差晚看不及矣。悬丝傀儡，张金线、李外宁；药发傀儡，张臻妙、温奴哥、真个强、没勃脐、小掉刀；筋骨、上索、杂手伎[12]，浑身眼、李宗正、张哥；球杖踢弄[13]，孙宽、孙十五、曾无党、高恕、李孝详；讲史[14]，李慥(zào)、杨中立、张十一、徐明、赵世亨、贾九；小说[15]，王颜喜、盖中宝、刘名广；散乐[16]，张真奴；舞旋[17]，杨望京；小儿相扑杂剧[18]、掉刀、蛮牌[19]，董十五、赵七、曹保义、朱婆儿、没困驼、风僧哥、俎六姐；影戏[20]，丁仪、瘦吉等弄乔影戏[21]；刘百禽弄虫蚁[22]；孔三传[23]耍秀才，诸宫调[24]；毛详、霍伯丑商谜[25]；吴八儿合生[26]；张山人说诨话[27]；刘乔、河北子、帛遂、吴牛儿[28]、达眼五重明、乔骆驼、李敦等，杂嘌外入[29]；孙三神鬼[30]；霍四究说三分[31]；尹常卖五代史[32]；文八娘叫果子[33]。其余不可胜数。不以风雨寒暑，诸棚看人，日日如是。教坊、钧容直[34]，每遇旬休按乐，亦许人观看。每遇内宴前一月，教坊内勾集弟子小儿，习队舞[35]作乐，杂剧节次。

【注释】

1. 崇、观：宋徽宗的两个年号"崇宁"（1102—1106）和"大观"（1107—

1110）。

2. 孟子书：前人对此三字有不同理解，有不少学者望文生义，误以为这是一种讲解《孟子》或者孟子本人故事的评书类艺术形式。实际上专讲《孟子》显然不足以专门成为一种艺术形态。孟子书是人名，为当时的乐官。宋徐梦莘《三朝北盟会编》卷七十八"靖康二年二月四日"条引《汴都记》有"乐官孟子书"。又宋王明清《挥麈后录》卷四："医官周道隆、乐官孟子书，俱为平昔侥滥渠魁"。

3. 主张：在宋代，主张主要是主持、主理、负责之意，这里当是领头、带头的意思。

4. 小唱：乐曲体裁之一，由管乐伴奏，后演变成为民间曲艺。宋代张炎《词源·音谱》："惟慢曲、引、近则不同，名曰小唱，须得声字清圆，以哑筚篥合之，其音甚正。"宋代灌圃耐得翁《都城记胜·瓦舍众伎》："唱叫'小唱'，谓执板唱慢曲、曲破，大率重起轻杀，故曰浅斟低唱。"

5. 李师师：宋代著名女艺人，京城名妓，主要活跃在宋徽宗政和年间。与著名词人张先、晏几道、秦观、周邦彦以及宋徽宗赵佶等人均有交游。

6. 诚其角者：有学者认为"诚其"是"都城"之讹，当属臆测。诚其，真正是。角者，佼佼者。此四字意思就是：真正是角儿的。

7. 嘌唱：宋代民间音乐，根据已有的小型歌曲，在演唱的同时进行了音乐变奏的一种歌唱方法，内容相较于小曲的雅致来说，一般比较通俗乃至低俗。南宋程大昌《演繁露》卷九记载："凡今世歌曲，比古郑卫，又为淫靡，近又即旧声而加泛艳者名曰嘌唱。"宋灌圃耐得翁《都城纪胜·瓦舍众伎》："嘌唱，谓上鼓面唱令曲小词，驱驾虚声，纵弄宫调，与叫果子、唱耍曲儿为一体，本只街市，今宅院往往有之。"宋吴自牧《梦粱录·妓乐》："盖嘌唱为引子四句就入者，谓之'下影带'。无影带名为'散呼'，若不上'鼓面'，止敲盏儿，谓之'打拍'。"

8. 教坊减罢并温习：教坊，宋朝主持宫廷音乐训练与演出的机构，减罢并温习是指从教坊离职之后继续在市井从事演出工作。

9. 般杂剧：般通"搬"，搬演杂剧。北宋杂剧与后代杂剧不同，是在唐代参军戏的基础上，又吸收其他民间艺术的成分发展起来的。演出只有两个角色，形式也比较简单，有点类似今天的相声，但演员女性居多，会化彩妆搬演相关角色。

10. 杖头傀儡："杖"原文为"枝"，疑误，据《梦粱录》改。"傀儡"，即木偶戏。

有学者考证，根据其傀儡人物的制作和表演方式的不同，又可分为杖头傀儡（用竖杆支起小舞台，人在里边用手操纵傀儡表演）、悬丝傀儡（人在幕后用提线操纵傀儡表演）、药发傀儡（有火药引发的傀儡表演）、水傀儡（艺人在水中进行表演，一说是用水力作为机关动力的傀儡）、肉傀儡（用小孩扮作傀儡进行表演）等。

11. 小杂剧：杂剧开始之前的一段热身表演。内容一般是以平民百姓日常生活为题材的滑稽表演。

12. 筋骨、上索、杂手伎：筋骨也叫"拗腰肢"，翻折其身，手脚同时触地，口衔器物而复起立，类似今天杂技中的柔术。上索是捆绑和柔术结合的一种表演。杂手伎即杂手艺，类似今天的变戏法。吴自牧《梦粱录》卷二十"百艺杂戏"条记载："且杂手艺，即使艺也，如踢瓶、弄碗、踢磬、踢缸、踢钟、弄花钱、花鼓槌、踢笔墨、壁上睡、虚空挂香炉、弄花球儿、拶筑球、弄斗、打硬、教虫蚁、弄熊、藏人、烧火、藏剑、吃针、射弩端、亲背、攒壶瓶等，绵包儿、撮米酒、撮放生等艺。"

13. 球杖踢弄：踢弄是艺人仰卧在特制的座子上或地上，用双脚表演、舞弄、承接各种道具的技巧，类似今天的"蹬技"，是当时杂手伎中的一种。球杖踢弄就是以球或杖为表演道具的踢弄。当时有专业的踢弄人。吴自牧《梦粱录》卷二十提到的"踢瓶、弄碗、踢磬、踢缸、踢钟"等都是踢弄。

14. 讲史：宋元间有一种流行的说唱艺术，类似后来的说书，叫作"说话"。"说话"分为四家，即小说、讲史、说经、合生。其中讲史主要是讲说历代争战兴亡。

15. 小说：宋元"说话"艺术中的一家，多说唱一些烟粉、灵怪、传奇之类哀艳动人的故事。

16. 散乐：当时流行的艺术表演形式，是由民间乐舞发展而成的一种曲艺、杂耍和音乐结合的节目。宋灌圃耐得翁《都城纪胜》记载："散乐，传学教坊十三部。"内容更为繁多，系指筚篥、大鼓、杖鼓、筝、琵琶、方响、拍板、笙、笛、舞旋、杂剧、参军、歌板诸项目。

17. 舞旋：一种回旋转圈的舞蹈。

18. 小儿相扑杂剧：两个小孩子表演角力的一种娱乐性节目。四川邛窑出土过宋小儿相扑瓷像。

19. 掉刀、蛮牌：掉刀也叫棹刀，长刀的一种，刀身两刃，刃首上阔，山字之制，长柄施镩，形制如桨，因称"棹刀"。蛮牌是用指粗藤做的盾牌。掉刀、蛮牌在这里是指舞刀弄盾的一种武术表演。

20．影戏：亦称"影灯戏"。用纸或皮剪作人物形象，以灯光映于帷布上操作表演的戏剧。宋高承《事物纪原·博弈嬉戏·影戏》："少翁夜为方帷，张灯烛。帝坐他帐，自帷中望见之，彷佛夫人像也，盖不得就视之。由是世间有影戏。"宋灌圃耐得翁《都城纪胜·瓦舍众伎》："凡影戏乃京师人初以素纸雕镞，后用彩色装皮为之。"吴自牧《梦梁录》："有弄影戏者，元汴京初以素纸雕镞，自后人巧工精，以羊皮雕形，用彩色装饰，不致损坏。"

21．乔影戏：一种特殊的影戏，具体形式学术界有争议。大概是一种手影戏，通过双手十指的组合，用影子来表演人物、动物和一些简单诙谐的故事。

22．弄虫蚁：训练虫类表演的杂艺，主要形式包括蚂蚁摆阵、列队交战之类。

23．孔三传：著名说唱艺人，北宋泽州人氏。发明了古代韵律宫调，突破发展了当时大曲的演唱形式，对元杂剧的兴起和中国戏曲艺术的繁荣做出了杰出贡献，被誉为"中国戏曲音乐鼻祖"。吴自牧《梦梁录·妓乐》记载："说唱诸宫调，昨汴京有孔三传编成传奇灵怪，入曲说唱；今杭城有女流熊保保及后辈女童皆效此，说唱亦精，于上鼓板无二也。"

24．诸宫调：宋代一种大型的说唱音乐，又叫诸般宫调，是一种有说有唱，以唱为主，歌唱部分由不同宫调的曲牌连缀而成的大型说唱艺术。

25．商谜：宋代以猜谜斗智的形式自娱或娱乐观众的伎艺。表演时，不仅由演员互相猜答，且可与听众互猜。"商"为任人商略之意。宋灌圃耐得翁《都城纪胜·瓦舍众伎》："商谜，旧用鼓板吹《贺圣朝》，聚人猜诗谜、字谜、戾谜、社谜，本是隐语。"

26．合生：宋代盛行的说唱伎艺，也作"合笙"，具体形式是指物题，一人说一个事物，另一个人根据要求创作一首诗歌或唱一支曲子。宋灌圃耐得翁《都城纪胜》记载："合生与起令、随令相似，各占一事。"有点类似今天相声中的"酒令"。

27．张山人说浑话：说浑话是类似讲笑话段子的表演，除了说，也会演唱，叫唱浑。宋王灼《碧鸡漫志》卷二记载："长短句中作滑稽无赖语，起于至和。嘉祐之前，犹未盛也。熙、丰、元祐间，兖州张山人以诙谐独步京师，时出一两解。"张山人在当时很有名气，何薳《春渚纪闻》卷五"张山人谑"条、洪迈《夷坚志·乙志》"张山人诗"条等均有记载。

28．吴牛儿："吴"字，元刻本为"胡"。

29. 杂㫰外入：杂㫰，一作杂班。宋代赵彦卫《云麓漫钞》记载："近日优人作杂班，似杂剧而简略。金虏官制，有文班、武班。若医卜倡优，谓之'杂班'。每宴集，伶人进，曰'杂班上'，故流传及此。"外入，指的是原在街头巷口表演，后来进入到瓦舍勾栏。

30. 神鬼：一种扮演神鬼的表演。其详细内容可参见本书卷七"驾登宝津楼诸军呈百戏"条。

31. 说三分：以魏、蜀、吴三国故事为主的说话评书。

32. 尹常卖五代史：常卖是一种沿街吆喝，售卖小玩意的小贩。宋赵彦卫《云麓漫钞》卷七："方言以微细物博易于乡市中自唱，曰常卖。"尹常卖当是一位曾经做过常卖小贩之人。五代史是指讲述五代故事的说话评书。

33. 叫果子：宋代说唱艺术之一，为模仿各种叫卖的市声。这种市声曲调逐渐定型，称为"货郎儿"或"货郎太平歌""货郎转调歌"。宋高承《事物纪原·吟叫》记载："嘉祐末，仁宗上仙……四海方遏密，故市井初有叫果子之戏。其本盖自至和、嘉祐之间，叫'紫苏丸'，洎乐工杜人经'十叫子'始也。京师凡卖一物，必有声韵，其吟哦俱不同，故市人采其声调，间以词章，以为戏乐也。"

34. 钧容直：宋皇帝最亲近之扈从禁军马军诸班直中有钧容直，实为军乐。太平兴国三年（978），选禁军中通晓音乐者成立"引龙直"，于皇帝外出时骑导，淳化四年（993）改名钧容直，皆与教坊参用。它们以骑吹形式在"御驾"出行时演奏教坊乐。宋叶梦得《石林燕语》卷三："燕乐教坊外，复有云韶班、钧容直二乐。"《宋史·乐志十七》："钧容直，亦军乐也。"

35. 队舞：宋代的宫廷舞。分小儿队和女弟子队两大类。小儿队中包括柘枝、剑器、婆罗门、醉胡腾、浑臣万岁乐、儿童感圣乐、玉兔浑脱、异域朝天、儿童解红、射雕回鹘共十队。女弟子队中包括菩萨蛮、感化乐、抛球乐、佳人剪牡丹、拂霓裳、采莲、凤迎乐、菩萨献香花、彩云仙、打球乐共十队。各队都有特定的服饰、乐曲、歌、舞、道白，表现不同的内容。

【译文】

宋徽宗崇宁、大观年间以来，有许多在京城瓦舍勾栏中演出的艺人，其中张廷叟、孟子书两人堪称领袖，影响力最大。若是论小唱这种艺术，最有名的艺人莫过于李师

《清明上河图》局部 ◆ "解"字招牌，有算命、典当行等多种解读；算卦摊位前有数人围观。占卜在宋代是一个重要的行业，王安石《汴说》记载："举汴而籍之，盖亦以万记。"

师、徐婆惜、封宜奴、孙三四等人，她们确实是一代名角。而表演嘌唱的伶人，出色的有张七七、王京奴、左小四、安娘、毛团等。这时候有一批著名的艺人，原来隶属于教坊，脱籍离职之后继续到市井从事演出工作，像张翠盖、张成及其弟子薛子大、薛子小、俏枝儿、杨总惜、周寿奴、称心等，主要表演杂剧。论杖头傀儡，最有名的当属任小三。

每天五更时分，勾栏里就开始表演小杂剧，去晚了就只能遗憾错过了。表演悬丝傀儡最出色的，有张金线和李外宁，而善于表演药发傀儡的，有张臻妙、温奴哥、真个强、没勃脐、小掉刀等人。要说到表演柔术和变戏法的，最上乘的高手有浑身眼、李宗正、张哥。用踢弄技法表演脚蹬球、杖的厉害艺人，有孙宽、孙十五、曾无党、高恕、李孝详。善于讲"说话"，擅长讲说历代争战兴亡的"讲史"题材的，有李慥、杨中立、张十一、徐明、赵世亨、贾九。擅长讲说一些烟粉、灵怪、传奇等类哀艳动人的"小说"故事的，有王颜喜、盖中宝、刘名广。善于表演散乐的，有张真奴。善于跳舞旋的，有杨望京。善于表演小儿相扑杂剧和舞弄掉刀、蛮牌等武打表演的，有董十五、赵七、曹保义、朱婆儿、没困驼、风僧哥、俎六姐。会表演皮影戏的高手，当属丁仪。还有瘦吉，最善于用双手十指表演手影戏，刘百禽最善于训练虫蚁。孔三传和耍秀才善于表演诸宫调。毛详、霍伯丑善于说商谜。吴八儿是合生的高手。张山人是说诨话的名家。刘乔、河北子、帛遂、吴牛儿、达眼五重明、乔骆驼、李敦等艺人，表演一种叫"杂㗭"的曲艺，他们原在街头巷口表演，后来才进入到瓦舍勾栏。孙三善于装扮和表演鬼神故事，霍四究经常讲三国故事，而尹常卖则喜欢评说五代兴亡。文八娘最擅长表演学习各行各业吆喝的"叫果子"。其他还有很多有名的艺人，数不胜数。

不管是刮风下雨，还是寒冬炎夏，瓦子的各个棚里，全都是爆满，每天都是如此。宫廷的教坊和军队的钧容直，在旬休时演练，也都允许百姓来观看。要是大内有重要的宴会，提前一个月就会组织教坊内的教坊弟子小儿，分小儿队和女弟子队两大类学习队舞，有时候还要奏乐和排练杂剧。

娶妇

凡娶媳妇，先起草帖子，两家允许，然后起细帖子，序三代名讳，议亲人[1]有服亲[2]田产官职之类。次檐许口酒[3]，以络盛酒瓶，装以大花八朵，罗绢生色或银胜[4]八枚，又以花红[5]缴檐上，谓之"缴檐红"，与女家。女家以淡水二瓶，活鱼三五个，箸一双，悉送在元酒瓶内，谓之"回鱼箸"。或下小定、大定[6]，或相媳妇与不相。若相媳妇，即男家亲人或婆往女家看中，即以钗子插冠中，谓之"插钗子"。或不入意，即留一两端彩段，与之压惊，则此亲不谐矣。其媒人有数等，上等戴盖头，着紫背子，说宫亲宫院恩泽[7]；中等戴冠子，黄包髻，背子，或只系裙，手把青凉伞儿。皆两人同行。下定了，即旦望媒人传语。遇节序即以节物、头面、羊酒之类送[8]女家，随家丰俭。女家多回巧作之类。次下财礼，次报成结日子，次过大礼。先一日，或是日早，下催妆[9]冠帔花粉，女家回公裳花幞头之类。前一日，女家先来挂帐，铺设房卧，谓之"铺房"，女家亲人有茶酒利市之类。至迎娶日，儿家以车子或花檐子发迎客，引至女家门，女家管待迎客，与之彩段，作乐催妆上车。檐从人未肯起，炒咬利市[10]，谓之"起檐子"，与了然后行。迎客先回至儿家门，从人及儿家人乞觅利市钱物花红等，谓之"拦门"。新妇下车子。有阴阳人[11]执斗，内盛谷豆钱果草节等，咒祝望门而撒，小儿辈争拾之，谓之"撒谷豆"，俗云厌青羊等杀神[12]也。新人下车檐，踏青布条或毡席，不得踏地。一人捧镜倒行，引新人跨鞍蓦草及秤上过[13]，入门于一室内，当中悬帐，谓之"坐虚帐"。或只径入房中，坐于床上，亦谓之"坐富贵"。其送女客急三盏而退，谓之"走送"。众客就筵三杯之后，婿具公裳，花胜簇面[14]，于中堂升一榻，上置椅子，谓之"高坐"。先媒氏请，次姨氏或妗氏[15]（jìn）请，各斟一杯饮之；次丈母请，方下坐。新人门额，用彩一段，碎裂其下，横抹挂之，婿入房，即众争扯小片而去，谓之"利市缴门红"。婿于床前请新妇出，二家各出彩段绾一同心，谓之"牵巾"。男挂于笏，女搭于手，男倒行出，面皆相向，至家庙前参拜毕，女复倒行扶入房讲拜[16]。男女各争先后，对拜毕，就床，女向左、男向右坐。妇女以金钱彩果散掷，谓之"撒帐"。男左女右，留少头发，二家出匹段钗子、木梳头须之类，谓之"合髻"。然后用两盏以彩结连之，互饮一盏，谓之"交杯[17]酒"。饮讫，掷盏并花冠子于床下，盏一仰一合，俗云大吉，则众喜贺。然后掩帐讫。宫院中即亲随人抱女婿去，已下人家即行出房，参谢诸亲，复就坐饮酒。散后，次日五更用一卓盛镜台镜子于其上，望堂展拜，谓之"新妇拜堂"。次拜尊长亲戚，各有彩段巧作鞋袜等为献，谓之"赏贺"。尊长则复换一匹回之，谓之"答贺"。婿复参妇家，谓之"拜门"。有力能趣办，次日即往，谓之"复面拜门"，不然三日七日皆可，赏贺亦如女家之礼。酒散，女家具鼓吹从物迎[18]婿还家。三日，女家送彩段、油蜜蒸饼，谓之"蜜和油蒸饼"。其女家来作会，谓之"暖女"。七日则取归，或送彩段头面与之，谓之"洗头"。一月则大会相庆，谓之"满月"。自此以后，礼数简矣。

【注释】

1. 议亲人：即拟成亲之男方，也就是准新郎。

2. 有服亲：宗族关系在五服之内的亲属。

3. 许口酒：象征男家给女家的许婚信物的酒。

4. 银胜：古时妇女所戴头饰，一种剪银箔为人形的彩花。陆游《残腊》诗之二："乳糜但喜分香钵，银胜那思映彩鞭。"

5. 花红：婚庆上送给他人的礼物。

6. 小定、大定：小定也叫"过小帖"，就是所谓的"文定"，约束双方恪守婚约。大定则称"过大礼"，即古所谓"纳征""纳币"之仪，含有男方向女方送财礼之意，仪式规模仅次于迎娶。

7. 宫亲宫院恩泽："宫亲"当为"官亲"之误。官亲是指男方的直系亲属中有在朝廷做官的人。官院恩泽是指男方的直系亲属与皇亲国戚的联姻关系。

8. 送:"送"字当为"追"字之误。元刻本及其他各本(除《学津讨原》本)均作"追"。旧俗定亲后,男方逢节送礼于女方,叫作追节。《梦粱录》"嫁娶"条:"自送定之后,全凭媒氏往来,朔望传语,节序即以冠花、彩段、合物、酒果遗送,谓之追节。"

9. 催妆:古代婚姻礼俗之一。谓女方出嫁须得男方多次催促,才梳妆启行。婚礼前,男家下催妆礼,有凤冠霞帔、婚衣、镜、粉等。唐代上层社会,新娘出嫁之日,新郎作诗,派人传达至女方催妆,称为"催妆诗"。到迎亲时,女方家门紧闭,男方为催新娘启门登轿,则反复吹奏催妆曲,放催妆炮,伴以递开门封。这就是本节下文所谓"作乐催妆"。

10. 炒咬利市:利市原指买卖所得的利润,后来也引申为好运气,这里具体指喜钱。炒通"吵",炒咬利市就是热热闹闹吵着要喜钱。

11. 阴阳人:也叫阴阳师、阴阳先生,以看风水、相宅、相墓、占卜为生的人。

12. 厌青羊等杀神:厌,禳厌、厌胜,是一种用咒符来制服对手或妖邪的巫术。青羊是传说中木精,煞神。

13. 跨鞍驀草及秤上过:宋代婚俗,新娘需要跨过马鞍、驀草及秤。

14. 花胜:本义是古代妇女所戴的花形首饰,这里指在婚礼上新郎官头上戴的花胜饰物。司马光《书仪》卷三"婚仪上":"世俗新婿盛戴花胜拥蔽其首,殊失丈夫之容体。必不得已,且随俗戴花一两枝、胜一两枚可也。"

15. 妗氏:舅母。

16. 讲拜:行拜见礼。

17. 交杯:当时交杯的材质是珓杯,宋程大昌《演繁露》记载:"后世问卜于神,有器名曰杯珓者,以两蚌壳投空掷地,观其俯仰,以断休咎。自有此制后,后人不专用蛤壳矣。或以竹,或以木,略斫削使如蛤形,而中分为二。有仰有俯,故亦名杯珓。杯者,言蛤壳中空,可以受盛,其状如杯也。珓者,本合为教,言神所告教,现于此之俯仰也。"也就是下文"盏一仰一合,俗云大吉"。

18. 迎:"迎"字,据文意,疑为"送",或"迎"后脱"送"字。吴自牧《梦粱录》卷二十"嫁娶"条:"礼毕,女家备鼓吹迎送婿回宅第。"

【译文】

　　凡是要娶媳妇的人家,首先需拟一份草帖子,待双方家庭都同意后,再由男方写一份细帖子,上面依次写明家中曾祖父、祖父和父辈先人的名讳,包括定亲人的亲属以及他的土地、财产、官衔等信息。紧接着,男方要派人送去一担许口酒,作为许婚信物。这个许口酒的酒瓶要用花络罩起来,还要一并装上八朵大花、颜色鲜新的罗绢和八枚银胜头饰,把这些礼物,用花红绸子系在担子上,这个叫"缴檐红"。等到"缴檐红"送到女家,女家会把淡水两瓶、活鱼三五条和筷子一双,一起放进男方送来的酒瓶里,这个叫"回鱼箸"。然后男方再商量小定和大定的时间,以及要不要去女方家里相看一下媳妇。如果要相看,一般是由男方家里的一位亲戚,或者是婆婆,来到女方家中,如果

《妆靓仕女图》(宋 ◆.苏汉臣)

能相中，就会把一支钗子插到女方的帽子上，俗话叫"插钗子"。要是没有相中，就留下一两块彩缎给女方压惊，说明这桩婚事是成不了了。

媒人也分好几等。上等的媒人，头戴一种盖头，身穿紫色褙子，专门为官宦人家乃至达官显贵、皇亲国戚说合亲事；中等媒人头戴高帽，用黄丝巾包着发髻，也穿褙子，或者不穿褙子而穿裙子，手里撑着一把清凉小伞。媒人都是两个人一起。等到男方下了定以后，每月的初一和十五，媒人就会在双方家庭之间来去传话。

每当到了各种节日，男方就要准备节令礼物，以及各种首饰、羊肉、酒水之类，送到女方家中，根据家庭条件的不同，可以适当添减。女方的回礼一般是一些精巧的小物件儿。然后就是正式下财礼，再之后就确定成婚的日期，接着就到了迎娶大礼。女方出嫁须得男方多次催促，才梳妆启行。所以在此前一天，或者是当天一早，男家就会派人到女家催妆，并且要下催妆礼，有凤冠霞帔、婚衣、镜子和化妆品等，对此女方一般会回赠公裳、绣花幞头之类。

在婚礼的前一天，女家会派人到男家来张挂帐幔，还会把女家送到男家的嫁妆通通在新房里展示出来，这个叫"铺房"。"铺房"的时候，男方要用茶酒好好招待女方来人，还要拿喜钱送给他们。婚礼当天，男方家用迎亲车或者花轿，和男方组成的迎新队伍一起去女方家迎娶新娘，他们来到女方家门口，女方家人会招待他们，送上彩缎，他们会在女方门口演奏音乐，催促新娘梳妆。等待新娘收拾妥当，准备上花轿的时候，抬轿子的人都会起哄讨喜钱，否则就不肯起轿，这个环节叫做"起檐子"。给了他们喜钱，轿子就抬起来了。这时男方派去的迎客，已经提前回到男方家门，等着迎接新娘。一些跟着帮忙的从人和男方的家人，在新娘的轿子进门之前，会向女方索要一些喜钱、小钱物和花红，这个环节叫"拦门"。

当新娘子在男家大门口下了轿子之后，有阴阳生手捧一个装粮食用的斗出来，斗里装的是谷豆钱果草节之类，他会念起咒语祈祷，并把斗里的东西往大门方向撒出。小孩子们会一窝蜂一样跑上去，抢着去捡撒在地上的东西。这个环节叫作"撒谷豆"，一般认为这样可以躲过青羊煞神，除邪得吉，保佑平安。新娘下轿子后，脚不能踩到地面，而是要顺着地面上铺好的青布或毡席前行。这时会有一个人捧着镜子，面向新娘子倒退着走，引导新娘跨过一个马鞍、一小堆干蕮草和一杆秤，进入一个屋子，屋里正当中布置着一个帷帐，新娘坐在帷帐内，叫作"坐虚帐"。也可能会直接引导新娘来到一个有床的房间，在床上坐下，这个则是叫"坐富贵"。送新娘进来的客人快速饮酒三杯之后会马上从房间退出来，这个叫"走送"。等到所有前来参加婚礼的宾客都入席并饮酒三杯之后，新郎身穿礼服，头上戴满了花胜，甚至会遮挡住整个脸，坐在中堂木榻上的一把椅子上，这个就叫"高座"。此时媒人会过来请新郎下座，新郎不动，于是一位姨妈或妗子过来请新郎下座，还给他倒了一杯酒喝。他仍旧不动。这时丈母娘出场，请新女婿下座。只有丈母娘来请，新郎才肯下座。

　　新房的门头上，挂着一块彩缎，彩缎的下方会撕成细条，等到新郎进入新房，宾客们会从这儿撕下一小块缎子带走，这个叫"利市缴门红"。新郎走到床前，请新娘出来，新娘一起来，两家人就拿出各自准备好的彩缎，绾一个同心结，这个环节叫"牵巾"。新郎会把同心结的一个边搭在他手执的笏板上，新娘则把同心结的另一个边搭在她自己的手上。然后，新郎新娘就要从新房中出来，新郎倒退着走，走的过程中新郎新娘始终是面对着面的。他们会一起来到家庙拜谒先祖，之后，有人会扶着新娘倒退着走回新房，新郎也走回新房，夫妻开始"讲拜"，也就是夫妻对拜，男女双方都会抢着先拜对方。对拜之后，两人都坐在床上，这个时候新郎脸要向右，而新娘脸要向左。他们周围会有一些妇人，向他们身上投掷一些铜钱和彩绢、果子，这个环节叫"撒帐"。"撒帐"刚一结束，又会有人上前，从新郎头的左侧、新娘头右侧剪下少许头发，然后把两人剪下的头发放到一起。两家会分别拿出整匹的缎子、梳子、头饰等物品，和新婚夫妇剪下的头发收拾在一起，这叫"合髻"。然后再拿出两个用彩结绑在一起的酒杯，灌满酒请新郎新娘互相为对方喂酒，这个叫作"交杯酒"。喝完"交杯酒"，会把两个酒杯和新娘戴的花冠一起扔到床下，要是两个酒杯一个朝上一个朝下，一般就认为是大吉之兆，大家会一起庆贺道喜，然后掩帐而去，迎娶的仪式就到此结束了。

　　要是新娘来自皇室显贵人家，宫中随着新娘过来的人就会马上把新郎抱走。要是普通人家，那么这时新郎、新娘以及两家的亲人们就从新房里退出来，向厅堂里的宾客们道谢。然后客人们仍归喝酒。宴席结束以后，客人们才散去。第二天五更时分，夫家会摆出一张桌子，上面放镜台及镜子，新妇就在桌前行跪拜礼，这叫"新妇拜堂"。然后新妇会拜尊长和亲戚，并分别向他们敬献礼物，这些礼物一般都是新娘做的女红，包括鞋、袜之类，这叫"赏贺"。长辈们则分别把他们自己带来的一匹彩缎赠送给新婚夫妇，这叫"答贺"。然后新郎要再去妻子家拜见岳父、岳母，这叫做"拜门"。

要是新郎家条件比较好，能很快把礼品凑齐，那么第二天就可以去"拜门"，这个就叫"复面拜门"，不然的话三到七日内去拜门也是可以的，而"赏贺"之礼也须和女方在男方家施行的一样。新郎"拜门"时，在岳父家吃完宴席，女方家中也会准备鼓乐和礼物送新女婿回家。婚后第三天，女家会给男家送来彩缎和油蜜蒸饼，这种饼叫"蜜和油蒸饼"，象征新婚夫妻亲密和美，蒸蒸日上。在送蜜和油蒸饼的同时，女家会有人到男家来，和男家人聚会，这叫"暖女"。婚后第七天，女家会派人接新妇回娘家，或者送给新妇彩缎和首饰，这叫"洗头"。婚后一个月，两家聚会庆祝，这叫"满月"。在这之后，两家来往的礼数就简单随意多了。

《红梅孔雀图》局部（宋 ◆ 佚名）

育子

凡孕妇入月[1]，于初一日，父母家以银盆或錂[2]或彩画盆，盛粟秆一束，上以锦绣或生色帕复盖之。上插花朵及通草帖罗[3]五男二女[4]花样，用盘合装送馒头，谓之"分痛"。并作眠羊、卧鹿、羊生、果实[5]，取其眠卧之义。并牙儿衣物绷籍[6]等，谓之"催生"。就蓐分娩讫，人争送粟米炭醋之类。三日落脐、灸囟[7]。七日谓之"一腊"。至满月则生色及绷绣钱，贵富家金银犀玉为之，并果子，大展洗儿会。亲宾盛集，煎香汤于盆中，下果子、彩钱、葱蒜[8]等，用数丈彩绕之，名曰围盆。以钗子搅水，谓之"搅盆"。观者各撒钱于水中，谓之"添盆"。盆中枣子直立者，妇人争取食之，以为生男之征。浴儿毕，落胎发，遍谢坐客，抱牙儿入他人房，谓之"移窠"。生子百日置会，谓之"百晬"。至来岁生日，谓之"周晬"。罗列盘盏于地，盛果木饮食、官诰、笔研、算秤等，经卷、针线，应用之物，观其所先拈者以为征兆，谓之"试晬"。此小儿之盛礼也。

【注释】

1. 入月：指妇女孕期足月。宋吴自牧《梦粱录》"育子"条记载："杭城人家育子，如孕妇入月期将届，外舅姑家以银盆或彩盆，盛粟秆一束，上以锦或纸盖之……送至婿家，名催生礼。"

2. 錂：即铜。

3. 通草帖罗：通草即通脱树，其树皮可以充纸用。帖罗：粘贴。

4. 五男二女：传说周武王有五男二女，后用以表示子孙繁衍，有福气。宋时常绘印五男二女图于纸笺或礼品上以示祝福。

5. 眠羊、卧鹿、羊生、果实：这一句前人大都不能理解，邓之诚认为"羊生疑误"，伊永文标点为"眠羊、卧鹿、羊生，果实取其眠卧之义"。眠羊、卧鹿是一种象形的点心，《武林旧事》卷八《宫中诞育仪例略》："眠羊卧鹿二合各十五事、金银果子五百个。"羊生其实是羊肉生汤，金代张从正《儒门事亲》卷二记载："北方贵人爱食乳酪、牛酥、羊生、鱼脍、鹿脯、猪腊、海味甘肥之物。" 而《普济方》卷三十六载治疗"朝食夜吐、夜食朝吐"的"胃反"有"食羊生法"。果实则是点心果子。

6. 绷籍："绷"同"绷"，绷籍即绷席，包裹婴儿的小被褥。

7. 灸囟：用艾火灸初生婴儿的颅囟，以促其头缝闭合，是古时候流行的规矩。

8. 彩钱、葱蒜：这些物品各有寓意。据叶寘《爱日斋丛抄》卷一记载："东坡又记闽人生子三朝，浴儿时，家人及宾客皆戴葱、钱，曰葱使儿聪明，钱使儿富大。"

【译文】

怀孕足月的当月初一日，娘家父母会用一个银盆、铜盆或彩画盆，装上小束谷草的秸秆，用锦绣或漂亮的彩色巾帕盖起来，巾帕上摆上花朵，还会用通草纸画上五男二女的吉祥花样，贴在丝巾上面。娘家人还会用盒子或者盘子装上馒头送过来，叫作"分痛"。还会送一些画着眠羊、卧鹿之类花纹的果子点心，以及羊肉生汤，寓意是"眠卧"。此外还会送过来小孩子穿用的衣服和被褥，这个叫"催生"。

孩子出生后，亲朋好友会争相送来粟、米、炭、醋等物品。孩子出生的第三天，就要进行"脱脐"和"灸囟"。孩子出生满七天，就叫"一腊"。等孩子满月了，就要送彩色的布、花线和铜钱，要是富贵人家，则会赠送金银、犀角、玉石制作的精美礼物，还会送上一些精致的果子点心，父母要为孩子大办"洗儿会"，这一天众多亲友都会来捧场。办"洗儿会"时，烧一盆添加了香料的热水，水里要投入干果、彩钱、葱蒜等物，还要用一根数丈长的彩布把盆缠起来，叫作"围盆"。孩子的父母会用一根钗子搅动盆里的热水，这个叫"搅盆"，这个时候，来参加活动的客人就纷纷把钱币扔进水里，叫作"添盆"。要是水里原来扔进去的枣儿有竖起来的，旁边已经结婚的妇人就抢着捞起来吃掉，因为大家认为这是能生男孩子的象征。然后会用这个盆里的水给小孩子洗澡。洗完澡，就要把胎发剃掉，孩子的父母这时会逐一感谢在座的宾客，然后把孩子抱到一个新的房间，这个叫"移窠"。孩子出生的第一百天，也要举行庆祝活动，叫作"百晬"。

满一周岁的那天，则叫"周晬"。"周晬"这一天，大人在地上摆上盘、碗、杯等容器，里面分别放置有水果、吃食、官诰、笔砚、算盘、秤杆以及经卷、针线和各色日常用品，让孩子随意挑选，通过他拿了什么东西，来判断他长大以后的志趣。这个就叫"试晬"。这些仪式，对整个家庭和新生的孩子来说，都是盛大的典礼。

《清明上河图》局部 ◆ 整幅画中，刻画了不少小孩。此为孙羊店前，貌似一对夫妇领着小孩在买东西，一小儿被大人扛在肩上，憨态可掬

卷之六

正月

　　正月一日年节，开封府放关扑¹三日。士庶自早互相庆贺，坊巷以食物、动使、果实、柴炭之类，歌叫关扑。如马行²、潘楼街、州东宋门、州西梁门外踊路³、州北封丘门外及州南一带，皆结彩棚，铺陈冠梳、珠翠、头面、衣着、花朵、领抹、靴鞋、玩好之类。间列舞场歌馆，车马交驰。向晚，贵家妇女，纵赏关赌，入场观看，入市店饮宴，惯习成风，不相笑讶。至寒食、冬至三日亦如此。小民虽贫者，亦须新洁衣服，把酒相酬尔。

【注释】

　　1. 关扑：也称扑卖，参见本书卷三"诸色杂卖"条注释4。宋苏轼《乞不给散青苗钱斛

状》:"又官吏无状,于给散之际,必令酒务设鼓乐倡优,或关扑卖酒牌子,农民至有徒手而归者。"宋吴自牧《梦粱录·正月》:"街坊以食物、动使、冠梳、领抹、缎匹、花朵、玩具等物,沿门歌叫关扑。"

2. 马行:马行街,参见本书卷三"马行街北诸医铺"条。

3. 踊路:踊路街,参见本书卷三"大内西右掖门外街巷"条。

【译文】

正月初一是年节,从初一开始接连三天,开封府开放关扑这种赌博游戏,大家可以尽情玩乐。大年初一的一大早,不论是官员还是普通百姓,见面都会互道祝贺。街头巷尾,都是用各种食物、生活用品、水果点心乃至柴禾木炭玩关扑游戏的摊子。在马行街、潘楼街、州东宋门、州西梁门外踊路街、州北封丘门外及州南一带,都搭了彩棚,这些棚子里摆着五花八门的摊子,有卖帽子梳子的、卖珠玉首饰的、卖衣服的、卖装饰用的假花的、卖领巾抹额的、卖靴子鞋子的,还有卖各种小玩意儿的,其间也有专门表演歌舞的娱乐场所。行人来来往往,车水马龙。到了傍晚,富贵人家的女眷们也会出门游玩,她们有的纵情观赏大家玩关扑游戏,有的则去欣赏歌舞表演,也有的去路边饭店吃东西,大家对此早已习以为常,不会去笑话谁。在寒食和冬至,开封府也同样会允许关扑三天,热闹情景和正月差不多。在这些重要的节假日里,家境困难的人们,也会穿上一身干净衣裳,大家聚在一起喝酒酬唱。

《春宴图卷》局部(南宋 ◆ 佚名)

元旦朝会

正旦大朝会，车驾坐大庆殿[1]，有介胄长大人四人立于殿角，谓之"镇殿将军"。诸国使人入贺殿庭，列法驾仪仗，百官皆冠冕朝服。诸路举人解首亦士服立班，其服二梁冠[2]，白袍青缘。诸州进奏吏，各执方物入献。诸国使人：大辽大使顶金冠，后檐尖长如大莲叶，服紫窄袍、金蹀躞(dié xiè)[3]。副使展裹[4]金带如汉服。大使拜则立左足，跪右足，以两手着右肩为一拜。副使拜如汉仪。夏国使副皆金冠短小样制，服绯窄袍、金蹀躞，吊敦[5]，皆叉手展拜。高丽[6]与南番交州[7]使人并如汉仪。回纥[8]皆长髯高鼻，以匹帛缠头，散披其服。于阗[9]皆小金花毡笠，金丝战袍束带，并妻男同来，乘骆驼毡兜铜铎(duó)入贡。三佛齐[10]皆瘦瘠缠头，绯衣上织成佛面。又有南蛮五姓番[11]皆椎髻乌毡，并如僧人礼拜，入见旋赐汉装锦袄之类。更有真腊[12]、大理[13]、大石[14]等国，有时来朝贡。其大辽使人在都亭驿。夏国在都亭西驿。高丽在梁门外安州巷同文馆。回纥、于阗在礼宾院。诸番国在瞻云馆或怀远驿。唯大辽、高丽，就馆赐宴。大辽使人朝见讫，翌日诣大相国寺烧香。次日，诣南御苑射弓，朝廷旋选能射武臣伴射，就彼赐宴，三节人[15]皆与焉。先列招箭班[16]十余于垛子前，使人多用弩子射。一裹无脚小幞头子、锦袄子辽人，踏开弩子，舞旋搭箭，过与使人，彼窥得端正，止令使人发牙[17]。例，本朝伴射用弓箭中的，则赐闹装[18]银鞍马、衣着、金银器物有差。伴射得捷，京师市井儿遮路争献口号，观者如堵。翌日，人使朝辞。朝退，内前灯山已上彩，其速如神。

【注释】

1. 大庆殿：北宋皇宫正殿。参见本书卷一"大内"条。

2. 二梁冠：上有两条横脊的冠，也叫两梁冠。宋代官员的进贤冠分为七等，第一、二等是七梁，第三等六梁、第四等五梁、第五等四梁、第六等三梁、第七等为二梁。二梁冠是最低等。

3. 蹀躞：隋唐时期出现的一种装饰有饰物的腰带，称为蹀躞带，简称蹀躞。

4. 展裹：辽金职官公服名。《辽史·仪卫志二》："公服谓之'展裹'，著紫。"

5. 吊敦：一种西夏服饰，也叫吊敦靴，是一种连裤靴。

6. 高丽：又称高丽王朝、王氏高丽，是朝鲜半岛古代国家之一。

7. 南番交州：交州，中国东汉到唐朝初期的行政区划名称，包括今天越南中北部和中国两广。这里是指宋代时在今越南建国的大瞿越国及后续王朝。

8. 回纥：也叫"回鹘"，是中国的少数民族部落，维吾尔族的祖先。

9. 于阗：于阗又作于寘，地处塔里木盆地南沿，国家强盛时领地包括今和田、皮山、墨玉、洛浦、策勒、于田、民丰等县市，都西城（今和田约特干遗址），但在北宋时因其国力衰弱而为回纥所灭。

10. 三佛齐：7至13世纪，苏门答腊岛上古国。

11. 南蛮五姓番：据周去非《岭外代答》卷三"西南夷"条，西南有五姓蕃部，分别是龙、罗、方、石、张。

12. 真腊：中南半岛古国，汉代称为扶南，唐宋称为真腊，在今柬埔寨境内。

13. 大理：大理国是段思平公元937年在西南一带建立的多民族政权，全国尊崇佛教。

14. 大石：即大食，中古时期阿拉伯人所建立的伊斯兰帝国。

15. 三节人：也称"三节人从"，指使臣的主要随员。

16. 招箭班：殿前司所属殿前禁卫二十四班之一，由善于射箭的兵士组成。

17. 发牙：拨动弩牙。牙是弩上钩弦的器具，像牙齿，称"弩牙"。《释名·释兵》："钩弦者曰牙，似齿牙也。"

18. 闹装：亦作"闹嚷嚷""闹妆"，用金银珠宝等杂缀成的腰带或鞍、辔之类饰物。

【译文】

正月初一举行大朝会时，御驾会亲临大庆殿。四位身材高大、顶盔披甲的大汉，站在大庆殿四个角落，称为"镇殿将军"。各国的使臣陆续进入殿内朝贺。殿内排列着天子的法驾和仪卫，文武百官都带着冠冕，身穿朝服。来自全国各路举人的第一名"解首"也都穿上镶着青边的白袍士服，头戴二梁冠。百官和解首都站立朝班。

各州的进奏吏入朝启奏，献上富有地方特色的贡品。

各国觐见的使臣分别是：大辽国正使，他头戴金冠，冠的后檐尖长，就像一片莲叶。他身穿紫色窄袍，腰上系着金蹀躞带。副使身穿辽国官服"展裹"，腰上缠着一条金腰带，看起来倒有点像是汉人打扮。辽国正使行礼，右腿下跪，左小腿立着，左膝朝上，每一拜都以两手触及右肩。副使礼拜方式则和汉官一样。夏国的正使和副使的穿着打扮相同，都头戴一个很短小的金冠，身穿红色小窄袍，腰系金蹀躞，下身穿夏国特有的连裤靴"吊敦"。他们不跪拜，只是叉手行拱手礼。高丽和南番交州的大瞿越国都是中国的属国，使臣在殿上拜贺的礼节和汉人拜见皇帝是一样的。回纥使臣都是高鼻梁、长胡须，用长长的帛缎包裹住头顶，衣服松散地披在身上。于阗使臣都戴着饰有金花的小毡斗笠，身上穿着镶金丝战袍，腰间束带。他们一般会带着妻子和孩子一起来朝拜。他们乘着骆驼，骆驼脖子上系着铜铃铛，身上挂着毛毡袋，里面装的都是贡品。三佛齐国的使臣身形消瘦，头上缠布，身穿绣有佛像的浅红色衣服。来自西南地区的五姓蕃，头发都梳到脑后成椎髻，戴黑色的毡帽，他们拜贺的礼仪像是在拜佛。皇帝当即会赐给他们汉族式样的锦袄以及其他一些礼物。

除了这些国家，还有真腊、大理、大食等国的使臣，也会不定时来朝贡。

辽国的使臣安排在都亭驿下榻，夏国使臣安排在都亭西驿下榻，高丽使臣安排在梁门外安州巷同文馆，回纥和于阗使臣安排在礼宾院，其他番国使臣或是在瞻云馆，或是在怀远驿。只有辽国和高丽使臣，在下榻的都亭驿和同文馆内，会由朝廷设宴招待。朝会的次日，也就是正月初二，辽国使臣赴大相国寺烧香。正月初三，会去南御苑射箭，朝廷选出善于射箭的武臣作陪。也会在这个地方设宴，辽国使臣都会应邀赴宴。南御苑的箭垛前面，提前安排十多个禁军招箭班的成员接应。使臣一般用弩来射。

首先上前的是一个头戴无脚小幞头、身穿锦袄的辽国人，用脚踏开弩弓，手舞足蹈一番之后，把箭搭在弩上，再将其交给辽使。在此之前，他已经仔细瞄准了目标，一切准备妥当，辽使只需要拨动弩牙而已。

按照惯例，本朝伴射的箭手要是射中箭靶，皇帝会赐给他闹装银鞍马、衣着、金银器物等。一旦本朝箭手正中靶心，京城里围观的市井小儿们会大喊口号祝贺，箭手们离开南御苑时也会被夹道送行，人山人海。射箭之后的第二天，也就是正月初四，各国使臣向朝廷辞行。等朝会结束，大内宫殿前的灯山就已经布置得张灯结彩，简直是神速。

立春

　　立春前一日，开封府进春牛[1]入禁中鞭春[2]。开封、祥符两县，置春牛于府前。至日绝早，府僚打春，如方州[3]仪。府前左右百姓卖小春牛，往往花装栏坐，上列百戏人物。春幡[4]雪柳[5]，各相献遗。春日，宰执、亲王、百官皆赐金银幡胜[6]。入贺讫，戴归私第。

【注释】

1. 春牛：立春日劝农春耕的象征性的牛，用泥捏纸粘而成，也叫"土牛"。
2. 鞭春：古时习俗，在"立春"日要进行迎春仪式，由人扮成主管草木生长的"句芒神"鞭打春牛；由地方官吏行香主礼，叫作"打春"或"鞭春"。

3. 方州：指州郡长官。《资治通鉴·宋顺帝升平元年》："讦以其私用人为方州。"胡三省注："古者八州八伯，谓之'方伯'，后世遂以州刺史为方州。"

4. 春幡：汉族岁时风俗，于立春日或挂春幡于树梢，或剪缯绢成小幡，连缀簪之于首，以示迎春之意。

5. 雪柳：用纸或绢制成的头花，宋代妇女常于立春和元宵这两个节日把雪柳戴在头上。

6. 幡胜：一种用金银箔纸绢剪裁制作的装饰品，有的形似幡旗，故名幡胜。立春日戴在头上或系在花下。范成大《鞭春微雨》诗："幡胜丝丝雨，笙歌步步尘。"

【译文】

在立春的前一天，开封府就把一头泥捏纸粘的春牛送入皇宫大内，以供宫中第二天举行鞭春仪式。开封、祥符两县，会把春牛放置府衙前，立春那天的一大早，州郡长官就会起来鞭春，县府里的官员们也参照州郡长官的礼仪样式，一早起来打春。县衙门附近会有人兜售小春牛，这些漂亮的小春牛摆放在一个漂亮的小围栏里，还会装点百戏人物图像。这一天，人们会互相馈赠自己制作的春幡和雪柳。宰相、亲王及文武百官都会来宫中拜贺，皇帝会御赐给他们金银幡胜。拜贺结束了，百官们纷纷把金银幡胜戴在头上回自己家。

《溪山春晓图》（宋 ◆ 佚名，有学者推测为北宋惠崇绘）

元宵

正月十五日元宵，大内前自岁前冬至后，开封府绞缚山棚[1]，立木正对宣德楼。游人已集御街，两廊下奇术异能、歌舞百戏，鳞鳞相切，乐声嘈杂十余里。击丸[2]、蹴鞠[3]、踏索[4]、上竿[5]，赵野人倒吃冷淘[6]，张九哥吞铁剑，李外宁药法傀儡[7]，小健儿吐五色水，旋烧泥丸子[8]，大特落，灰药榾柮儿杂剧[9]，温大头、小曹嵇琴[10]，党千箫管，孙四烧炼药方，王十二作剧术[11]，邹遇、田地广杂扮[12]，苏十、孟宣筑球[13]，尹常卖五代史，刘百禽虫蚁[14]，杨文秀鼓笛。更有猴呈百戏、鱼跳刀门、使唤蜂蝶、追呼蟋蚁。其余卖药卖卦，沙书地谜，奇巧百端，日新耳目。至正月七日，人使朝辞出门，灯山上彩，金碧相射，锦绣交辉。面北悉以彩结山沓，上皆画神仙故事，或坊市卖药卖卦之人。横列三门，各有彩结，金书大牌，中曰"都门道"，左右曰"左右禁卫之门"，上有大牌曰"宣和与民同乐"。彩山左右以彩结文殊、普贤，跨狮子、白象，各于手指出水五道，其手摇动。用辘轳绞水上灯山尖高处，用木柜贮之，逐时放下，如瀑布状。又于左右门上，各以草把缚成戏龙之状，用青幕遮笼，草上密置灯烛数万盏，望之蜿蜒如双龙飞走。自灯山至宣德门楼横大街，约百余丈，用棘刺围绕，谓之"棘盆"，内设两长竿，高数十丈，以缯彩结束，纸糊百戏人物，悬于竿上，风动宛若飞仙。内设乐棚，差衙前乐人作乐杂戏，并左右军百戏在其中。驾坐一时呈拽[15]，宣德楼上皆垂黄缘帘，中一位乃御座，用黄罗设一彩棚，御龙直执黄盖掌扇，列于帘外。两朵楼各挂灯球一枚，约方圆丈余，内燃椽烛[16]，帘内亦作乐。宫嫔嬉笑之声，下闻于外。楼下用枋木垒成露台一所，彩结栏槛。两边皆禁卫排立，锦袍幞头，簪赐花，执骨朵子¹⁷，面此乐棚。教坊、钧容直、露台弟子，更互杂剧。近门亦有内等子班直排立。万姓皆在露台下观看，乐人时引万姓山呼。

【注释】

1．绞缚山棚：绞缚，捆扎搭建。山棚也叫彩山，是为庆祝节日而搭建的彩棚，其状如山高耸，故名。宋司马光《涑水记闻》卷五："莱公在藩镇，尝因生日构山棚大宴，又服用僭侈，为人所奏。"

2．击丸：古代一种杂技表演，也叫"飞丸"，类似马球。

3．蹴鞠：亦作"蹴鞠"，又名"蹋鞠""蹴球""蹴圆""筑球""踢圆"等，"蹴"有用脚蹴、蹋、踢的含义，"鞠"最早系外包皮革、内实米糠的球。因而"蹴鞠"就是指古人以脚蹴、蹋、踢皮球的活动，类似今日的足球。

4．踏索：古代一种杂技表演，演员在悬空的绳索上来回走动并表演各种动作，又称走索、踏绳。

5．上竿：古代一种杂技表演，类似现在的爬竿。

6．倒吃冷淘：冷淘是一种食物，参见本书卷四"食店"注释3。倒吃冷淘有两种理解：一是冷淘类似今天凉面或凉粉，是夏天吃的食物，倒吃就是季节颠倒，在大冬天吃凉粉。二是认为这是一种艺术难度很大的杂技，表演者向后弯腰，头部倒过来，嘴巴朝上，进而表演吃东西。大部分学者认为是前者。但是事实上在宋代，吃冷淘其实四季都有，甚至有学者认为冷淘其实和"冷"字无关，就是一种汤面。而且即使是在冬天吃凉粉，从情理来看也实在不是一种很值得欣赏的表演。这里上下文描述的都是各类杂技，所以将其理解为以冷淘为道具的柔术表演明显更合理。

7．李外宁药法傀儡：参本书卷五"京瓦伎艺"条。

8．旋烧泥丸子：这是一种戏法，类似今天仍能见到的"三仙归洞"，用一根筷子，两个碗，三个泥丸子，便可使三丸子在两碗之间来回地变幻。也有学者认为这是一种魔术，表演者将泥丸子塞入口中，通过魔术手法，变幻出水果等物出来。

9．大特落灰药榾柮儿杂剧：这句话比较难理解，此前学者的一种断句为"大特落，灰药，榾柮儿，杂剧"，也就是大特落和榾柮儿是人名，灰药和杂剧是其擅长的艺术形式。但是灰药具体是什么类型的艺术形式，依旧难以理解。还有学者将其断句为"大特落、灰药、馉柚儿，杂剧"，以大特落、灰药、馉柚儿为三个人名，也和上下文的格式不太符合，解读比较勉强。我们理解"馉柚儿"就是本书卷二"州桥夜市"条、卷四"食店"和卷八"是月巷陌杂卖"条都有记载的"馉饳儿"，是一种类似馄饨的食物。灰药馉柚儿杂剧是一个以吃馄饨为话题的杂剧。

10. 嵇琴：擦奏弦鸣乐器。也称"奚琴""稽琴"。二胡类乐器的雏型。琴筒覆板，竹柄。设两个轸、两根弦，以竹片润湿后，穿于弦中轧奏，后改以马尾弓。唐代已有嵇琴记述。

11. 剧术：一种杂技，宋耐得翁《都城纪胜·瓦舍众伎》记载："小则剧术射穿、弩子打弹、攒壶瓶、手影戏、弄头钱、变线儿、写沙书、改字。"

12. 杂扮：又名'杂班'，又名'纽元子'，又谓之'拔和'，即杂剧之散段也，是宋代流行的一种小戏。以剧情简单，逗人喜笑著称。参见本书卷五"京瓦伎艺"条注释29。

13. 筑球：蹴鞠的一种，只有一个球门。

14. 尹常卖五代史，刘百禽虫蚁：参本书卷五"京瓦伎艺"条。

15. 呈拽：安置、安排。

16. 椽烛：原作"椽竹"，据元刻本改。意为如椽之烛，指大烛。宋苏轼《武昌西山》诗："岂知白首同夜直，卧看椽烛高花摧。"

17. 骨朵子：即"骨朵"，像长棍一样的古代兵器，用铁或硬木制成，顶端瓜形。俗称"金瓜"。

【译文】

正月十五就到了元宵节。从腊月的冬至起，开封府就已经开始在皇宫前搭建山棚，山棚的立木正对着宣德门楼。一到元宵节，游人蜂拥而至，御街上人头攒动。御街两侧的长廊下，是五花八门的表演，奇术异能，歌舞百戏，各家的摊子紧挨在一起，鳞次栉比。音乐声和喧哗声，十几里以外都听得到。在这里，你能看到表演击丸、蹴鞠、踏索、上竿的，还能看到很多知名艺人的绝活，比如赵野人表演柔术，身子倒过来吃冷淘，张九哥表演口吞铁剑，李外宁表演药法傀儡，小健儿表演魔术吐五色水和旋烧泥丸子，大特落表演灰药馉柚儿杂剧，温大头、小曹演奏嵇琴，党千演奏箫管，孙四表演烧炼药方的魔术,王十二表演剧术,邹遇、田地广表演杂扮,苏十、孟宣表演筑球,尹常卖讲说五代史,刘百禽展示虫蚁表演,杨文秀表演击鼓和吹笛子。还有各类动物马戏表演,比如猴呈百戏、鱼跳刀门、使唤蜂蝶、追呼蝼蚁等等。此外还有表演卖药卖卦乃至沙书地谜的,真是奇巧百端,每一样都让人耳目一新!

到了正月初七,各地使臣纷纷离开京城,京城里的灯山就开始上彩,彩灯都点亮起来,五颜六色的光交相辉映,一片锦绣斑斓。灯山面向皇宫的那一侧,尤其装饰华贵,都是用缤纷彩缎扎成,层层锦绣,堆叠如山,上面都画着神仙故事,和市井卖药卖卦之类的日常生活。节日里还会搭建起三个横向并排而列的大彩门,上面都装饰彩缎,门上有一个大木牌,上面写着金光闪闪的大字。中间那个门写的是"都门道",左右两个门分别写的是"左右禁卫之门",最中间的上方另有一个大木牌,写着"宣和与民同乐"。在彩山的两侧,分别用各色锦绣绢缎扎起文殊菩萨和普贤菩萨,分别骑着狮子和白象。两座菩萨彩像的每个手掌的手指,喷射出五道水柱,与此同时,手掌还能摇动,制作非常精巧。

在灯山的最高处设有一个木制的大水柜,先用辘轳绞水,把水从地面抽到水柜里,每隔一段时间,就把水从水柜里倾倒出来,从外面看就好像瀑布飞流直下。在左右两边的门上,还用草扎成两条嬉戏的龙,龙身用青布作为皮肤。在青布下的草节内,暗藏了数万盏的灯烛,远远望去,就像两条蜿蜒飞翔的神龙。

从灯山至宣德门楼横大街一百多丈的路上,用棘刺围起一块空地,叫作"棘盆"。在"棘盆"中,设有两根高达数十丈的长竿,长竿也装饰有各色锦缎,花团锦簇,用纸糊成百戏人物悬挂在长竿上,风一吹过,人物缓缓飘动,看起来好似飞在半空中的神仙。空地内还设有一个乐棚,差遣官家的乐工在这里演奏乐器,表演杂戏,左右军也在其中表演百戏。

一切安排妥当后,就会等待御驾亲临。宣德楼上装饰着镶着黄边的垂帘,中间那个座位,就是留给皇上的御座。御座附近用黄色丝绸扎起一个小彩棚,禁军御龙直的士兵手执黄盖掌扇,在帘子外列队站立。宣德楼两边的两座朵楼,分别悬挂有一枚巨型的灯球,直径有一丈多,里面燃烧的那根蜡烛,跟一根椽子一样粗大。

在宣德楼上垂帘里的皇帝御座附近，也安排有人演奏音乐，后宫嫔妃宫女在里面嬉戏打闹的声音，大家站在楼下都能听得到。楼下用枋木垒成一座露天大戏台，四面的栏杆也都张灯结彩，华丽非常。戏台两侧由列队整齐的禁军士兵守护，他们手持骨朵子，身穿锦袍，头戴幞头以及簪着御赐的装饰绢花，面向乐棚站岗。教坊、钩容直的成员和露台伶人，在这里轮番表演各种杂剧。在靠近宣德门的地方，也有整齐排列的内等子执勤。百姓都聚集在露台下观赏表演，台上的艺人，经常逗引台下的观众高呼万岁，呼声雷动，排山倒海。

《杂剧（打花鼓）图》（宋 ◆ 佚名）

十四日车驾幸五岳观

正月十四日，车驾幸五岳观迎祥池¹，有对御（谓赐群臣宴也），至晚还内。围子亲从官²，皆顶球头大帽，簪花，红锦团答戏狮子衫，金镀天王腰带，数重骨朵。天武官皆顶双卷脚幞头，紫上大搭天鹅结带，宽衫。殿前班顶两脚屈曲向后花装幞头，着绯、青、紫三色捻金线结带，望仙花袍，跨弓剑乘马，一扎鞍辔，缨绋³前导。御龙直一脚指天、一脚圈曲幞头，着红方胜锦袄子，看带、束带，执御从物，如金交椅、唾盂、水罐、果垒、掌扇、缨绋之类。御椅子皆黄罗珠蹙，背座则亲从官执之。诸班直皆幞头锦袄束带，每常驾出，有红纱帖金烛笼二百对，元宵加以琉璃玉柱掌扇灯，快行家各执红纱珠络灯笼。驾将至，则围子数重外有一人捧月样兀子⁴，锦覆于马上。天武官十余人簇拥扶策，喝曰："看驾头⁵。"次有吏部小使臣百余，皆公裳，执珠络球杖，乘马听唤。近侍余官皆服紫、绯、绿公服，三衙太尉⁶、知阁⁷、御带⁸罗列前导，两边皆内等子。选诸军膂力者，着锦袄顶帽，握拳顾望，有高声者，捶之流血。教坊、钧容直乐部前引，驾后诸班直马队作乐。驾后围子外，左则宰执侍从，右则亲王宗室南班官⁹。驾近，则列横门十余人击鞭，驾后有曲柄小红绣伞，亦殿侍执之于马上。驾入灯山，御辇院人员辇前喝"随竿媚来"¹⁰，御辇团转一遭，倒行观灯山，谓之"鹁鸽旋"，又谓之"踏五花儿"，则辇官有喝赐矣。驾登宣德楼，游人奔赴露台下。

【注释】

1. 五岳观迎祥池：参见本书卷二"朱雀门外街巷"条。

2. 围子亲从官：帝王巡幸时的仪卫。宋周密《武林旧事·四孟驾出》："亲从方围子，两行各一百四十人，围子两边各四重；第一重，内殿直已下两边各一百人；第二重，崇政殿围子两边各一百人。"

3. 缨绋：一般指冠带与印带，这里指拂尘。

4. 月样兀子：月字形的兀子。兀子即杌子，一种小矮凳。

5. 驾头：参见本书卷四"皇后出乘舆"条注释2。

6. 三衙太尉：宋代掌管禁军的机构，有殿前司、侍卫亲军马军司、侍卫亲军步军司，合称三衙。三衙太尉是对三衙长官的称谓。

7. 知阁：知阁门事的省称。宋代阁门司的主管官员，负责朝会、游幸、宴享赞相礼仪等事。《宋史·职官志六》："旧制有东、西上阁门，多以处外戚勋贵。 建炎初元，并省为一……五年，诏右武大夫以上并称知阁门事兼客省、四方馆事。"

8. 御带：官职名，是皇帝的警卫和亲信。元马端临《文献通考·职官考》第十二"带御器械"条："宋初尝选三班以上武干亲信者佩橐鞬、御剑，或以内臣为之，初是职止名'御带'，咸平元年改为'御带器械'。"

9. 南班官：为无职事、无定员的虚衔，仅用于武臣赠典或安置闲散武职人员，宋代也用于除拜宗室。宋代沈括《梦溪笔谈》卷二记载："宗子授南班官。"

10. 随竿媚来：御辇院人员喊的一种口号。这个口号本来在当时艺人中流行，是表演杂技的艺人们用的口令。表演的时候有人用一根竿子指挥，叫作"媚来"，跟着竿子的指挥来表演，就叫"随竿媚来"。

【译文】

正月十四日，皇帝驾幸五岳观迎祥池，并在这里赐宴群臣，这叫"对御"，直到很晚才返回大内皇宫。

这一天，皇帝的围子亲从官，头戴球头大帽，簪着花，身穿红锦团答戏狮子衫，腰系金镀天王腰带，他们手持骨朵，站成好几排。天武军的军官头戴双卷脚幞头，穿宽衫，系着紫色上大搭天鹅结带。殿前司的官员们头戴两脚屈曲向后花装幞头，穿望仙花袍，系着绯、青、紫三色捻金线结带，挎着弓，挂着剑，坐在一色儿样式的马鞍上，手执拂尘，在最前方策马前行，作为前导。御龙直的人头戴的幞头一脚指天、一脚圈曲，身穿红色方胜锦袄子，腰上束着看带，手里捧着皇帝随身用品，像是金交椅、唾盂、水罐、果垒、掌扇、缨绋等等。皇帝的御椅子用黄罗缎装饰，罗缎还用蹙绣的行针法缀上一些珍珠作为装饰。御椅子的椅背靠垫，都由亲从官用手捧着随行。禁军的诸班直，打扮都是头戴幞头，身穿锦袄，腰间束带。

御驾平时出行的时候，有二百对红纱贴金灯笼随行，到了元宵节，还要额外再加琉璃玉柱掌扇灯，快行家手里拿着红纱珠络灯笼前行。

御驾将要抵达彩山的时候，围子亲从官把皇帝重重围起来，有一个人坐在马上，手捧着月字形的小板凳，上面用锦覆盖，这叫"驾头"，十几名天武军的军官簇拥在御驾周围，嘴里喊着"看驾头"，提醒闲杂人等避让。此外还有数百名吏部小使臣，都穿着公服，手里拿着珠络球杖，骑着马在旁边随时听候使唤。其他的近侍官，都身穿紫、绯、绿公服，跟在前方的殿前司、侍卫亲军马军司、侍卫亲军步军司等三衙太尉、知阁门事和御带的身后，两边都是内等子，还会特别挑选各军中力气惊人的士兵，身穿锦袄、顶帽，紧握拳头向四面察看，要是有闲杂人等故意高声喧哗，就上前去揍他一顿，甚至打到头破血流。教坊、钧容直的乐官在前方引导，诸班直的乐队则骑在马上，在队列的最后奏乐。

御驾的围子之外，左边是宰相和文武百官，右边是亲王和被授予南班官的皇家宗室。等到御驾接近彩山时，站在横门前的十几个人击鞭欢迎。紧跟在御驾后面的是一柄曲柄小红绣伞，由殿侍骑着马执掌。

御驾进入灯山后，御辇院的人员在御驾前喊着"随竿媚来"的口号，引导御驾围着灯山正着走一圈，再倒着走一圈来观赏灯山，这个叫"鹁鸽旋"，也叫"踏五花儿"。喊完口号，皇上说打赏，御辇院的人员就能得到赏赐，这个叫"喝赐"。看完灯山，皇帝就登上宣德楼，游人们也往宣德楼的露台赶去。

十五日驾诣上清宫

十五日,诣上清宫[1],亦有对御,至晚回内。

【注释】

1. 上清宫:即上清宝箓宫,参本书卷二"东角楼街巷"条注释1。

【译文】

元宵节那一天,天子驾临上清宫,并在这里设宴宴请群臣,到了晚上才回宫。

十六日

十六日，车驾不出。自进早膳讫，登门，乐作，卷帘，御座临轩，宣万姓，先到门下者，犹得瞻见天表。小帽红袍，独卓子，左右近侍，帘外伞扇执事之人，须臾下帘则乐作，纵万姓游赏。两朵楼相对：左楼相对郓王[1]以次彩棚幕次，右楼相对蔡太师以次执政戚里幕次。时复自楼上有金凤[2]飞下诸幕次，宣赐不辍。诸幕次中家妓，竞奏新声，与山棚露台上下，乐声鼎沸。西朵楼下，开封尹弹压，幕次罗列，罪人满前，时复决遣，以警愚民。楼上时传口敕，特令放罪。于是华灯宝炬，月色花光，霏雾融融，动烛远近。至三鼓，楼上以小红纱灯球，缘索而至半空，都人皆知车驾还内矣。须臾闻楼外击鞭之声，则山楼上下灯烛数十万盏，一时灭矣。于是贵家车马，自内前鳞切，悉南去游相国寺。寺之大殿前设乐棚，诸军作乐。两廊有诗牌灯云"天碧银河欲下来，月华如水照楼台"，并"火树银花合，星桥铁锁开"之诗。其灯以木牌为之，雕镂成字，以纱绢幂之，于内密燃其灯，相次排定，亦可爱赏。资圣阁[3]前，安顿佛牙，设以水灯，皆系宰执戚里贵近占设看位。最要闹九子母殿及东西塔院、惠林、智海、宝梵，竞陈灯烛，光彩争华，直至达旦。其余宫观寺院，皆放万姓烧香，如开宝、景德、大佛寺等处，皆有乐棚，作乐燃灯。惟禁宫观寺院，不设灯烛矣。次则葆真宫，有玉柱玉帘窗隔灯。诸坊巷'马行'诸香药铺席、茶坊、酒肆灯烛，各出新奇。就中莲华王家香铺灯火出群，而又命僧道场打花钹(bó)、弄桩鼓，游人无不驻足。诸门皆有官中乐棚，万街千巷，尽皆繁盛浩闹。每一坊巷口，无乐棚去处，多设小影戏棚子，以防本坊游人小儿相失，以引聚之。

殿前班在禁中右掖门里，则相对右掖门设一乐棚，放本班家口⁴登皇城观看。宫中有宣赐茶酒妆粉钱之类。诸营班院，于法不得夜游，各以竹竿出灯球于半空，远近高低，若飞星然。阡陌纵横，城闉(yin)不禁。别有深坊小巷，绣额珠帘，巧制新妆，竞夸华丽，春情荡扬，酒兴融怡。雅会幽欢，寸阴可惜。景色浩闹，不觉更阑。宝骑骎(qin)骎，香轮辘辘。五陵年少，满路行歌。万户千门，笙簧未彻。市人卖玉梅、夜蛾、蜂儿、雪柳⁵、菩提叶⁶、科头圆子⁷、拍头焦䭔(dui)⁸。唯焦䭔以竹架子出青伞上，装缀梅红缕金小灯笼子，架子前后，亦设灯笼，敲鼓应拍，团团转走，谓之"打旋罗"，街巷处处有之。至十九日收灯，五夜城闉不禁，尝有旨展日。宣和年间，自十二月于酸枣门（二名景龙）门上，如宣德门，元夜点照，门下亦置露台。南至宝箓宫，两边关扑买卖。晨晖门外设看位一所，前以荆棘围绕，周回约五七十步，都下卖鹌鹑骨饳儿、圆子、䭔拍、白肠、水晶鲙、科头细粉⁹、旋炒栗子银杏、盐豉汤、鸡段、金橘、橄榄、龙眼、荔枝诸般市合，团团密摆，准备御前索唤。以至尊有时在看位内，门司、御药、知省、太尉¹⁰悉在帘前，用三五人弟子祗应。粎(shēn)盆¹¹照耀，有同白日。仕女观者，中贵邀住，劝酒一金杯令退。直至上元，谓之"预赏"。惟周待诏瓠羹贡余者，一百二十文足一个，其精细果别如市店十文者。

【注释】

1. 郓王：宋徽宗第三子赵楷。

2. 金凤：用金色的纸或金色金属箔做成的飞鸟状物件，上面可以写字。

3. 资圣阁：大相国寺内建筑，参见本书卷三"相国寺内万姓交易"条。

4. 家口：家属，家中人口。

5. 玉梅、夜蛾、蜂儿、雪柳：都是古代妇女元宵节时头上佩戴的各种剪彩而成的应时饰物。夜蛾也叫蛾儿。宋辛弃疾《青玉案·元夕》词："蛾儿雪柳黄金缕，笑语盈盈暗香去。"

6. 菩提叶：菩提叶灯，一种菩提叶形的灯。辛弃疾有《菩萨蛮（晋臣张菩提叶灯，席上赋）》词。

7. 科头圆子：用纸或丝织品制成的无盖饰的圆形花灯。

8. 拍头焦䭔：焦䭔就是油炸元宵，一说是麻团。拍是充满之意，拍头就是个头大。

9. 科头细粉：科头即蝌蚪，以淀粉为原料制成的一种形似蝌蚪的食品名。

10. 门司、御药、知省、太尉：门司是内东门司的简称，该部门负责宫中人物出入，及贡奉之物登记、领取，内库宝货检查与留取存根等，类似今天的机关传达室。御药是御药院的简称，掌禁中医药并兼管礼文。知省指入内内侍省、内侍省都知或都都知等宦官高级头目，参见本书卷一"大内"条注释21。太尉在这里是对担任部门长官的宦官的称谓。

11. 粃盆：古代风俗，除夕日在家门外燃烧火炉，以祭祀先祖和神灵，叫粃盆。

【译文】

到了正月十六这天，皇帝的车驾不出宫门。用过早膳之后，皇帝登上宣德门城楼，这时乐声响起，楼上的帘子都卷起，皇帝登上御座，面对百姓，宣告要与民同乐。最先赶到城楼下的百姓，还来得及一睹龙颜。皇帝头戴小帽，身穿红袍，面前单独摆放着一张桌子，桌子两旁站着侍卫，帘子外面是手持伞和扇的侍奉执事。很快，帘子就会落下来，奏乐声又一次响起来。今天百姓可以在这里纵情游览观赏。

宣德门有两个对称的朵楼，左边的朵楼正对着的是郓王赵楷以及其他皇亲国戚的彩棚和帐幕，而右边朵楼对着的则是太师蔡京，以及当朝其他官员和亲属所在的帐幕。时不时会有"金凤"从皇帝所在的宣德楼上飞下来，落在各个帐幕前，上面写着赏赐内容。"金凤"落在哪家帐幕，哪家就能得到赏赐，这一天赏赐个不停。各个帐幕里，帐幕主人的家中歌姬放声歌唱，都竞相展示自己最新的歌曲，再加上山棚里和露台上的音乐声、表演声，以及观众的欢呼喧闹声，各种声音如鼎沸。在西边的朵楼前，开封府尹派人维持秩序，这边帐幕罗列，帐幕前有大批罪犯排队等候发落，相关官吏当场宣布判决结果，让围观的百姓接受守法教育，警示愚顽之人不要犯罪。皇帝时不时在楼上传来口谕，对罪犯特别赦免或者从轻发落，以示皇恩浩荡。

夜色降临之时，京城华灯初上，火炬遍地，月光洒在地上，花灯照亮街巷，月光和灯光交相呼应，在夜色中薄雾中，灯光远近高低闪烁。到了三更时分，宣德楼上，有人用绳子把一些小红纱灯球升到半空，大家看到这个灯笼，就知道皇帝已经回宫休息了。不一会儿，就听到楼外一阵子甩鞭子的响声，这时候彩山山下数十万盏灯一下子全都熄灭了。于是那些原本在大内的大门前停歇的贵族人家的车马全都掉头朝南，往相国寺去。

大相国寺的大殿前也设有乐棚,禁军的乐队在这里演奏。寺里两廊都挂着诗牌灯,有的写"天碧银河欲下来,月华如水照楼台",有的写唐代苏味道的诗"火树银花合,星桥铁锁开"。诗牌是木质的牌子,上面镂空刻字,外面再罩上一层轻纱。诗牌灯是将烛火放置在诗牌内,一排灯整齐排开,让人流连不已。大相国寺资圣阁供奉着佛牙,这里设置了水灯,宰执、外戚以及近侍们的家眷,会提前在这儿占好看席。整个大相国寺里最热闹的地方,要数九子母殿、东西塔院以及惠林、智海、宝梵等地,各色灯烛竞相点燃,光彩耀眼夺目,通宵达旦不停歇。其他的佛寺道观,也都允许百姓彻夜烧香,开宝、景德、大佛寺等寺庙,也都设有乐棚,伴着乐棚里的音乐声,百姓们纷纷点燃香烛。只有皇宫内的道观、佛寺是不准燃灯烛的。葆真宫很有特色,设有玉柱和玉帘窗隔开一个个花灯。

各个坊巷和马行街上的那些香药铺席、茶坊、酒肆,也都置备有自己的灯火,灯烛各有新意,争奇斗艳。在灯火方面最超群出众的,要数莲花王家香铺,这家铺子还会请道士表演打花钹、和尚表演对椎鼓,路过的游人无不驻足观赏。

京城的各个城门都设有官方的乐棚,万千街巷,无不热闹非常。有的巷口没有乐棚,但会搭建一个表演皮影戏的棚子,要是坊巷里出来游玩的家庭有小孩走失了,可以来这边棚子里寻找。禁军的殿前班在右掖门对面设置了一个乐棚,特许本班人员的家属在这边登上皇城城墙赏灯,宫里有时候会给这些家属赏赐一些茶酒钱和脂粉钱。按规定,禁军各班直的人员不准上街观灯,所以这些人就在驻地用长竹竿把灯笼挑到半空中,远近高低各有层次,望过去好似点点流星。

京城里的街道纵横交错,这一天没有禁区,城门通宵不闭。即使是家住小坊小巷,不面朝大街,也都会在门楣上挂上绣额珠帘,竞相设计制作新颖的装饰品,互相攀比。大家满面春风,饮酒作乐,兴致盎然,不论是雅集还是幽会,都觉得时间过得太快,这一夜时间太短。

这一夜的景色和节目繁华热闹,不知不觉就到了天亮,路上依旧车马众多,贵家子弟,边走边唱,家家户户,笙歌不歇。街上兜售各种和节日相关的物品和食物,像是玉

《侲童傀儡图》局部（宋 ◆ 苏汉臣）

《骷髅幻戏图》局部（南宋 ◆ 李嵩）

梅、夜蛾、蜂儿、雪柳等剪彩而成的元宵节饰物，菩提叶灯、科头圆子灯等各色花灯，以及大个头的油炸元宵。卖油炸元宵的，在一把青伞上面放置竹架子，架子前后插有梅红色的以金色丝线镶边的小灯笼，炸元宵就摆放在架子上，伴随着鼓点敲击，这些元宵会在架子上转圈儿，这个叫"打旋罗"，大街小巷，街头巷尾，到处都有这种"打旋罗"的。

京城一直到正月十九日才收灯，这期间城门也都通宵开放，而且曾经有过旨意，把收灯的日子往后延，让灯会延长一两天。在宣和年间，从十二月起，就开始在酸枣门（也叫景龙门）上装饰灯火，就像宣德楼在元宵节期间一样。城门下也设置有露台，从酸枣门一路到宝箓宫，街两侧有不少关扑赌博的摊位。

晨晖门有一个皇帝御用的看位，前后都用荆棘围起来，大概有五十到七十步。这附近有很多卖吃食和水果的，像是卖鹌鹑骨饨儿、圆子、䭔拍、白肠、水晶鲙、科头细粉、旋炒栗子银杏、盐豉汤、鸡段、金橘、橄榄、龙眼、荔枝等的摊位，满满当当，随时准备给皇帝品尝。要是皇帝有时候驾临这个看位，内东门司、御药院乃至入内内侍省、内侍省的宦官长官，都会在看位的帘子前候命，还会有三五个年轻小伙子随时待命，听候差遣。看位的前面，户外火盆里的火光照耀天空，夜晚也好像白昼一般。有时候有官宦人家的女眷会到这边来围观，太监们有时会请她们停留一会儿，用金杯子劝她们一杯酒再走。这样的热闹日子一直持续到正月十五。

在正月十五正式赏灯之前提前放灯供人观赏，叫"预赏"。这边有家售卖食物的名店，叫周待诏瓠羹店，除了献给宫中的供应，剩余的瓠羹卖给普通百姓，一份一百二十文。这家瓠羹极为精细讲究，普通瓠羹店里十文一份的不能和它相提并论。

收灯都人出城探春

收灯毕，都人争先出城探春[1]。州南则玉津园[2]外，学方池亭榭，玉仙观，转龙湾西去，一丈佛[3]园子、王太尉园、奉圣寺前孟景初[4]园。四里桥望牛冈、剑客庙[5]。自转龙湾东去，陈州门外，园馆尤多。州东宋门外，快活林、勃脐陂、独乐冈、砚台[6]、蜘蛛楼、麦家园、虹桥、王家园。曹、宋门之间东御苑、乾明崇夏尼寺。州北李驸马[7]园。州西新郑门大路，直过金明池西道者院[8]，院前皆妓馆。以西宴宾楼，有亭榭，曲折池塘，秋千画舫，酒客税小舟，帐设游赏。相对祥祺观，直至板桥，有集贤楼、莲花楼，乃之官河东陕西五路之别馆，寻常饯送置酒于此。过板桥有下松园、王太宰园[9]、杏花冈、金明池角，南去水虎翼巷，水磨下蔡太师园。南洗马桥西巷内，华严尼寺、王小姑酒店。北金水河两浙尼寺、巴娄寺、养种园。四时花木，繁盛可观。南去药梁园、童太师[10]园。南去铁佛寺、鸿福寺、东西柏榆村。州北模天坡、角桥，至仓王庙、十八寿圣尼寺、孟四翁酒店。州西北元有庶人园，有创台、流杯亭榭数处，放人春赏。大抵都城左近，皆是园圃，百里之内，并无闃(qù)地[11]。次第春容满野，暖律喧晴。万花争出粉墙，细柳斜笼绮陌。香轮暖辗，芳草如茵；骏骑骄嘶，杏花如绣；莺啼芳树，燕舞晴空。红妆按乐于宝榭层楼，白面行歌近画桥流水。举目则秋千巧笑，触处则踧(shū)踘疎狂。寻芳选胜，花絮时坠金樽；折翠簪红，蜂蝶暗随归骑。于是相继清明节矣。

【注释】

1．探春：早春郊游。唐宋风俗，都城士女在正月十五日收灯后争先至郊外宴游，叫探春。唐代孟郊《长安早春》诗："公子醉未起，美人争探春。"五代王仁裕《开元天宝遗事·探春》："都人士女，每至正月半后，各乘车跨马，供帐于园圃或郊野中，为探春之宴。"宋代周密《武林旧事·西湖游幸》："都城自过收灯，贵游巨室，皆争先出郊，谓之'探春'。"

2. 玉津园：始建于五代后周世宗时期，宋初加以扩建，为皇帝南郊大祀之所，又名南御苑，俗称南表城，规模极大。北宋末年，金兵攻汴，驻军于此，一代名园毁于兵火。

3. 一丈佛：北宋王中正的外号。王中正（1031—1099），开封人，字希烈。官至金州观察使。为仁宗、神宗亲信，数次出外督军，经略西羌、西夏战事，权势震灼。据陆游《老学庵笔记》，"东坡在黄州时，作《西掕诗》曰'汉家将军一丈佛……'。'一丈佛'者，王中正也。"

4. 孟景初：曾担任教坊使。此人在本书卷九、卷十均有提及。

5. 剑客庙：传说供奉战国时期刺客朱亥的祠庙。

6. 砚台：传说为战国时期张仪、汉代张耳的墓地，形似砚台而得名。据传位置在今开封通许阊台村。

7. 李驸马：李玮（约1035—1093），北宋开封府人，字公熠。李用和次子。平生喜吟诗，才思敏妙。庆历七年（1047），选尚仁宗长女福康公主，迁左卫将军、驸马都尉。

8. 道者院：普安禅院俗称。《宋会要辑稿》载："普安禅院，周显德中建。建隆初赐额，昭宪太后建佛殿。"《宋人轶事汇编》载："（赵匡胤）既即位，求其僧尚存，遂命建寺，赐名普安，都人称为道者院。"

9. 王太宰园：王黼的园林。王黼（1079—1126），原名王甫，字将明，开封祥符（今属河南开封）人，北宋末年大臣、宰相。

10. 童太师：童贯（1054—1126），字道夫（一作道辅），开封人，北宋权宦，曾官至太师。

11. 阒地：阒，寂静无声。阒地即寂无人声之地。

【译文】

正月十九日后，灯会彻底结束了，京城的人就去城外郊游探春。在州城南的去处，除了玉津园，还有学方池亭榭、玉仙观。转龙湾往西，有一丈佛王中正家的园子、王太尉家的园子，奉圣寺前有教坊使孟景初家的园子。还有四里桥望牛冈、剑客庙。从转龙湾往东，到陈州门外，园林馆舍尤其多。州东宋门外，有快活林、勃脐陂、独乐冈、砚台、蜘蛛楼、麦家园、虹桥、王家园。曹门和宋门之间，有东御苑、乾明崇夏尼寺。城北是驸马李玮的园子。城西顺着新郑门大路，一直到金明池的西侧，这儿是普安禅院，人们一般称之为"道者院"。道者院前面一带，都是妓院。

往西去，就到了宴宾楼，这里有亭台楼榭，也有曲折池塘，岸边有秋千，水面有画舫，这里喝酒的客人可以租条小船，挂上帐子慢慢游赏。宴宾楼的对面是祥祺观，从这里到板桥，一路上会经过集贤楼、莲花楼，这里是专供到河东、陕西等五路做官的人的客馆，临行前的置酒饯行等活动，往往放在这里。

再往前过板桥，会依次路过下松园、王太宰园、杏花冈。金明池角，往南是水虎翼巷，这附近的水磨巷有蔡京蔡太师的园子。

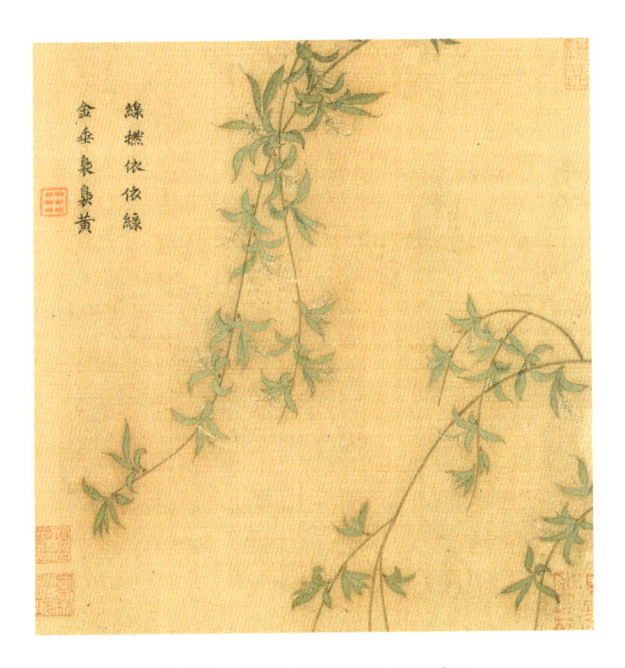

《垂杨飞絮图》局部（宋 ◆ 佚名）

《海棠蛱蝶图》局部（宋 ◆ 佚名）

《碧桃图页》局部（宋 ◆ 佚名）

南洗马桥西巷内,有华严尼寺、王小姑酒店。北金水河一带,则坐落着两浙尼寺、巴娄寺、养种园。

养种园一年四季花木繁盛,很值得一看。往南就到了药梁园和大太监童贯童太师的园子,继续往南,是铁佛寺、鸿福寺、东西柏榆村。州城北面,有模天坡、角桥,一路过去还会路过仓王庙、十八寿圣尼寺和孟四翁酒店。州城西北原来有个庶人园,其中有创台、流杯亭榭数处,任由游人进入春游。

总的来说,大体上京城附近,都是园圃,周边百里之内,到处人声鼎沸,没有什么寂静无声的地儿了。

随着春光渐盛,春天的印记逐渐遍布大地,和煦的春光照耀,各种花朵争先开放于园林的粉墙之外,杨柳抽出细细的新芽斜笼于郊外的道路上。车轮缓缓碾过春光,大地上芳草如茵。拉车的马匹在春天轻轻嘶鸣,路边绽放的杏花,编织成一片锦绣。

莺儿在刚刚长出嫩叶的大树间愉快地鸣叫,燕子在春风和煦的晴空中自由飞舞。漂亮的女子在亭台楼阁的高处抚琴奏乐,俊朗的男子在画桥流水之间随意歌唱。抬眼看,有姑娘在秋千上来回荡漾,笑容满面;四处望,有人在开心玩着蹴鞠,无拘无束。早春郊游时寻找最美的风景,路边的花絮时不时掉进你的酒杯。回来的路上,头上插着的绿叶鲜花,把那些蜂蝶也都吸引过来,悄悄跟着你的归骑飞舞。

于是,过不了多久,就要迎来清明节了。

卷之七

清明节

清明节，寻常京师以冬至后一百五日为大寒食，前一日谓之"炊熟"，用面造枣䭅飞燕[1]，柳条串之，插于门楣，谓之"子推燕"[2]。子女及笄[3]者，多以是日上头。寒食第三日，即清明节矣。凡新坟皆用此日拜扫。都城人出郊。禁中前半月，发宫人车马朝陵。宗室、南班、近亲，亦分遣诣诸陵坟享祀。从人皆紫衫，白绢三角子、青行缠[4]，皆系官给。节日，亦禁中出车马，诣奉先寺、道者院，祀诸宫人坟。莫非金装绀gàn xiān幰[5]，锦额珠帘，绣扇双遮，纱笼前导。士庶阗塞诸门，纸马铺[6]皆于当街，用纸衮gǔn叠成楼阁之状。四野如市，往往就芳树之下，或园囿之间，罗列杯盘，互相劝酬。都城之歌儿舞女，遍满园亭，抵暮而归。各携枣䭅、炊饼、黄胖[7]、掉刀、名花、异果、山亭[8]、戏具、鸭卵、鸡雏，谓之"门外土仪"。轿子即以杨柳杂花装簇顶上，四垂遮映。自此三日，皆出城上坟，但一百五日最盛。节日，坊市卖稠饧、麦糕、乳酪、乳饼之类。缓入都门，斜阳御柳；醉归院落，明月梨花。诸军禁卫，各成队伍，跨马作乐四出，谓之"摔脚"。其旗旌鲜明，军容雄壮，人马精锐，又别为一景也。

【注释】

1. 枣䭅飞燕：枣䭅是一种带枣的面食，用面做成蒸饼，再放入枣儿。枣䭅飞燕是形状略似飞燕的枣䭅。

2. 子推燕：一种纪念介子推的寒食节节令食物。介子推本名介之推，春秋时期晋国人。传说，晋国公子重耳流亡他国十九年，介子推始终追随左右，甚至"割股啖君"。重耳成为晋文公后，介子推与母亲归隐。晋文公为了迫其出山下令放火烧山，介子推坚决不出山，最终被火焚而死。为了纪念介子推，在其死难之日禁火寒食，以寄哀思，这就是"寒食节"的由来。

3．及笄：古代女子满15岁结发，用笄贯之，因称女子满15岁为及笄。及笄就可以结婚，也指已到了结婚的年龄。

4．行缠：称邪幅、行縢，即绑腿布。古时徒步走远路，为了行动敏捷，减轻疲劳，往往用绑腿布把膝盖以下的小腿缠扎起来。

5．绀幰：绿色的车缦。

6．纸马铺：旧时经营香烛纸马的店铺。宋吴自牧《梦粱录·十二月》："岁旦在迩，席铺百货，画门神、桃符、迎春牌儿。纸马铺印钟馗、财马、回头马等，馈与主顾。"

7．黄胖：用黄土捏成的人形土偶，是一种玩具，类似今天的不倒翁。

8．山亭：也叫山亭儿，泥制的风景模型，一种玩具。

【译文】

京城里一般将冬至后的第一百零五天叫做大寒食。大寒食的前一天叫"炊熟"，这一天家家户户都用面粉做枣锢飞燕，还要用柳条串起来挂到门头上，这是为了纪念介子推，所以叫作"子推燕"。要是家里女孩子满15岁，一般会选这一天为她结发，完成及笄的仪式。大寒食后的第三天就是清明节了，有新坟的人家，都会在这一天前去祭扫，京城里的人在这一天也都到郊区游春。在清明节前的半个月里，皇宫中就开始安排人员车马去扫墓，皇室宗亲也分别到各个陵墓祭祀。他们的随从们都穿紫色长衫，头戴白绢三角子，腿上是青布绑腿，这身行头都是官家分发的。到了清明节当天，车马从皇宫出发，来到奉先寺和道者院，祭扫已逝宫人和嫔妃的坟墓，这队车马金碧辉煌，车子装饰青色的车幔，挂着锦绣的匾额和珠帘，车驾前有两个巨大的绣扇引导，最前方还有人拿着纱制的灯笼开道。

这一天出城的人太多，路上熙熙攘攘，各城门附近经营香烛纸马的店铺生意最好，都当街用纸折叠成楼阁宅第的模型。京城四周的郊区，到了这一天就好像一个闹市，大家围坐在绿叶柔嫩的大树下，或者在园林馆舍之间，摆好杯盘和酒菜，互相劝酒应酬。郊外各个园林里，来自京城的歌姬舞女歌舞不休，大家都会畅玩到黄昏才想起回家。

《清明上河图》局部 ◆ 饰以杨柳花枝的轿子以及经营香烛纸马的王家纸马铺。书中记载,清明时节,会在轿顶饰以杨柳杂花。纸马铺门边也放有类似楼阁状的纸马

在郊外还有卖各种食品和泥土制成的纪念品摊子，叫"门外土仪"，大家会买一些枣䭅、炊饼等面点，也会买回来一些泥土捏造的小玩具，比如黄胖小泥人、玩具小刀、泥捏的花卉水果、泥捏的房屋模型、戏剧人物、鸭蛋、小鸡之类。

回家的时候，轿子顶上插满了柳枝和野花，这些柳叶杂花从轿子顶上向四面垂下来，把轿子的小窗都遮挡住了。这前后三天的时间，大家都会出城到郊外上坟，不过还是寒食那天出城的最多。在清明节这天，各处集市里都卖稠饧、麦糕、乳酪、乳饼之类小食。当人们出城归来，缓缓漫步踏入城门，斜阳的余晖懒懒地洒在街边的垂柳上。他们带着醉意，踏着斜晖，慢慢归家。斜阳渐渐西下，月亮慢慢升起，踏进家门的时候，正好看到月光映在盛开的梨花上。

这一天，禁军分成几个队伍，骑在马上，奏起乐器，四处巡逻，这叫作"摔脚"。这些禁军兵士旗帜鲜明，军容雄壮，人和马都是那样精神抖擞，又成了这个节日里京城里一道特别的风景。

《梨花鹦鹉图》（宋 ◆ 佚名）

三月一日开金明池琼林苑

三月一日，州西顺天门外，开金明池¹、琼林苑²，每日教习车驾上池仪范。虽禁从士庶许纵赏，御史台有榜不得弹劾。池在顺天门³街北，周围约九里三十步，池西⁴直径七里许。入池门内南岸西去百余步，有面北临水殿，车驾临幸观争标，锡宴于此。往日旋以彩幄（wò），政和间用土木工造成矣。又西去数百步乃仙桥，南北约数百步，桥面三虹，朱漆栏楯，下排雁柱，中央隆起，谓之"骆驼虹"，若飞虹之状。桥尽处，五殿正在池之中心，四岸石甃向背，大殿中坐，各设御幄，朱漆明金龙床，河间云水戏龙屏风，不禁游人。殿上下回廊，皆关扑钱物、饮食、伎艺人作场勾肆，罗列左右。桥上两边，用瓦盆内掷头钱⁵，关扑钱物、衣服、动使。游人还往，荷盖相望。桥之南立棂（líng）星门，门里对立彩楼。每争标作乐，列妓女于其上。门相对街南有砖石甃砌高台，上有楼观，广百丈许，曰宝津楼。前至池门，阔百余丈。下阚（kàn）仙桥水殿，车驾临幸观骑射百戏于此。池之东岸，临水近墙皆垂杨，两边皆彩棚幕次，临水假赁，观看争标。街东皆酒食店舍、博易场户、艺人勾肆质库。不以几日解下，只至闭池，便典没出卖。北去直至池后门，乃汴河西水门也。其池之西岸，亦无屋宇。但垂杨蘸水，烟草铺堤，游人稀少，多垂钓之士。必于池苑所⁶买牌子，方许捕鱼。游人得鱼，倍其价买之，临水砟脍（zhǎ）⁷，以荐芳樽，乃一时佳味也。习水教⁸罢，系小龙船于此。池岸正北对五殿起大屋，盛大龙船，谓之"奥屋"。车驾临幸，往往取二十日。诸禁卫班直簪花、披锦绣、捻金线衫袍、金带勒帛⁹之类，结束竞逞鲜新。出内府金枪，宝装弓剑，龙凤绣旗，红缨锦辔，万骑争驰，铎声震地。

【注释】

1. 金明池：北宋著名别苑，又名西池、教池，位于宋代东京顺天门外，始建于五代后周显德四年（957），原供演习水军之用。宋太平兴国七年（982），宋太宗幸其池，阅习水战。政和年间，宋徽宗于池内建殿宇，为皇帝春游和观看水戏的地方。宋人绘制有《金明池争标图》，现藏于天津博物馆，传为北宋画家张择端创作。

2. 琼林苑：俗呼曰西青城。宋太祖乾德年间（963—968）建，与金明池南北相对，曾为皇帝宴请进士之所，称为"琼林宴"。

3. 顺天门：弘治刻本漏刻"天"字，据元刻本补。

4. 池西：当为"池面"之误。

5. 头钱：一种赌博游戏，关扑的一部分。《水浒传》第三八回里描写李逵："便去场上将这十两银子撒在地下，叫道：'把头钱过来我博。'"

6. 池苑所：琼林苑和金明池的管理机构，也负责向后宫进贡琼林苑和金明池所产的鱼、藕、水果。

7. 斫脍：即斫脍，切生鱼片。

8. 习水教：演习水战。

9. 勒帛：宋代盛行的丝织宽腰带。

【译文】

三月一日这天，城西顺天门外的金明池和琼林苑准许百姓来参观。在此之前，要对这里的工作人员进行培训，每天教他们练习御驾亲临金明池时的各种仪式规范。到了这一天，不管是皇帝的侍从，还是普通百姓，都允许他们尽情游览。御史台会出告示，这一天大家尽情玩乐，不许弹劾。

金明池的具体位置，是位于顺天门大街的北侧，方圆九里零三十步，池面直径大概七里多一点。进入金明池所在园林的大门，沿着水池南岸往西走一百多步，是一座坐南朝北的临水殿，皇帝御驾来金明池观看水军争夺锦标的比赛表演，就是在这个殿里，比赛结束后也会在这个殿里赐宴。

早年间这个大殿还没有建成，每逢大型活动，都是临时搭建彩色帐篷，到了宣和年间，就兴起土木，建成这座大殿了。我们再往西几百步，就来到仙桥，这个桥南北长约数百步，桥面由三个虹桥组成，栏杆用油漆刷成大红色，桥下是一排雁柱，中间那个桥拱隆起，叫作"骆驼虹"，正像是一道彩虹。桥尽头连着五间大殿，这五殿正好位于水池的中轴线上。这几座大殿的四围基座都是石头砌成，和金明池南面的临水殿正好相对。大殿中央设置有皇帝专用的帐子，还设置有朱漆明金龙床和河间云水戏龙屏风，这个地方也是允许游人参观的。

五大殿的前后回廊，这天非常热闹，有关扑赌博的摊子，也有卖饮食的摊子，还有卖艺者开的勾肆，这些形形色色的摊子遍布回廊左右。在仙桥两边，都有用瓦盆掷头钱赌博的摊子，还有玩关扑赌博的，赌赢了就能带走钱物、衣服和各色生活用品。游人沿着桥游览玩赏，人太多了，他们撑的伞盖，都彼此连起来了。

桥的南面是一座棂星门，门两侧各有一座彩楼，每当金明池里水军表演争夺锦标时，彩楼里的妓女们就开始奏乐。棂星门前那条街的南侧，用砖石砌成一座高台，上面又搭建了一座观楼，宽一百多丈，叫作"宝津楼"。宝津楼到金明池园林的正门，大概是一百多丈的距离。站在宝津楼向下俯瞰，仙桥、水殿尽收眼底。皇帝就是在这个楼上观赏骑射比赛和百戏演出。

金明池的东岸，临近水面靠近围墙的地方，遍植垂柳，这条道路两边搭建了很多临时性的彩棚和帐幕，都面朝池子。这些帐、棚都是用来出租的，大家抢着租下来，在里面观看水军争夺锦标的比赛演出。街东侧有不少酒食店铺、关扑赌博的摊子、艺人演出的勾栏、当铺等等。这里当铺里典当的物品，不管你当下几天，一到金明池关闭，他们就把这些物品给卖了。

我们在这边往北走，就到金明池的后门，也就是汴河的西水门了。金明池的西岸没有什么房屋建筑，水边垂柳轻拂水面，芳草铺满堤岸，游人很少会来这里，但有人来这里垂钓。这边垂钓需要办手续，得提前到金明池和琼林苑的管理处买一个允许垂钓的牌子才行。这边的鱼钓上来后，附近的游客往往愿意出比市场价高出一倍的价钱买下来，就在水边现场做成生鱼片，再配上好酒，简直是一时美味！

有时候金明池里会演习水战，宴席结束后，小型龙船就停在这一带。这边以前建有一座朝北的大房子，对着五殿，用来存放大型龙船，这个叫"奥屋"。

皇上御驾临幸金明池，一般是在三月二十这一天，禁军各班直的兵士，头上簪花，披着锦绣披肩，穿嵌金线的衫袍，腰系金带勒帛，个个精神焕发。他们手持内府分发的金枪，配着华美的弓和剑，举着绣有龙凤的大旗，胯下的马匹也都披着红缨锦辔。马队在路上驰骋，马铃声整整齐齐，震天动地。

《柳阁风帆图》（宋 ◆ 佚名）

驾幸临水殿观争标锡宴

　　驾先幸池之临水殿，锡燕[1]群臣。殿前出水棚[2]排立仪卫。近殿水中横列四彩舟，上有诸军百戏，如大旗、狮豹[3]、掉刀、蛮牌[4]、神鬼杂剧之类。又列两船皆乐部。又有一小船，上结小彩楼，下有三小门，如傀儡棚[5]，正对水中乐船。上参军色[6]进致语[7]，乐作，彩棚中门开，出小木偶人。小船子上，有一白衣人垂钓，后有小童举棹（zhào）划船，辽绕数回，作语乐作，钓出活小鱼一枚。又作乐，小船入棚。继有木偶筑球舞旋之类，亦各念致语唱和乐作而已，谓之"水傀儡"。又有两画船，上立秋千，船尾百戏人上竿，左右军院虞候监教，鼓笛相和。又一人上蹴秋千，将平架，筋斗掷身入水，谓之"水秋千"。水戏呈毕，百戏乐船并各鸣锣鼓，动乐舞旗，与水傀儡船分两壁退去。有小龙船二十只，上有绯衣军士各五十余人，各设旗鼓铜锣。船头有一军人校，舞旗招引，乃虎翼指挥兵级也。又有虎头船十只，上有一锦衣人，执小旗立船头上，余皆着青短衣长顶头巾，齐舞棹，乃百姓卸在行人[8]也。又有飞鱼船二只，彩画间金，最为精巧，上有杂彩戏衫五十余人，间列杂色小旗绯伞，左右招舞，鸣小锣鼓铙（náo）铎（duó）之类。又有鳅鱼船二只，止容一人撑划，乃独木为之也，皆进花石朱勔（miǎn）[9]所进。诸小船竞诣奥屋，牵拽大龙船出诣水殿，其小龙船争先团转翔舞，迎导于前。其虎头船以绳牵引龙舟。大龙船约长三四十丈，阔三四丈，头尾鳞鬣（liè），皆雕镂金饰。榥（huǎng）板[10]皆退光。两边列十阁子，充閤分歇泊，中设御座龙水屏风。榥板到底深数尺，底上密排铁铸大银样如卓面大者，压重庶不欹（qī）侧也。上有层楼台观槛曲，安设御座。龙头上人舞旗，左右水棚排列六桨，宛若飞腾。至水殿舣之一边。水殿前至仙桥,预以红旗插于水中,标识地分远近。所谓小龙船,列于水殿前,东西相向。虎头、飞鱼等船,布在其后,如两阵之势。须臾水殿前水棚上一军校,以红旗招之,龙船各鸣锣鼓出阵,划棹旋转,共为圆阵,谓之"旋罗"。水殿前又以旗招之,其船分而为二,各圆阵,谓之"海眼"。又以旗招之,两队船相交互,谓之"交头"。又以旗招之,则诸船皆列五殿之东面,对水殿排成行列,则有小舟一军校,执一竿,上挂以锦彩银碗之类,谓之"标竿",插在近殿水中。又见旗招之,则两行舟鸣鼓并进,捷者得标,则山呼拜舞。并虎头船之类,各二次[11]争标而止。其小船复引大龙船入奥屋内矣。

【注释】

1. 锡燕:通"赐宴"。

2. 水棚:搭建于水畔的棚子。

3. 大旗、狮豹:大旗是舞动旗帜的表演,狮豹是由人扮演狮豹的表演,类似今天的舞狮。

4. 掉刀、蛮牌:参见本书卷五"京瓦伎艺"条注释20。

5. 傀儡棚:表演傀儡木偶戏的棚子。

6. 参军色:宋代教坊的角色。在官廷乐舞演出中具有指挥协调职能,有时还参加表演。皇帝驾出郊祀、游幸、燕射,参军色亦导引动乐。其服饰为头戴黑纱展脚幞头,身穿红色宽衫,手持竹竿子。因而也叫"竹竿子",参见本书卷九"宰执亲王百官入内上寿"条。

7. 致语:参军色导引演出时念的致语口号,是典雅对偶文字,为文人代撰。如宋代诗人崔敦诗所作《金国使人到阙紫宸殿宴参军色致语口号》:"春风黄伞下清甽,缨弁蝉联宴未央。万国文明周礼乐,九重端穆舜衣裳。云低殿幄星辰近,漏转宫花日月长。圣主宽仁盟好永,和声细入鹿鸣章。"

8. 百姓卸在行人:学者对这一句有不同解读,我们偏向于理解其是脱离了军队原有技术职责,成为百姓的人。虽然不再是官方身份,但依旧参与相关演出。

9. 朱勔:北宋末年权臣六贼之一。创"花石纲",民怨沸腾。

10. 樯板:即艎板,船面上的铺板。

11. 二次:元刻本作"三次"。

【译文】

皇帝御驾先来到金明池畔的临水殿,在这里赐宴招待朝中各位大臣。

殿前设有一个水棚,这里排列着皇帝的仪仗队和卫队。在殿前的池水中,并排停着四条彩船,禁军在彩船上表演百戏,有舞大旗的,有舞狮豹的,有表演掉刀、蛮牌武术的,还有表演神鬼杂剧的。旁边又有两条船,乐队在这里表演。再旁边还有一条船,船上搭建了一座小彩楼,楼下开了三个小门,有点像演傀儡木偶戏用的棚子。

这个小彩楼正对着前面那两条乐队的船。有一位参军色出场,念诵一段致语口号,音乐声响起,小彩楼的中门忽然打开,小木偶人就从门里出来了。这次出来的木偶是一个坐着小船的白衣人,他正在垂钓,身后还有个小孩子在那里举着桨划船,船在水里转了几圈,参军色在旁边又念诵几句致语口号,音乐声又一次响起,这个白衣人木偶竟真从水里钓起一条活蹦乱跳的小鱼。这时候音乐声再一次响起,这段木偶戏表演结束,小船又回到彩楼里。在这个节目之后,还有木偶表演踢球、舞蹈等节目,也都是有人在旁边念诵致语,并配合音乐声相唱和。这种在水上的傀儡木偶表演,就叫作"水傀儡"。

还有两条画船,船上立有秋千架子,船尾还有人表演上竿,左翼军和右翼军的都虞候、监官和教头们,在两边击鼓吹笛,配合表演。忽然,一个人跳到船头的秋千架上,在秋千上荡起来,一下子就荡到和架子最高处平齐的地方,就在此时,他忽然翻一个筋斗,一头跳进水中,这种高难度的表演,叫作"水秋千"。以上都是水戏,水戏到这里就表演结束了。

表演百戏的四艘彩船和乐队所在的两条彩船上锣鼓声响起,伴随着音乐节奏,有人在船上挥舞大旗,指挥这几艘船和表演傀儡的船排列两行,在左右两侧分别退下。紧接着,二十艘小龙船驶过来,每艘船上,都有五十多个身穿红衣的士兵,并设置有旗鼓和铜锣。船头有一位军校,舞动旗帜指挥船队前进,他是虎翼军指挥中的兵丁或级节。又驶过来了十条虎头船,船头一人身穿锦衣,手里拿着一面旗子,其他人则身穿青色的短衫,戴着长顶头巾,动作整齐地划动船桨,这些人曾经都是专职军人,现在退役脱离了军籍成为百姓。

接着又驶过来两条飞鱼船，这船上装饰有彩绘，其间还有金光闪闪的纹饰，是这批船里装饰得最华丽精致的。这两条船上有五十多人，穿着不同颜色的戏服，有的摇着彩旗，有的撑着红伞，在船上挥舞，还有人敲起小锣鼓以及铙和铎等乐器。接着又划过来两条鳅鱼船，这种船是独木舟，只能容下一个人操作，都是搞花石纲的朱勔进献给皇上的。

这些小船在水面飞驰，争相驶向金明池边存放大龙船的奥屋，把大龙船从那里接到临水殿前的表演区来。在这个过程中，二十艘小龙船在最前面盘旋绕圈，引导方向，虎头船则用绳子牵引大龙船前行。

大龙船长三四十丈，宽三四丈，船头船尾和真龙一样，有硕大的龙头和龙尾，雕琢

《金明池争标图》（宋 ◆ 佚名，也有学者推测为张择端）

着鳞片，雕饰精美，还装饰有金漆。大船的樟板都使用退光漆磨退，两边设置有十个小阁子，是供后宫妃嫔们游览和休息用的。最中间是皇帝的御座，座位后面是一架龙水屏风。从樟板到船底，有数尺深，这船舱内密密麻麻放满了大银元宝形状的大铁锭，每一块都有一张桌子那么大，大船靠这些铁锭的重量来压舱，这样船在水面上行驶就会非常平稳，不会倾斜和晃动。

　　大龙船上有好几层看台，每层都有栏杆，最上面安放着皇帝御座。在船头的龙头上站着一个人挥舞大旗，船身左右两侧的水棚里各设有六个桨，要是一起划动，船就会飞一样地前进。大龙船行驶到临水殿前，缓缓停靠在一边。从临水殿到仙桥这一段水面上，已经预先插好了红旗，用来标识距离远近。小龙船排列在水殿前，东西相向。虎头、飞鱼等船，分布在其后，好像两军对阵。

　　过了一小会儿，在临水殿前的水棚里，一个军校举起一面红旗开始挥舞，小龙船上的锣鼓也随之敲响，开始鸣鼓向前，船桨划动，每艘船各自掉头旋转，最后二十艘船围成一个不断旋转的圆圈，这个表演就叫"旋罗"。这个时候，临水殿前水棚上的那个军校又把红旗挥舞一下，刚才那个圆圈就一分为二，变成两队，各自又组成一个新的圆圈，这个则叫作"海眼"。那个军校又将红旗挥舞，两队龙船就互换位置，这个叫"交头"。红旗再次挥舞，所有的船只就排成两行，行驶到临水殿的对面，停靠到五间殿的东侧。

　　这时出来一只小船，船上有一个军校手执竹竿，竹竿上挂着锦缎、彩缎、银杯银碗之类，这个叫"标竿"。他把这根标竿插到离临水殿不远的水面，回到临水殿前挥动红旗，此前已经排成两行的小龙船就敲起鼓来，一起冲向标竿，争取第一个抢到这根竿子。一旦有船率先抢到标竿，围观的人一下子就高呼起来，手舞足蹈地祝贺。虎头船等船只也参与到竞赛里来，这个争标的竞赛会一连进行两次才结束，整个活动结束后，这些小船又牵着大龙船回到奥屋。

驾幸琼林苑

驾方幸琼林苑，在顺天门大街面北，与金明池相对。大门牙道皆古松怪柏，两傍有石榴园、樱桃园之类，各有亭榭，多是酒家所占。苑之东南隅，政和间创筑华觜冈，高数丈[1]。上有横观层楼，金碧相射；下有锦石缠道，宝砌池塘。柳锁虹桥，花紫凤舸，其花皆素馨[2]、末莉、山丹、瑞香、含笑、射香等闽、广、二浙所进南花，有月池、梅亭、牡丹[3]之类。诸亭不可悉数。

【注释】

1. 高数丈：元刻本作"高数十丈"，误。宋代一丈约为三米。华觜冈并非天然山冈，

而是宋徽宗政和年间人工筑造而成,不应有数十丈之高。

2. 素馨:原名耶悉茗,相传它与茉莉均系汉时自西域引种于我国南方地区。

3. 牡丹:据文意,"牡丹"后当有"亭"字。

【译文】

御驾正在临幸琼林苑。琼林苑坐落在顺天门大街,大门坐南朝北,和金明池相对。大门进去的大路两侧,种的都是树龄悠久的古松和形状千奇百怪的柏树,路两旁有石榴园、樱桃园,里面各自都有亭台楼榭,现在大部分已经开成了酒店。在琼林苑的东南角,政和年间修筑了华觜冈,高数丈,上面又建了座宽敞的高楼,装饰得金碧辉煌,楼下是一条五彩石子铺成的人行小路。

站在楼上远望,能看到宝石一样的石头砌成的池塘,也能看到远处垂柳笼罩着的虹桥,鲜花萦绕着的华丽船只。这里的花卉,很多是专门从福建、广南路、两浙那边引进的南方品种,像是素馨、茉莉、山丹、瑞香、含笑、射香等等。在楼下还能看到月池、梅花亭、牡丹亭等亭榭,亭台楼榭数量太多,不能一一详细描述。

《古代花鸟长卷》(宋 ◆ 佚名)

驾幸宝津楼宴殿

宝津楼之南有宴殿。驾临幸，嫔御车马在此。寻常亦禁人出入，有官监之。殿之西有射殿，殿之南有横街，牙道柳径，乃都人击球[1]之所。西去苑西门，水虎翼巷。横道之南，有古桐牙道，两傍亦有小园圃台榭。南过画桥，水心有大撮(cuō)焦亭子[2]，方池柳步围绕，谓之"虾蟆亭"，亦是酒家占。寻常驾未幸，习旱教[3]于苑大门。御马立于门上，门之两壁皆高设彩棚，许士庶观赏。呈引百戏，御马上池，则张黄盖，击鞭如仪。每遇大龙船出，及御马上池，则游人增倍矣。

【注释】

1. 击球：当时的一种马球游戏。
2. 撮焦亭子：焦通"角"，这是一种角都向上高高翘起的亭子。
3. 旱教：步兵的训练。

【译文】

宝津楼的南面有座宴殿，皇帝驾临宝津楼的时候，嫔妃的车驾就在这边停歇。宴殿有专门的官员看守，不许百姓进入。宴殿的西面是射殿，再往南有一条两侧种满柳树的横街。

平日里，京城里的人们在这条街上击球。从射殿继续往西，就是琼林苑的西门，这边有条水虎翼巷。横街的南面是一条路两旁种满梧桐的牙道，这条路两侧也有园林、台榭。往南走经过画桥，池水中央有一个四角向上翘起的撮角亭子，叫"虾蟆亭"，被四方的池水和四周的柳树环绕。这个亭子现在被酒家占据了。

寻常日子，皇帝御驾不会到这个地方来，步军就在琼林苑的门口空地上操练。到了御驾临幸的时候，皇帝的马队就会在这个琼林苑门口停下来，大门的左、右两侧都架起彩棚，里面表演百戏，也允许百姓来欣赏。皇帝骑着马进入金明池的时候，仪仗队将黄盖伞打开，并按照礼仪规定来甩响鞭子。

每逢御驾幸临金明池，大龙船出奥屋表演，这里游人就会较平时倍增。

《玉楼春思图》（宋 ◆ 佚名）

驾登宝津楼诸军呈百戏

驾登宝津楼，诸军百戏[1]呈于楼下。先列鼓子十数辈，一人摇双鼓子[2]，近前进致语，多唱"青春三月蓦山溪"也。唱讫，鼓笛举，一红巾者弄大旗，次狮豹入场，坐作进退、奋迅举止毕。次一红巾者手执两白旗子，跳跃旋风而舞，谓之"扑旗子"。及上竿打筋斗之类讫，乐部举动琴家弄令[3]，有花妆轻健军士百余，前列旗帜，各执雉尾蛮牌木刀，初成行列拜舞，互变开门夺桥等阵，然后列成偃月阵。乐部复动蛮牌令[4]，数内两人，出阵对舞，如击刺之状，一人作奋击之势，一人作僵仆出场，凡五七对。或以枪对牌、剑对牌之类，忽作一声如霹雳，谓之"爆仗"，则蛮牌者引退。烟火大起，有假面披发，口吐狼牙烟火、如鬼神状者上场，着青帖金花短后之衣，帖金皂裤，跣足，携大铜锣，随身步舞而进退，谓之"抱锣"。绕场数遭，或就地放烟火之类。又一声爆仗，乐部动《拜新月慢曲》[5]，有面涂青碌，戴面具金睛，饰以豹皮锦绣看带之类，谓之"硬鬼"。或执刀斧，或执杵棒之类，作脚步蘸立，为驱捉视听之状。又爆仗一声，有假面长髯展裹绿袍靴简如钟馗像者，傍一人以小锣相招和舞步，谓之"舞判"。继有二三瘦瘠，以粉涂身，金睛白面如髑髅(dú lóu)状，系锦绣围肚看带，手执软杖，各作魁谐[6]，趋跄(qiàng)举止若排戏，谓之"哑杂剧"。又爆仗响，有烟火就涌出，人面不相睹。烟中有七人，皆披发文身，着青纱短后之衣，锦绣围肚看带。内一人金花小帽，执白旗，余皆头巾，执真刀，互相格斗击刺，作破面剖心之势，谓之"七圣刀"。忽有爆仗响，又复烟火出，散处以青幕围绕，列数十辈。皆假面异服，如祠庙中神鬼塑像，谓之"歇帐"。

又爆仗响，卷退。次有一击小铜锣，引百余人，或巾裹，或双髻，各着杂色半臂，围肚看带，以黄白粉涂其面，谓之"抹跄"。各执木掉刀一口，成行列，击锣者指呼各拜舞起居毕，喝喊变阵子数次，成一字阵，两两出阵格斗，作夺刀击刺之态百端讫，一人弃刀在地，就地掷身，背着地有声，谓之"扳落"。如是数十对讫，复有一装田舍儿者入场，念诵言语讫，有一装村妇者入场，与村夫相值，各持棒杖，互相击触，如相殴态。其村夫者以杖背村妇出场毕，后部乐作，诸军缴队杂剧一段，继而露台弟子杂剧一段。是时弟子萧住儿、丁都赛、薛子大、薛子小、杨总惜、崔上寿之辈，后来者不足数。合曲舞旋讫，诸班直常入祗候子弟所呈马骑。先一人空手出马，谓之"引马"。次一人磨旗出马，谓之"开道旗"。次有马上抱红绣之球，系以红锦索掷下于地上，数骑追逐射之，左曰"仰手射"，右曰"合手射"，谓之"拖绣球"。又以柳枝插于地，数骑以划子箭或弓或弩射之，谓之"褯柳枝"。又有以十余小旗，遍装轮上而背之出马，谓之"旋风旗"。又有执旗挺立鞍上，谓之"立马"。或以身下马，以手攀鞍而复上，谓之"骗马"。或用手握定镫裤，以身从后鞦来往，谓之"跳马"。忽以身离鞍，屈右脚挂马鬃，左脚在镫，左手把鬃，谓之"献鞍"，又曰"弃鬃"。背坐或以两手握镫裤，以肩着鞍桥，双脚直上，谓之"倒立"。忽掷脚着地，倒拖顺马而走，复跳上马，谓之"拖马"。或留左脚着镫，右脚出镫离鞍，横身在鞍一边，左手捉鞍，右手把鬃，存身直一脚顺马而走，谓之"飞仙膊马"。又存身拳曲在鞍一边，谓之"镫里藏身"。或右臂挟鞍，足着地顺马而走，谓之"赶马"。或出一镫坠身着鞦，以手向下绰地，谓之"绰尘"。或放令马先走，以身追及握马尾而上，谓之"豹子马"。或横身鞍上，或轮弄利刃，或重物、大刀、双刀百端讫，有黄衣老兵，谓之"黄院子"，数辈执小绣龙旗前导，宫监马骑百余，谓之"妙法院女童"，皆妙龄翘楚，结束如男子，短顶头巾，各着杂色锦绣，捻金丝番段窄袍，红绿吊敦束带，莫非玉羁金勒，宝镫花鞯，艳色耀日，香风袭人。驰骤至楼前，团转数遭，轻帘鼓声。马上亦有呈骁艺者。中贵人许畋押队招呼成列，鼓声，一齐掷身下马，一手执弓箭，揽缰子就地，如男子仪，拜舞山呼讫，复听鼓声，骗马而上。大抵禁庭如男子装者，便随男子礼起居，复驰骤团旋、分合阵子讫，分两阵，两两出阵，左右使马，直背射弓，使番枪或草棒交马野战，呈骁骑讫，引退，又作乐。先设彩结小球门于殿前，

吟徵調高篴下桐
松間疑有入松風
仰窺低審含情客
以聽無絃一弄中
　　　　　　臣京謹題

聽琴圖

《聽琴圖》（北宋　◆　宋徽宗趙佶）

有花装男子百余人，皆裹角子向后拳曲花幞头，半着红半着青锦袄子，义襕束带丝鞋，各跨雕鞍花韂[7]驴子。分为两队，各有朋头[8]一名，各执彩画球杖，谓之"小打"。一朋头用杖击弄球子，如缀球子方坠地，两朋争占，供与朋头，左朋击球子过门入孟[9]为胜，右朋向前争占，不令入孟。互相追逐，得筹谢恩而退。续有黄院子引出宫监百余，亦如小打者，但加之珠翠装饰，玉带红靴，各跨小马，谓之"大打"。人人乘骑精熟，驰骤如神，雅态轻盈，妍姿绰约，人间但见其图画矣。呈讫。

【注释】

1. 百戏：对音乐、竞技、杂伎、武术等多种类型表演的总称。
2. 双鼓子：两个鼓体串成的鼗鼓。
3. 弄令：弹奏令曲。小令是短调的词或散曲中不成套的曲子。
4. 蛮牌令：曲牌名。
5. 《拜新月慢曲》：曲牌名，始于唐代教坊。
6. 魁谐：当为"诙谐"之误。
7. 韂：马鞍下面的垫子。
8. 朋头：队伍首领、队长。
9. 孟：类似今天的球门。

【译文】

皇帝御驾登临宝津楼，诸军就在宝津楼下开始百戏表演。

最先上场的是十几名鼓手，带头的一个手持双鼓子，向前几步，唱诵致语口号，按惯例一般都是唱"青春三月暮山溪"这首。他唱诵一结束，鼓声笛声响起。这时，一位头戴红巾的演员上台表演舞旗，手里挥舞一面大旗。接着扮成狮子和豹子的人也上场来，表演舞狮舞豹。舞狮豹能做起跳坐下以及前进后退各种动作，快速而灵活。他们表演结束后，又有一位戴红巾的人上台，双手各执一面白旗子，旗子在他手里舞动，好似一阵旋风一样，这个表演叫"扑旗子"。他表演结束，又有人上来表演爬竿子、翻跟头等杂技。

等这一批表演全都结束，乐队奏乐声响起，琴声悠扬，开始演奏令曲，台上出现一百多个身形矫健、身穿花衣的年轻小伙，前面几个人扛着旗子，后面大部分都手持雉尾、蛮牌和木刀，先排好队列表演一段舞蹈向观众致意，接着开始变换队列，先是开门夺桥阵，然后再变为偃月阵。

这个时候，乐队奏起《蛮牌令》的曲子，阵列里的几个人就跳出来表演对战，做出彼此击刺的动作，一人奋起向对方刺去，对手就装作被刺中而扑倒在地。这样对战的，会有好几对，他们用的武器各有不同，有的是表演以枪对蛮牌，有的是以剑对蛮牌。

等他们表演结束，忽然一声霹雳巨响，这个叫作"爆仗"，这时候台上手持蛮牌的表演者都纷纷退场。台上烟火闪现，出来一批打扮得像鬼神一样的家伙，他们戴着面具、披

《蕉荫击球图》（宋 ◆ 佚名）

头散发，嘴里露出狼牙，口吐烟火。他们身穿青色贴金花的短后衣和贴金花的黑裤，光着脚，抬着一面大铜锣，大铜锣也随着他们的舞步前后进退，这个表演叫"抱锣"。他们带着铜锣在台上绕场数圈，还时不时弄一点烟火出来。忽然，又一声爆仗响起，乐队开始奏《拜新月慢曲》。

台上出现一个脸上涂着青碌颜料，眼睛部位装饰着一个火眼金睛面具的人，身披豹皮，腰系绣花锦看带，这个叫"硬鬼"，手里拿着刀斧，也有手持杵棒的，他踮起脚，做出驱鬼、捉鬼、觅鬼、听鬼的动作。他的表演一结束，又是一声爆仗响起，台上出来一个戴着面具、挂着长胡须、身穿展裹绿袍和长靴，看起来像是钟馗的人，旁边有个人敲着一面小锣伴奏和引导，他们两人的表演叫作"舞判"。接下来上台的两三个瘦高个儿，全身涂了白粉，连脸上也是白粉，只有眼睛闪着金光，看起来就像是白色骷髅。他们腰间系着锦绣围肚看带，手里拿着一根软杖，作出各种诙谐幽默的动作，步履跟跟跄跄，举止有点像是在演俳戏，这个表演叫"哑杂剧"。

又一声爆仗响起，烟火在舞台上涌出，台上的情形就看不清楚了，忽然间，烟雾里跳出七个人来，都披头散发，身上画着纹身，穿着青纱短后衣，腰间系着锦绣围肚看带。其中有个人头戴金花小帽，手里拿着白旗子，其他六个人则都是戴着头巾，手里拿着真刀，他们在台上互相攻防格斗，看起来非常惊险，好像要劈开头脸、剖出心脏，这个武术表演叫作"七圣刀"。

又一声爆仗响起，也是烟火涌出，有人扯着一个青色帐子出来。里面有几十个人，各个头戴面具，身穿奇装异服，看起来像是庙里的鬼神塑像，这个叫"歇帐"。

爆仗又响起，台上演员卷起帐子退下台去。这时，一个人敲着小锣，领着百来人上台。这些人有的头上裹着头巾，有的束着双髻，都身穿不同颜色的半袖，腰间围着看带，脸上涂抹了黄白颜料，这个叫"抹跄"。他们每人手里拿着一把木掉刀，排好队列。这时候领头的那个敲锣人指引呼喊，大家先向台下致意，然后就变换阵形，排成一字阵，阵里的人两两出阵格斗，表演各种夺刀、击刺的动作。这边表演完毕，就有个人把刀往地上一扔，腾空跳起，而以背部着地，人砸在地上声音很是响亮，这个叫"扳落"。一字阵里的队员会依次表演一遍扳落。

这个表演全部结束以后，台上又上了一个扮成乡下农民的演员，上台唱诵几句，有一个打扮成村妇的上台来，他们一见面就开始打架，拿着棍子互相捅来捅去，最后，扮演农民的演员用木棍挑起村妇，背到自己背上一起下台去了。

这一段表演结束后，台后乐队开始奏乐，诸军演员上台表演一段杂剧，然后再由露台弟子上场表演杂剧。早先出名的杂剧演员，有萧住儿、丁都赛、薛子大、薛子小、杨总惜、崔上寿等人，后起之秀就更多了，这里不再一一列举。

等到整个曲舞表演结束，就换诸班直和常人祗候的弟子表演马术。最先上场的人空手骑马先溜一圈，这个叫"引马"。接着一个人骑在马上挥舞着大旗冲出来，这个叫"开道旗"。再由一人骑马抱着一个系红色长索的红绣球上场，他把红绣球往舞台中间一扔，纵马前行，后面好几骑拿着弓箭上台来，抢着射这个绣球。要是左手拉弦开弓，就叫作"仰手射"，右手拉弦开弓则叫作"合手射"，这整个表演，称为"拖绣球"。这个表演结束后，又有人把柳树枝插在地上，几名骑手分别用划子箭、弓箭和弩射来射击柳树枝，这个表演叫"褙柳枝"。

又有一人背上装着一个圆形道具，上面环插着十几面小旗子，纵马出来，这个叫"旋风旗"。又有人拿着一面大旗站在马上出来，这个叫"立马"。还有人飞身下马，又用手攀着马鞍跳回马背，这个叫"骗马"。又有人双手握定镫裤，下半身在后鞦跳来跳去，这个叫"跳马"。忽然间，他身子离开马鞍，右脚勾着马脖子，左脚还在马镫，左手抓住马鬃，整个人挂在马的左边，这个叫"献鞍"，也叫"弃鬃"。要是脸朝后，双手握紧镫裤，双肩顶在鞍桥，双腿向上抬起，这个叫"倒立"。表演完倒立，他忽然飞身而下，双脚着地，被往前奔驰的马倒拖着前行，之后又翻身上马，这个叫"拖马"。又留下左脚在马镫里，右脚离开马镫，整个身子横在马鞍的一边，左手抓住马鞍，右手抓住马鬃，身体固定，并直直伸出一只脚，跟着马往前跑，这个叫"飞仙膊马"。再把身子蜷曲到马鞍的一边，这个叫"镫里藏身"。用右臂夹着马鞍，双脚着地跟着马往前，这个叫"赶马"。一只脚离开马镫，身子朝下，挂在马鞦上，用手抓地上的物品，这个叫"绰尘"。还有人先让马在前面跑，他在后面追身而上，抓起马尾跃身上马，这个叫"豹子马"。还有人身体横在马上，有人在马上舞动利刃或者重物、大刀、双刀等各种东西。

这个表演结束了，一群穿黄衣服的老兵走上台来，他们就是"黄院子"，手拿小绣龙旗在前引导，后面跟着宫里女子组成的马队，骑马的是一群妙龄的俊俏女子，称作"妙法院女童"。她们的打扮有点像男生，头上戴着短头巾，披着不同颜色的锦绣，穿着捻金丝番段窄袍，腰系红绿吊敦束带。她们的马装饰华丽，玉羁金勒，宝镫花鞯，人更是美艳夺目，香气袭人。她们纵马飞驰到宝津楼前，绕场数圈，这时候鼓声响起，马上就有人表演各种马术。

有位宫里身份显贵的太监名叫许畋，他负责押队，招呼马队排成一列，鼓声响起，马上的人一起翻身下马，一手执弓箭，一手拉着马的缰子，在原地学习男子礼拜的礼仪，跪拜高呼万岁。这时候鼓声再次响起，她们又飞身上马。按照宫里的规矩，如果在宫里穿男装，就要按照男子的礼仪。她们的马队在台上奔驰旋转，分分合合，变幻成不同阵势，最后排成两列，两两出阵，左右催动坐骑，直起身去，转身射箭，或者手持番枪或草棒，两两对战，尽显飒爽英姿。她们的表演结束后，有人引导她们退下。

这时候音乐响起，原来在殿前安置的彩结小球门开始派上用场了，有一百多身穿花衣的男子，头上戴着裹角子向后拳曲花幞头，身上穿着半着红半着青锦袄子，穿义襴、束带丝鞋，骑在雕鞍花垫的驴子身上。他们分成两队，各有队长一名，手里拿着饰以彩画的球杖，这个游戏叫"小打"。一名队长先手持球杖击打球子，这个球子刚刚落地，两队人马就开始争抢，纷纷把这个球送到自家队长那里。这两队有一队的目标是把球打进球门，另一队的目标则是守护球门，不让对方把球打进来。双方你追我赶，有一方得胜就结束了。他们会跪谢皇恩，然后退下。

然后黄院子又引领着宫中女子一百多人上台，她们表演的游戏也像刚才的"小打"，但是作为女性，打扮得更加华丽，头戴各种珠翠装饰，腰缠玉带，脚踩红靴，骑着小马，这个叫"大打"。这些人的骑术都非常精湛，纵马飞驰有如神助，在场上纵横来去，体态轻盈而又优雅，风姿绰约，婀娜多姿，普通人只有在图画里才能看到这样完美的形象。全部的百戏表演，到这里就算结束了。

驾幸射殿射弓

驾诣射殿射弓,垛子前列招箭班¹二十余人,皆长脚幞头,紫绣抹额,紫宽衫,黄义襕²(lán),雁翅排立。御箭去则齐声招舞,合而复开,箭中的矣。又一人口衔一银碗,两肩两手共五只,箭来则能承之。射毕,驾归宴殿。

【注释】

1. 招箭班:殿前诸班直之一,隶属于殿前司。可参阅本书卷四"军头司"条。
2. 黄义襕:一种服装样式,王得臣《麈史》卷上"礼仪"记载:"衣冠之制,上下混一。尝闻杜岐公欲令人吏、技术等官,少为差别。后韩康公又议改制,如人吏公袍俾加襈,俗所谓黄义襕者是也。"

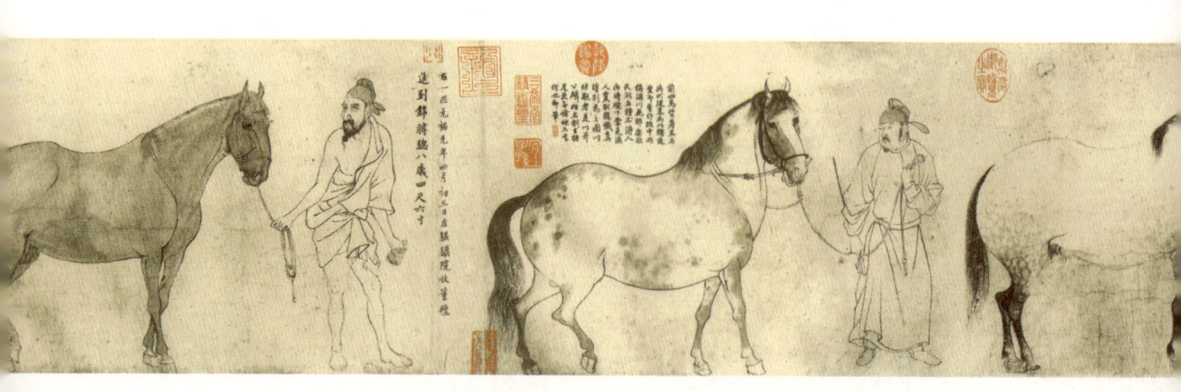

【译文】

皇帝御驾来到射殿射箭。箭垛的前面,早已经排列着二十多个招箭班的成员等待接应。他们头上戴着长脚幞头,额头上系着紫绣抹额,穿着紫色宽衫,披着黄义襴,像大雁展翅一样两侧排开。皇上弯弓射箭,箭头飞出,大家齐声呼喊,手舞足蹈。就在大家拍手祝贺的瞬间,两只手掌刚拍到一起再分开的功夫,箭已经射中靶心。有一人走出来,他口里叼着一个银碗,双肩和双手也各放置一个银碗,一共是五个银碗,皇帝射箭过来,他都能用银碗接住。射箭结束,皇帝的御驾就返回宴殿。

《五马图》 (北宋 ◆ 李公麟)

池苑内纵人关扑游戏

池苑内，除酒家艺人占外，多以彩幕缴络，铺设珍玉、奇玩、匹帛、动使、茶酒器物关扑。有以一笏[1]扑三十笏者，以至车马、地宅、歌姬、舞女，皆约以价而扑之。出九和合[2]，有名者任大头、快活三之类，余亦不数。池苑所进奉鱼藕果实，宣赐有差。后苑作[3]进小龙船，雕牙缕翠，极尽精巧。随驾艺人，池上作场者，宣、政间，张艺多、浑身眼、宋寿香、尹士安小乐器，李外宁水傀儡，其余莫知其数。池上饮食，水饭、凉水荳豆、螺蛳肉、饶梅花酒[4]、查片、杏片、梅子、香药、脆梅、旋切鱼脍、青鱼、盐鸭卵、杂和辣菜之类。池上水教罢，贵家以双缆黑漆平船，紫帷帐，设列家乐游池。宣、政间，亦有假赁大小船子，许士庶游赏，其价有差。

【注释】

1. 一笏：银五十两为一笏，相当于一锭。
2. 出九和合：出九是骰子的别名，出九和合是一种聚众摇骰子的赌博活动。
3. 后苑作：参见本书卷一"内诸司"注释16。
4. 饶梅花酒：一种添加梅花的饮料。宋吴自牧《梦梁录》"茶肆"条记载："暑天添卖雪泡梅花酒，或缩脾饮暑药之属。向绍兴年间，卖梅花酒之肆，以鼓乐吹《梅花引》曲破卖之，用银盂杓盏子，亦如酒肆论一角二角。"

【译文】

在琼林苑里和金明池中，除了已经被酒店和艺人占用的房舍，其他的地段，大都搭建起彩色帷幕，里面摆放着珍玉、奇玩、匹帛、日常用品、茶酒器物等待，吸引人来玩关扑赌博游戏。有的人很厉害，能用一笏银子，扑来价值三十笏银子的东西。不仅各种生活用品被用来关扑，车马、地宅、歌姬、舞女，无一不可以根据估值来关扑。出九和合最有名的，有任大头、快活三等人，其他大大小小的出名庄家还有不少。

管理琼林苑里和金明池的池苑所，定期把这里产出的鱼、藕、果实进献到宫里，皇上会再把这些东西分别赏赐给大臣们。后苑作制作的小龙船，精雕细琢，雕牙缕翠，精巧之极。随驾表演的艺人，平日里在这里进行专门表演的有不少人，其中在宣和、政和年间最出名的有张艺多、浑身眼、宋寿香、表演小乐器的尹士安和表演水傀儡的李外宁，其余还有很多，就不一一列举了。

金明池的酒家提供的饮食，有水饭、凉水菉豆、螺蛳肉、饶梅花酒、查片、杏片、梅子、香药、脆梅、旋切鱼脍、青鱼、盐鸭卵、杂和辣菜之类。每当金明池水军演习结束之后，富贵人家就把自家的双缆黑漆平底船驶入池中，挂上紫色帷帐，带着自己家的乐人纵情游湖。宣和、政和年间，金明池也有专门出租大小船只的，普通百姓都可以租船来游湖，不同的船只，租赁的价格也各有不同。

驾回仪卫

　　驾回则御裹小帽，簪花乘马，前后从驾臣寮，百司仪卫，悉赐花。大观初，乘骢(cōng)马至太和宫前，忽宣小乌¹，其马至御前，拒而不进。左右曰："此愿封官。"敕(chì)赐龙骧将军，然后就辔，盖小乌平日御爱之马也。莫非锦绣盈都，花光满目，御香拂路，广乐喧空，宝骑交驰，彩棚夹路，绮罗珠翠，户户神仙，画阁红楼，家家洞府。游人士庶，车马万数。妓女旧日多乘驴，宣、政间惟乘马，披凉衫²，将盖头背系冠子上。少年狎(xiá)客往往随后，亦跨马，轻衫小帽。有三五文身恶少年控马，谓之"花褪马"，用短缰促马头刺地而行，谓之"鞅(yāng)缰"。呵喝驰骤，竞逞骏逸。游人往往以竹竿挑挂终日关扑所得之物而归。仍有贵家士女，小轿插花，不垂帘幕。自三月一日至四月八日闭池，虽大风雨，亦有游人，略无虚日矣。

　　是月季春，万花烂熳，牡丹、芍药、棣棠、木香种种上市。卖花者以马头竹篮铺排，歌叫之声，清奇可听。晴帘静院，晓幕高楼，宿酒未醒，好梦初觉，闻之莫不新愁易感，幽恨悬生，最一时之佳况。诸军出郊，合教阵队。

【注释】

　　1．小乌：宋徽宗的一匹爱马。宋百岁寓翁《枫窗小牍》卷上也记载有类似故事："徽庙尝乘骢马至太和宫前，忽宣平日所爱小乌，其马至御前。马足不肯进，左右鞭之，益鸣跳不如调训。时围人进曰：'此愿封官耳。'上曰：'猴子且官供奉，况使小乌白身邪？'敕赐龙骧将军，然后帖然就辔。"

　　2．凉衫：一种披在正常衣服外面的黑色外罩。沈括《梦溪笔谈》卷二"凉衫"条记

《折枝花卉四段图》（宋 ◆ 佚名）

载："近岁京师士人朝服乘马，以黪衣蒙之，谓之'凉衫'，亦古之遗法也，《仪礼》'朝服加景'是也，但不知古人制度、章色如何耳。"

【译文】

皇帝御驾回宫时，头上戴着一顶小帽，簪花骑马而行。前后护驾的臣僚近侍，以及仪仗护卫，都会得到皇帝的赐花。大观初年，宋徽宗骑着一匹青骢马经过太和宫时，忽然心血来潮，吩咐左右把他的爱马"小乌"带过来，可是这小乌快到徽宗跟前时忽然不肯走了。左右随从说："这马是想要封个官才肯走。"于是徽宗当场封它"龙骧将军"，小乌果然马上就欣然让人带上了嚼子和缰绳。小乌是徽宗平日里最喜爱的马。

这个时节，京城处处锦绣，放眼望去，一片花光。御街上香气氤氲，乐声阵阵，响遏行云，各条大路车水马龙，来回奔驰。街两侧到处都是商家和艺人的彩棚。亭台都装饰绫罗绸缎和翠玉宝石，楼阁都配上大红的柱子和精致的绘画，家家户户，都好像神仙洞府一样。百姓们纵情游览，街上车马数以万计，无穷无尽。

早些年，妓女出门都是骑驴，到了宣和、政和年间，她们就都只骑马了。她们身披凉衫，把遮住面部的轻纱，系到头戴的冠子后面。有些年轻的轻薄男子，也穿戴着轻衫小帽，骑着马跟在后面。有时候会有三五个纹身的无赖少年，骑在马上，这叫"花褪马"，他们有时候会故意用缰绳把马头压得很低，贴着地面，这个叫"鞅缰"。大家都骑着马竞相吃喝，比赛谁骑马更加潇洒俊逸。有的游人一整天都在关扑赌博，天黑了就用竹竿挑着自己扑来的胜利品往家走。有些富贵人家的小姐，乘着插花的轿子出行，轿子的帘子也都尽管敞开。琼林苑和金明池，从三月一日开放，到四月八日关闭，这一个多月的时间里，即使是刮大风下大雨，也会有游人前去游玩，没有虚日。

三月是季春，遍地花开烂漫，牡丹、芍药、棣棠、木香等新奇花卉都纷纷上市了，卖花人带着马头竹篮，里面铺开各色鲜花，唱着清新悦耳的卖花吆喝，供游人挑选。晴天的晨光洒在帘子上，光影斑驳，春日的院落宁静无声，清晨的高楼里卧睡之人还没有从昨夜的宿醉中彻底醒来，好梦作罢，半睡半醒之间，忽然听到那新奇的卖花声，不觉生起一种缠绵惆怅的春愁，一丝莫名的伤感油然而生。这正是一年里最美好的时光。诸军又出郊外，开始演练阵对了。

《花篮图》（南宋 ◆ 李嵩）　　　　　　　　　　《花篮图》（北宋 ◆ 赵昌）

卷之八

四月八日

　　四月八日，佛生日[1]，十大禅院各有浴佛斋会。煎香药糖水相遗，名曰"浴佛水"。迤逦(yǐ lǐ)时光昼永，气序清和。榴花院落，时闻求友之莺；细柳亭轩，乍见引雏之燕。在京七十二户诸正店，初卖煮酒[2]，市井一新。唯州南清风楼，最宜夏饮。初尝青杏，乍荐樱桃，时得佳宾，觥酬交作。是月茄瓠初出上市，东华门争先供进，一对可直三五十千者。时果则御桃、李子、金杏、林檎(qín)之类。

【注释】

1．佛生日：佛祖释迦牟尼的诞辰。传说释迦牟尼降生时一手指天、一手指地，大地为之震动，九龙吐水为之沐浴，所以佛教徒常以浴佛等方式纪念佛祖诞辰。

2．煮酒：这里指黄酒一类的酒。《武林旧事》卷三《迎新》记载："户部点检所十三酒库，例于四月初开煮，九月初开清。"煮酒是和清酒（类似白酒）对应的酒种。

【译文】

　　四月初八是佛诞日，京城的十大禅院都会举行盛大的浴佛斋会。寺庙还会熬制香药糖水送给来参加法会的信众，叫作"浴佛水"。

　　这个时节，不知不觉间白天就开始长起来，天气也越来越清明和暖。开满石榴花的院落里，时时听到莺鸟彼此召唤的鸣叫。亭轩旁的柳树抽出嫩芽，燕子带着雏燕上下翻飞。京城的七十二家正店里，开始销售春夏特有的黄酒，整个街市都面目一新。

这些酒楼里，最适合初夏饮酒的，当属城南的清风楼。

这时候新杏和樱桃都开始上市，时常约集三五好友，饮酒酬唱，真是人生乐事。这个月茄瓠上市了，东华门外的菜农抢着把最新的送到宫里去，一对儿茄瓠能值三五十千钱。时令的水果有御桃、李子、金杏、林檎之类。

《盥手观花图》（宋 ◆ 佚名）

端午

端午节物：百索[1]、艾花、银样鼓儿[2]、花花巧画扇、香糖果子、粽子、白团[3]、紫苏、菖蒲、木瓜。并皆茸切[4]，以香药相和，用梅红匣子盛裹。自五月一日及端午前一日，卖桃、柳、葵花、蒲叶、佛道艾[5]。次日家家铺陈于门首，与粽子、五色水团[6]、茶酒供养。又钉艾人于门上。士庶递相宴赏。

【注释】

1. 百索：用五彩丝线编成的索状饰物，端午节时用来系在手腕、脖子等处。

2. 银样鼓儿：一种糖果。宋吴自牧《梦粱录》"五月"条记载："以百索彩线、细巧镂金花朵，及银样鼓儿、糖蜜韵果、巧粽、五色珠儿结成经筒符袋。"

3. 白团：加了糖的糯米团子，也叫水团。一说是白色香瓜，误。

4. 茸切：即切茸，切成茸状碎末。

5. 佛道艾：即伏道艾，也叫覆道艾，因产于河南汤阴伏道而得名，被视为艾中佳品。

6. 五色水团：一种用糯米粉制作的团子，因杂五色人兽花果之状而得名。陈元靓《岁时广记》卷二十一引《岁时杂记》："端午作水团，又名白团，或杂五色人兽花果之状，其精者名滴粉团。"

【译文】

端午节的节物，有百索、艾花、银样鼓儿、花花巧画扇、香糖果子、粽子、白团、紫苏、菖蒲、木瓜等。其中紫苏、菖蒲、木瓜等要切成茸，和香药糅在一起，装进梅红色的匣子里。

从五月一日起到端午节的前一天为止，街上会叫卖桃枝、柳枝、葵花、蒲叶、佛道艾这些东西。到了端午节那一天，家家户户都把它们摆在门口，用粽子、五色水团、茶酒来供养神明，还把艾草做成的草人钉在门上。这一天，人们还会相互邀请吃饭。

《灸艾图》（宋 ◆ 李唐）

六月六日崔府君生日，二十四日神保观神生日

六月六日，州北崔府君[1]生日，多有献送，无盛如此。二十四日，州西灌口二郎[2]生日，最为繁盛。庙在万胜门外一里许，敕赐神保观[3]。二十三日，御前献送后苑作与书艺局等处制造戏玩，如球杖、弹弓、弋射之具、鞍辔、衔勒、樊笼之类，悉皆精巧。作乐迎引至庙，于殿前露台上设乐棚。教坊、钧容直作乐，更互杂剧舞旋。太官局[4]供食，连夜二十四盏，各有节次。至二十四日，夜五更争烧头炉香，有在庙止宿，夜半起以争先者。天晓，诸司及诸行百姓献送甚多。其社火[5]呈于露台之上，所献之物，动以万数。自早呈拽百戏[6]，如上竿、趯弄、跳索、相扑、鼓板小唱、斗鸡、说诨话、杂扮、商谜、合笙、乔筋骨、乔相扑、浪子杂剧、叫果子、学像生、掉刀装鬼、砑鼓牌棒、道术之类，色色有之，至暮呈拽不尽。殿前两幡竿，高数十丈，左则京城所，右则修内司，搭材分占，上竿呈艺解。或竿尖立横木，列于其上，装神鬼，吐烟火，甚危险骇人。至夕而罢。

【注释】

1. 崔府君：中国民间信仰的神仙之一，其原型是崔珏，字子玉，生于隋开皇五年（585）六月六日。揭傒斯《重修崔府君庙记》记载："按府君者，祁州鼓城人。父母祷于北岳而生府君。唐贞观，举孝廉，仕磁州滏阳令，昼理阳、夜理阴。一日，与杨叟奕罢，见黄衣执符言曰：'上帝命以玉珪、玉带、冠衣召赴五岳。'卫兵百余人，拜毕，奏箫韶之乐。又取白马至。府君命二子取纸笔，曰：'吾将去矣。'遂书'白'字以逝世，传以为白字碑。安禄山叛，上梦府君见曰：'驾弗别往，禄山必灭矣。'驾还阙，立庙，封显圣护国嘉

应侯。武宗朝,天下大水,祷之即止,封护国感应公。"

2. 二郎:二郎神,又称川主、显圣二郎真君、昭惠灵显王、灌口二郎、二郎真君、灌江神、赤城王、清源妙道真君,中国民间和道教的神祇。二郎神信仰是对李冰之次子、赵昱、张仙、杨戬等民间俗神混合而成的信仰,并在北宋时期流行于全国。

3. 神保观:《宋史》载:"(宋徽宗)政和七年(1117)诏修神保观,俗所云二郎神者。京师素畏之,自春及夏,倾城男女,负土以献,不知何神。"

4. 太官局:负责御膳的机构,负责人是太官令,又有勾当太官局3人,膳工300人,膳徒30人。

5. 社火:本是祭祀土地神的仪式,在宋代发展成为迎神时的杂戏。宋代范成大《上元纪吴中节物俳谐体三十二韵》自注:"民间鼓乐谓之'社火',不可悉记,大抵以滑稽取笑。"

6. 百戏:下文所罗列的百戏,可以参考本书卷五"京瓦伎艺"条的相关注释。

【译文】

六月六日,是崔府君的生辰,很多人赶到城北的崔府君祠供奉祈福,盛况空前。六月二十四日是灌口二郎神的生辰,祭祀活动尤为盛大。

二郎神的庙在城西,万胜门外一里多的地方,大门上方的匾额上写着"敕赐神保观"。在二郎神生辰的前一天,也就是二十三日,宫里就送来供奉品,都是后苑作和书艺局等机构制作的各种工艺品,包括球杖、弹弓、弋射之具、鞍辔、衔勒、樊笼等,都很精致灵巧,有专人一路奏乐奉送到神保观。神保观在大殿前的露台上搭建了一个乐棚,教坊和钧容直在棚子里演奏音乐,也会表演杂剧和舞蹈。

为宫里制作御膳的太官局会专门制作供奉神灵的食品,一个通宵一共是二十四碗,前后顺序都有讲究。

一到二十四日,五更天就有人赶到庙里争烧头炉香,有人为了能抢到这个头炉香,会提前一晚上就住在庙里,以便半夜起来争先。天一亮,各个部门和各行各业的百姓们前来献送供奉的络绎不绝。露台上堆放着的各种供奉品,数以万计。

社火表演也在露台上进行,从早上开始,就有百戏表演,像上竿、趯弄、跳索、相扑、鼓板小唱、斗鸡、说诨话、杂扮、商谜、合笙、乔筋骨、乔相扑、浪子杂剧、叫果子、学像生、掉刀装鬼、砑鼓牌棒、道术之类形形色色的表演，层出不穷。大殿前有两根数十丈高的旗杆，左边那根是京城所树立的，右边那根则是修内司树立的，两个单位各自出材料搭建。艺高人胆大的艺人们，会爬上高竿子进行表演。有人在高竿最高处固定一个横木，站在这横木上扮演鬼神，口吐烟火，非常危险，简直能吓死人。这些表演一直延续一整天，要到晚上才结束。

《驯禽俯啄图》（宋 ◆ 佚名）

是月巷陌杂卖

是月时物，巷陌路口，桥门市井，皆卖大小米水饭、炙肉、干脯、莴苣笋、芥辣瓜儿、义塘甜瓜[1]、卫州白桃、南京金桃、水鹅梨、金杏、小瑶李子、红菱、沙角儿、药木瓜、水木瓜、冰雪凉水、荔枝膏，皆用青布伞，当街列床凳堆垛。冰雪[2]惟旧宋门外两家最盛，悉用银器，沙糖菉豆、水晶皂儿、黄冷团子、鸡头穰冰雪、细料馉饳儿、麻饮鸡皮、细索凉粉、素签成串[3]、熟林檎、脂麻团子、江豆碢儿、羊肉小馒头、龟儿沙馅[4]之类。都人最重三伏，盖六月中别无时节，往往风亭水榭，峻宇高楼，雪槛冰盘，浮瓜沉李，流杯曲沼，苞鲊新荷，远迩笙歌，通夕而罢。

【注释】

1．义塘甜瓜：产于襄邑义塘村的瓜。宋张邦基《墨庄漫录》卷二记载："襄邑义塘村出一种瓜，大者如拳，破之，色如黛，味甘如蜜，余瓜莫及。"襄邑今属河南省睢县，在开封东南150里。

2．冰雪：冷饮和凉食。

3．素签成串：签子串起来的素食，吴自牧《梦粱录》卷十六"分茶酒店"条中记载有"荤素签"。

4．龟儿沙馅：龟儿是当时流行的点心，有龟仙桃、子母龟、寿带龟等各种样式。龟儿沙馅是豆沙馅的龟儿。

【译文】

六月的时令吃食,在京城的街头巷尾和大小市场都有卖,有大小米水饭、炙肉、干脯、莴苣笋、芥辣瓜儿、义塘甜瓜、卫州白桃、南京金桃、水鹅梨、金杏、小瑶李子、红菱、沙角儿、药木瓜、水木瓜、冰雪凉水、荔枝膏等等。这些摊子一般都是撑起一把大大的青布伞,当街一条床凳,货物就都堆在上面。卖冷饮凉食的,只有旧宋门外两家规模最大,餐具都是银器。他们售卖的有沙糖菉豆、水晶皂儿、黄冷团子、鸡头穰冰雪、细料馉饳儿、麻饮鸡皮、细索凉粉、素签成串、熟林檎、脂麻团子、江豆碢儿、羊肉小馒头、龟儿沙馅等等。六月里没有什么节日可供玩乐,所以京城里的人就特别重视三伏。到了这个时候,要么待在通风的亭子或者水边的水榭,要么待在高楼的高处,一面享受雪槛冰盘这类装有冰雪的器皿带来的凉意,一面享用冰镇水沁的冰凉瓜果,一面在流觞曲水中推杯换盏,一面享用苞鲊新荷等美食,远远近近都是一片笙歌,这种纵情享乐,往往整夜不歇。

《柳园消暑图》(宋 ◆ 佚名)

七夕

七月七夕，潘楼街东宋门外瓦子、州西梁门外瓦子、北门外、南朱雀门外街及马行街内，皆卖磨喝乐[1]，乃小塑土偶耳。悉以雕木彩装栏座，或用红纱碧笼，或饰以金珠牙翠，有一对直数千者。禁中及贵家与士庶为时物追陪。又以黄蜡铸为凫、雁、鸳鸯、鸂鶒（xī chì）[2]、龟、鱼之类，彩画金缕，谓之"水上浮"。又以小板上傅土，旋种粟令生苗，置小茅屋花木，作田舍家小人物，皆村落之态，谓之"谷板"。又以瓜雕刻成花样，谓之"花瓜"。又以油面糖蜜造为笑靥儿，谓之"果食"，花样奇巧百端，如捺香方胜之类。若买一斤，数内有一对被介胄（zhòu）者如门神之像，盖自来风流，不知其从，谓之"果食将军"。又以菉豆、小豆、小麦于磁器内，以水浸之，生芽数寸，以红蓝彩缕束之，谓之"种生"。皆于街心彩幕帐设出络货卖。七夕前三五日，车马盈市，罗绮满街。旋折未开荷花，都人善假做双头莲，取玩一时，提携而归，路人往往嗟爱。又小儿须买新荷叶执之，盖效颦磨喝乐。儿童辈特地新妆，竞夸鲜丽。至初六日、七日晚，贵家多结彩楼于庭，谓之"乞巧楼"，铺陈磨喝乐、花瓜、酒炙、笔砚、针线，或儿童裁诗，女郎呈巧，焚香列拜，谓之"乞巧"。妇女望月穿针，或以小蜘蛛安合子内，次日看之，若网圆正，谓之"得巧"。里巷与妓馆，往往列之门首，争以侈靡（hóu）相尚（磨喝乐，本佛经摩睺罗，今通俗而书之。）

【注释】

1. 磨喝乐：也作"摩睺罗""摩㬋罗""魔合罗"，用土、木、蜡等制成的婴孩形玩具,代表送子。一般认为,其来源是佛陀之子罗睺罗。

2. 鸂鶒:水鸟名。体形大于鸳鸯而多紫色,好并游。俗称紫鸳鸯。

【译文】

  七月七日是七夕,潘楼街东宋门外瓦子、州西梁门外瓦子、北门外、南朱雀门外街及马行街内等地方,都有卖"磨喝乐"的。磨喝乐是一种小孩样子的土偶。这种小土偶被装在一个雕刻精美、饰以彩绘的栏座里,有的还会用红纱或绿纱做成的纱笼装起来。特别精美的,还会用黄金、珠玉、象牙、翡翠来装饰,价格高的一对要值好几千钱。不管是皇宫大内,还是富贵人家,乃至平民百姓,都会买磨喝乐作为七夕节日重要的节令用品。

  除了磨喝乐,还有很多新奇玩意儿在售卖。有用黄蜡制作的鸭子、大雁、鸳鸯、鸂鶒、乌龟、游鱼,都彩绘上色,金线装饰,这些东西和他们模仿的那些动物一样,能在水面上浮起来,大家都叫它"水上浮"。还有的在一块木板上放置一层薄土,种上粟的种子使其发芽。木板上还放置上小茅屋和花木,摆放一些农家田舍的小物件,看起来是一个农家小村子一样,这种小玩意儿叫"谷板"。还有的在瓜上雕刻出各种花样,叫作"花瓜"。

  还有用油、面、糖和蜜做成的笑脸娃娃一样的面食点心,叫"果食",果食有各种各样的造型,奇巧百出,常见的有捻香方胜。要是你一次买一斤,里头就会有个果食像披着盔甲的门神造型,这个造型流行已久,但大家也都不知道这东西到底有什么讲究。大家把这个叫"果食将军"。还有人把绿豆、小豆、小麦放进瓷盆里,倒进去水,等它们发芽几寸高的时候,就用红色和蓝色的丝线把这些嫩芽捆扎起来,这个叫"种生"。上面这些玩意儿,都有人搭起彩色帐幕售卖。

  七夕前的三五天,街上特别热闹,车水马龙,满大街都是穿着罗绮新衣的人。有人会现采待开的荷花花苞,连在一起做成双头莲的样子,玩赏一番,带着回家时,路上的行人看了往往感叹称赞。这一天,小孩子手里要拿着新买的新鲜荷叶,这是在模仿磨喝乐的造型。年龄不大的孩子,都要换上新衣服,还要比比谁家穿得更漂亮。

初六日和初七日的晚上，富贵人家就会在家中庭院里搭建一个彩楼，这个叫"乞巧楼"。楼下摆放磨喝乐、花瓜、酒炙、笔砚、针线等物品，男孩子要念诵诗句，女孩子要展示自己的女红，然后焚香礼拜，这叫"乞巧"。

七夕的夜里，女性会对着月亮穿针，也有的人会抓只小蜘蛛装在盒子里，第二天早上打开盒子，要是蜘蛛的网非常圆正，这就是好兆头，叫"得巧"。里巷与妓馆纷纷把七夕各种节令物品摆在门口，攀比谁家的更加侈靡。（磨喝乐，本来起源于佛经中的摩睺罗，现在通俗写成磨喝乐。）

《出水芙蓉图》（南宋 ◆ 吴炳）

中元节

七月十五日，中元节。先数日市井卖冥器，靴鞋、幞头、帽子、金犀假带、五彩衣服，以纸糊架子盘游出卖。潘楼并州东西瓦子，亦如七夕。要闹处亦卖果食、种生[1]、花果之类，及印卖《尊胜》[2]《目连经》[3]。又以竹竿斫成三脚，高三五尺，上织灯窝之状，谓之"盂兰盆"[4]，挂搭衣服冥钱在上焚之。构肆乐人自过七夕，便般目连经救母杂剧[5]，直至十五日止，观者增倍。中元前一日，即卖练叶[6]，享祀时铺衬卓面。又卖麻谷窠儿[7]，亦是系在卓子脚上，乃告祖先秋成之意。又卖鸡冠花，谓之"洗手花"。十五日供养祖先素食，才明即卖穄(jì)米饭[8]，巡门叫卖，亦告成意也。又卖转明菜花、花油饼、馂(jùn)馅(xiàn)、沙馅之类。城外有新坟者，即往拜扫。禁中亦出车马诣道者院谒坟。本院官给祠部十道[9]，设大会，焚钱山，祭军阵亡殁，设孤魂之道场。

【注释】

1. 种生：七夕节风物，参见本卷"七夕"条。

2. 《尊胜》：即《佛顶尊胜陀罗尼经》，通过念诵咒语，"能灭众生一切恶业"，在唐宋时期一度流行。

3. 《目连经》：即《佛说盂兰盆经》，主要讲述佛陀弟子目犍连救度堕入地狱的母亲升天的故事。

4. 盂兰盆："盂兰"是梵语，译作"倒悬"，人被倒挂。盆是指供品的盛器。佛法认为供此具可解救亡亲的倒悬之苦。

5. 目连救母杂剧：以佛教"目连救母"故事为题材的杂剧。

6. 练叶：即楝叶，川楝或苦楝的叶子。陈元靓《岁时广记》卷三十《岁时杂记》："京师人祭牛女时，其案上先铺楝叶，及设果馔等物。"

7. 麻谷窠儿："窠"当作"棵"，就是这些植物的茎杆子。陈元靓《岁时广记》卷三十引《岁时杂记》中有："人家大率即享祭父母祖先，用瓜果、楝叶、生花、花盆、米食，略与七夕祭牛女同。又取麻谷长本者，维之几案四角。"

8. 穄米饭：穄是不黏的黍类，又名"糜子"，去壳后的穄子称为穄米。

9. 祠部十道：隋、唐别置祠部曹，属于礼部，掌祠祀、天文、漏刻、国忌、庙讳、卜祝、医药等，及僧尼簿籍。宋、元时虽迭有变革，但大体上沿袭唐制。祠部十道是祠部度牒十道的简写。

【译文】

七月十五日是中元节，中元节前几天，街上就开始卖各种冥器，包括用纸糊的靴鞋、幞头、帽子、金犀假带、五彩衣服等纸火，放在纸糊架子上到处兜售。潘楼街以及州东西瓦子一带，和七夕一样热闹，闹市里也有售卖果食、种生、花果之类的，还有人刻印了《尊胜》《目连经》兜售。中元节这天，人们会把竹竿劈开搭造一个特殊的架子，先是做成三条三五尺高的腿，再在上面架起来一个竹编的碗装容器，这个就叫"盂兰盆"。在这个架子上，会挂上纸糊的衣服和冥币，最后一把火烧掉。勾栏瓦子里的艺人，一过七夕就开始演"目连救母杂剧"，一直演到十五日，中元节这天，观众尤其多，是平时的两倍。

中元节的前一天，人们就去买来楝叶，祭祀的时候要先把楝叶铺在桌面上。人们还会买麻谷棵儿，也就是麻谷的茎杆，把它们绑在桌子的四脚，这是在祭祀的时候向祖先报告秋天好收成的意思。街上还有卖鸡冠花，叫"洗手花"。十五日，祭祀祖先的时候，供品要用素食。这一天一大早，就有挨家挨户叫卖穄米饭的，穄米饭用来祭祀祖先，也是报告秋天收成的意思。街上还有卖转明菜花、花油饼、馂䬪、沙䬪之类。要是人家在郊外有新坟的，这天就去祭扫一番。宫里也派人到道者院祭扫，还会让祠部给道者院发放十张道牒。道者院这天会举行盛大的法会，焚烧钱山，以祭奠曾经在战场上为国捐躯的战士们，也会为无人祭祀的孤魂野鬼做一场法会。

立秋

立秋日,满街卖楸叶[1],妇女儿童辈皆剪成花样戴之。是月,瓜果梨枣方盛。京师枣有数品,灵枣、牙枣、青州枣、亳州枣。鸡头[2]上市,则梁门里李和[3]家最盛。中贵戚里,取索供卖,内中泛索,金合[4]络绎。士庶买之,一裹十文,用小新荷叶包。糁以麝香,红小索儿系之。卖者虽多,不及李和一色拣银皮子嫩者货之。

【注释】

1. 楸叶:楸树的叶子。
2. 鸡头:鸡头米,也就是新鲜芡实,是一类睡莲科被子植物的果实,呈圆球形,尖端突起,状如鸡头。
3. 李和:当时著名的水果干货商人。陆游的《老学庵笔记》里曾记载过他家的炒栗子。
4. 金合:金盒子。

【译文】

立秋这一天,满大街都是叫卖楸树叶子的,妇女和儿童往往拿楸叶裁剪成各种花样戴在头上。这个月,瓜果梨枣开始大量上市。京城里的枣子就有不少种类,像是灵枣、牙枣、青州枣、亳州枣等等。鸡头米也是这个月上市,卖得最好的,是梁门里的李和家。达官显贵都来找他,宫里也都来他这里买,派来装鸡头米的金盒子络绎不绝。普通人来买的话,用新鲜小荷叶包起来的一包,卖十文钱。里面还掺了麝香。荷叶包会用小红绳子系起来。卖鸡头米的店家虽然多,但没有哪家能有李和家的品质好。李和家是挑选一色儿白皮嫩肉的鸡头米在卖。

《秋山红树图》(宋 ◆ 佚名)

秋社

八月秋社[1],各以社糕社酒相赍送。贵戚宫院以猪羊肉、腰子、奶房、肚肺、鸭饼、瓜姜之属,切作棋子片样,滋味调和,铺于饭上,谓之"社饭",请客供养。人家妇女皆归外家,晚归,即外公姨舅皆以新葫芦儿、枣儿为遗,俗云宜良外甥。市学[2]先生预敛诸生钱作社会[3],以致雇倩、祗应、白席[4]、歌唱之人。归时各携花篮、果实、食物、社糕而散。春社、重午、重九亦如此。

【注释】

1. 秋社:古代祭祀土地神的日子,立秋后第五个戊日。宋代陆游有《秋社》诗云:"雨余残日照庭槐,社鼓冬冬赛庙回。又见神盘分肉至,不堪沙雁带寒来。书因忌作闲终日,酒为治聋醉一杯。记取镜湖无限景,蘋花零落蓼花开。"
2. 市学:村镇私塾。
3. 社会:社日的聚餐集会。
4. 白席:参见本书卷四"筵会假赁"条。

【译文】

到了八月祭祀土地神的秋社日,家家户户都互送社糕和社酒。皇亲国戚、富贵人家会把猪羊肉、腰子、奶房、肚肺、鸭饼、瓜姜等,切成棋子大小的片,调味之后摆在饭上,这个叫"社饭",用于请客以及祭祀上供。

秋社这一天，出嫁的妇女回娘家，孩子的外公外婆、姨妈舅舅们都会赠送新采的葫芦儿和枣儿，据说这个礼物会为外甥带来好运。村镇上的私塾先生，会预先向学生们收取举办社会的钱，用来付给帮忙操办组织以及表演节目的人。活动结束后，每个学生都带着花篮、果实、食物、社糕之类回家。春社、端午和重阳的风俗，也都和秋社差不多。

《耕获图》（宋 ◆ 杨威）

中秋

中秋节前,诸店皆卖新酒,重新结络门面彩楼,花头画竿,醉仙锦斾^{pèi}¹,市人争饮。至午未间,家家无酒,拽下望子²。是时螯蟹³新出,石榴、榅勃⁴、梨、枣、栗、孛萄^{bèi}⁵、弄色枨^{chéng}橘⁶,皆新上市。中秋夜,贵家结饰台榭,民间争占酒楼玩月,丝篁⁷鼎沸。近内庭居民,夜深遥闻笙竽之声,宛若云外。闾里儿童,连宵嬉戏,夜市骈阗,至于通晓。

【注释】

1. 醉仙锦斾:写着"醉仙"字样的锦旗。

2. 望子:也称"酒帘""酒旗""酒望""锦旗",用布帘缀于竿端,悬于门前,以招引顾客。

3. 螯蟹:螃蟹。

4. 榅勃:即榅桲,参见本书卷二"饮食果子"条注释6。

5. 孛萄:参见本书卷二"饮食果子"条注释7。

6. 弄色枨橘:弄色是宋代对水果的一种处理方法。据学者研究,宋人可为果子做色,其一为铜绿色水浸色,以便长时间保持色泽鲜艳。其二为果子将熟之际,剪纸粘上,夜露日烘,渐变红色,其纹如生。枨通"橙"。弄色枨橘即用弄色手法处理过的橙子和橘子。

7. 丝篁:弦管乐器。借指音乐。南朝梁刘勰《文心雕龙·乐府》:"诗官采言,乐胥被律,志感丝篁,气变金石。"

228

【译文】

中秋节前夕，各家酒楼都开始卖新酒。大家都把店前的彩楼重新装饰，挑着酒旗的竿子也要重修上漆，挂上新的写着"醉仙"字样的锦旗。居民们纷纷抢着来喝新酒，等到中午时分，各家酒店的酒就都销售一空了，纷纷把酒旗扯下来。这个时节，螃蟹刚刚上市，石榴、榅勃、梨、枣、栗、葡萄和弄色处理的橙子、橘子也都新上市。中秋的晚上，富贵人家的亭台楼阁张灯结彩，普通人家则纷纷跑到酒楼里来，都是为了有一个好地方赏月。这一晚，京城处处音乐悠扬。要是家住在皇宫附近，隐约还能听到皇宫里远远传来的笙竽之声，好似从云外传来的一样。街巷里的小孩子彻夜嬉戏打闹，夜市里人满为患，一直热闹到天亮。

《桐荫玩月图》（宋 ◆ 佚名）

重阳

九月重阳，都下赏菊有数种。其黄白色蕊若莲房曰万龄菊，粉红色曰桃花菊，白而檀心曰木香菊，黄色而圆者曰金铃菊，纯白而大者曰喜容菊，无处无之。酒家皆以菊花缚成洞户[1]。都人多出郊外登高，如仓王庙、四里桥、愁台、梁王城、砚台、毛驼冈、独乐冈等处宴（yàn）聚。前一二日，各以粉面蒸糕遗送，上插剪彩小旗，掺钉（dìng）果实，如石榴子、栗黄、银杏、松子肉之类。又以粉作狮子蛮王之状，置于糕上，谓之"狮蛮"[2]。诸禅寺各有斋会，惟开宝寺、仁王寺有狮子会。诸僧皆坐狮子[3]上，作法事讲说，游人最盛。下旬即卖冥衣、靴鞋、席帽、衣段，以十月朔日烧献故也。

【注释】

1. 洞户：门户。

2. 狮蛮：这种糕点当时皇家也会制作。宋吴自牧《梦粱录》"九月"条："兼之此日都人店肆，以糖面蒸糕……蜜煎局以五色米粉塑成狮蛮，以小彩旗簇之，下以熟栗子肉杵为细末，入麝香糖蜜和之，捏为饼糕小段，或如五色弹儿，皆入韵果糖霜，名之'狮蛮栗糕'，供衬进酒，以应节序。"

3. 狮子：有学者认为是狮子座，佛教寺庙确有狮子座，原为释迦牟尼的坐席，后来指寺院中佛、菩萨的台座以及佛教高僧说法时的坐席。但佛教狮子座一般就是一张，不可能"诸僧皆坐"，而且佛教寺院说法讲经是常有之事，也完全没有理由单以这一日为"狮子会"。结合中国舞狮的历史，这里的狮子会是舞狮表演和说法结合的一种带有娱乐性的活动，在舞狮之前，僧人会坐在道具狮子上说法。《东京梦华录》前文多次提及的狮豹表演，也是舞狮舞豹。

【译文】

九月重阳节,京城里观赏的菊花品种繁多:其中黄白色、花蕊像莲蓬的,是万龄菊;花开呈粉红色的,是桃花菊;开白色花,檀色花心的,叫木香菊;开黄色花、花朵近似圆形的,是金铃菊;纯白色、开得特别大的,叫喜容菊。京城里没有哪儿是没有菊花的。酒店这一天喜欢用菊花来扎成一道门户。

京城的人这一天大都会去郊外登高,去仓王庙、四里桥、愁台、梁王城、砚台、毛驼冈、独乐冈等地方饮酒聚会。重阳节的前一两天,大家会互相馈赠粉面做成的蒸糕。这些蒸糕上插着剪裁好的小彩旗,里面还掺杂了一些果仁,有石榴子、栗黄、银杏、松子肉之类。这一天人们还会用粉面做成狮子蛮王的造型,放在蒸糕上,这个就叫"狮蛮"。重阳节京城里的佛寺大都会举行斋会,只有开宝寺和仁王寺会组织狮子会,也就是有舞狮表演的法会,在表演开始前,僧人们会坐在道具狮子上讲经说法。这个狮子会,来参加的人非常多。到了九月的下旬,就有店铺开始卖纸糊的冥衣、靴鞋、席帽、衣段,因为即将到来的十月初一,就要举行祭祀,会用到这些了。

《丛菊图》(宋 ◆ 佚名) 《菊丛飞蝶图》(南宋 ◆ 朱绍宗)

卷之九

十月一日

十月一日,宰臣已下受衣着锦袄,三日(今五日),士庶皆出城飨坟^{xiǎng}[1]。禁中车马出道者院,及西京[2]朝陵。宗室车马亦如寒食节。有司进暖炉炭。民间皆置酒作暖炉会[3]也。

【注释】

1. 飨坟:用酒食祭扫坟茔。

2. 西京:北宋西京是河南府,在今洛阳东。北宋有四京,东京开封府,西京河南府,南京应天府(今河南商丘)、北京大名府(今河北大名东北)。北宋皇陵在河南府巩县(今河南巩义)。

3. 暖炉会:冬天围炉饮宴。宋金盈之《醉翁谈录·京城风俗记》记载:"旧俗,十月朔开炉向火,乃沃酒及炙脔肉于炉中,团坐饮啖,谓之'暖炉'。"

【译文】

十月初一,宰相及以下文武大臣,皇帝都会赐给锦袄。初三日(现在改到初五日了)这一天,士人和庶民都要去郊外,用酒食祭扫家族坟墓。皇宫也会派出祭扫的车马队伍,除了要到道者院扫祭,还会派人到西京河南府去祭祀皇陵。皇室宗亲的车马的规格形式,和寒食节那天一样。这一天有关部门会进奉冬天暖炉所用的炉炭,民间则开始围炉饮宴,叫作"暖炉会"。

天宁节

初十日天宁节[1]。前一月，教坊集诸妓阅乐。初八日，枢密院率修武郎[2]以上；初十日，尚书省宰执率宣教郎[3]以上，并诣相国寺罢散[4]祝圣[5]斋筵，次赴尚书省都厅[6]赐宴。

【注释】

1. 天宁节：宋徽宗的生日定为十月初十，叫天宁节。《宋史·徽宗纪一》："（建中靖国元年十月）丁酉，天宁节，群臣及辽使初上寿于垂拱殿。"但实际上，宋徽宗出生在五月初五，古人认为这是恶月中的恶日，这天出生者"男害父，女害母"，于是将其生日改为十月十日。宋代皇帝的生日都是节日，宋太祖叫长春节，宋太宗叫乾明节（后改为寿宁节），宋真宗为承天节，宋仁宗为乾元节，宋英宗为寿圣节，宋神宗为同天节，宋哲宗生日当天是僖祖忌日，以第二天为兴龙节，宋徽宗叫天宁节，宋钦宗叫乾龙节。

2. 修武郎：宋代官阶名。宋徽宗政和（1111—1117）中，定武臣官阶五十三阶，第四十四阶为修武郎，以代旧官内殿崇班。

3. 宣教郎：北宋徽宗政和六年（1116）十一月，改名迪功郎，为第三十七阶。

4. 罢散：结束。

5. 祝圣：在佛菩萨纪念日或帝王生日举行的佛教祈福仪式。

6. 都厅：尚书省的总办公厅。宋赵与时《宾退录》卷一记载："祖宗时，诸郡皆有都厅。至宣和三年，怀安军奏：'今尚书省公相厅改作都厅，内外都厅，并行禁止。欲将本军都厅以金厅为名。'从之，且命诸路依此。"

【译文】

十月初十是徽宗的生日，叫作天宁节。早在九月初，教坊就已经把所有的歌妓集中起来，为天宁节的表演做准备。十月初八，枢密院使率领修武郎以上的官员到相国寺参加祝圣法会。十月初十，尚书省宰执率领宣教郎以上的官员也要到相国寺参加一次祝圣法会，直到法会斋筵结束，再来到尚书省的办公大厅，徽宗会在这里赐宴。

《文会图》局部（北宋 ◆ 宋徽宗赵佶）

宰执亲王宗室百官入内上寿

十二日，宰执、亲王、宗室、百官入内上寿，大起居¹。（搢笏舞蹈²）乐未作，集英殿山楼³上教坊乐人效百禽鸣，内外肃然，止闻半空和鸣，若鸾凤翔集。百官以下谢坐讫，宰执、禁从⁴、亲王、宗室、观察使已上，并大辽、高丽、夏国使副，坐于殿上；诸卿少百官，诸国中节使人坐两廊；军校以下，排在山楼之后。皆以红面青䙓、黑漆矮偏钉⁵。每分列环饼⁶、油饼、枣塔⁷为看盘，次列果子。惟大辽加之猪羊鸡鹅兔连骨熟肉为看盘，皆以小绳束之。又生葱韭蒜醋各一楪。三五人共列浆水一桶，立杓数枚。教坊色长⁸二人，在殿上栏干边，皆诨裹紫袍，金带义襕，看盏，斟御酒，看盏者举其袖，唱引曰"绥御酒"，声绝，拂双袖于栏干而止。宰臣酒，则曰"绥酒"如前。教坊乐部，列于山楼下彩棚中，皆裹长脚幞头，随逐部服紫绯绿三色宽衫，黄义襕，镀金凹面腰带。前列拍板十串一行。次一色画面琵琶⁹五十面。次列箜篌两座，箜篌高三尺许，形如半边木梳，黑漆镂花金装画，下有台座，张二十五弦，一人跪而交手擘之。以次高架大鼓三面，彩画花地金龙，击鼓人背结宽袖，别套黄窄袖，垂结带金裹鼓棒，两手高举互击，宛若流星。后有羯鼓两座，如寻常番鼓子，置之小卓子上，两手皆执杖击之，杖鼓应焉。次列铁石方响¹⁰，明金¹¹彩画架子，双垂流苏，次列箫、笙、埙、篪、觱篥¹²、龙笛之类。两旁对列杖鼓二百面，皆长脚幞头，紫绣抹额，背系紫宽衫，黄窄袖，结带¹³，黄义襕。诸杂剧色皆诨裹，各服本色紫绯绿宽衫，义襕，镀金带。自殿陛对立，直至乐棚。每遇舞者入场，则排立者叉手，举左右肩，动足应拍，一齐群舞，谓之"挼曲子"

（"按"字仍回反）。

第一盏御酒，歌板色[14]一名，唱中腔一遍讫。先笙与箫笛各一管和，又一遍。众乐齐举，独闻歌者之声。宰臣酒，乐部起《倾杯》[15]。百官酒，《三台》[16]舞旋，多是雷中庆[17]。其余乐人舞者诨裹宽衫，唯中庆有官，故展裹。舞曲破𢶇(diān)[18]前一遍。舞者入场，至歇拍[19]，续一人入场，对舞数拍。前舞者退，独后舞者终其曲，谓之"舞末"。

第二盏御酒，歌板色唱如前。宰臣酒，慢曲子。百官酒，《三台》舞如前。

第三盏，左右军百戏入场，一时呈拽。所谓左右军，乃京师坊市两厢也，非诸军之军。百戏乃上竿、跳索、倒立、折腰、弄碗注、踢瓶、筋斗、擎戴[20]之类，即不用狮豹、大旗、神鬼也。艺人或男或女，皆红巾彩服。殿前自有石镌柱窠，百戏入场，旋立其戏竿。凡御宴至第三盏，方有下酒：肉、咸豉、爆肉、双下驼峰角子[21]。

第四盏，如上仪。舞毕，发谭子[22]。参军色执竹竿拂子，念致语口号。诸杂剧色打和，再作语，勾合大曲舞。下酒㮯(kē)[23]、炙子骨头[24]、索粉、白肉胡饼。

第五盏御酒，独弹琵琶。宰臣酒，独打方响。凡独奏乐，并乐人谢恩讫，上殿奏之。百官酒，乐部起《三台》舞如前毕。参军色执竹竿子作语，勾小儿队舞。小儿各选年十二三者二百余人，列四行，每行队头一名，四人簇拥，并小隐士帽，着绯绿紫青生色花衫，上领四契，义襕，束带，各执花枝排定。先有四人裹卷脚幞头紫衫者，擎一彩殿子内金贴字牌，摇鼓而进，谓之"队名"，牌上有一联，谓如"九韶翔彩凤，八佾(yì)舞青鸾"之句。乐部举乐，小儿舞步向前，直叩殿陛。参军色作语问，小儿班首近前进口号。杂剧人皆打和[25]毕，乐作群舞合唱，且舞且唱，又唱《破子》[26]毕，小儿班首入，进致语，勾杂剧入场。一场两段。是时教坊杂剧色鳖膨、刘乔、侯伯朝、孟景初、王颜喜而下，皆使副也。内殿杂戏，为有使人预宴，不敢深作谐谑，惟用群队装其似像，市语谓之"拽串"。杂戏毕，参军色作语，放小儿队，又群舞《应天长》[27]曲子出场。下酒：群仙炙、天花饼[28]、太平毕罗、干饭、缕肉羹、莲花肉饼。驾兴歇座，百官退出殿门幕次。须臾追班起居再坐。

第六盏御酒，笙起慢曲子。宰臣酒，慢曲子。百官酒，《三台》舞。左右军筑球殿前旋立球门，约高三丈许，杂彩结络，留门一尺许。左军球头苏述，长脚幞头红锦袄，余皆卷脚幞头，亦红锦袄十余人。右军球头孟宣并十余人，皆青锦衣。乐部哨笛杖鼓断送[29]。左军先以球团转众小筑[30]数遭，有一对次球头小筑数下，待其端正，即供球与球头，打大胗（qiǎn）[31]过球门。右军承得球，复团转众小筑数遭，次球头亦依前供球与球头，以大胗打过。或有即便复过者胜。胜者赐以银碗锦彩。拜舞谢恩，以赐锦共披而拜也。不胜者球头吃鞭，仍加抹抢。下酒：假鼋（yuán）鱼、蜜浮酥捺花。

第七盏御酒，慢曲子。宰臣酒，皆慢曲子。百官酒，《三台》舞讫，参军色作语，勾女童队入场。女童皆选两军妙龄容艳过人者四百余人，或戴花冠，或仙人髻，鸦霞之服，或卷曲花脚幞头，四契红黄生色销金锦绣之衣。结束不常，莫不一时新妆，曲尽其妙。杖子头四人，皆裹曲脚向后指天幞头，簪花，红黄宽袖衫，义襕，执银裹头杖子，皆都城角者，当时乃陈奴哥、俎（zǔ）姐哥、李伴奴、双奴，余不足数。亦每名四人簇拥，多作仙童、丫髻、仙裳，执花舞步，进前成列。或舞《采莲》[32]，则殿前皆列莲花槛曲，亦进队名。参军色作语问，队杖子头者进口号，且舞且唱。乐部断送《采莲》讫，曲终，复群舞唱中腔毕，女童进致语，勾杂戏入场，亦一场两段讫。参军色作语，放女童队。又群唱曲子，舞步出场。比之小儿，节次增多矣。下酒：排炊羊、胡饼、炙金肠。

第八盏御酒，歌板色一名唱踏歌。宰臣酒，慢曲子。百官酒，《三台》舞合曲破舞旋。下酒：假沙鱼、独下馒头[33]、肚羹。

第九盏御酒，慢曲子。宰臣酒，慢曲子。百官酒，《三台》舞。曲如前。左右军相扑。下酒：水饭、簇钉（dīng）下饭。驾兴。

御筵酒盏皆屈卮，如菜碗样，而有手把子。殿上纯金，廊下纯银。食器，金银棱漆碗碟也。宴退，臣僚皆簪花归私第，呵引从人皆簪花并破官钱。诸女童队出右掖门，少年豪俊争以宝贝供送，饮食酒果迎接。各乘骏骑而归，或花冠，或作男子结束，自御街驰骤，竞逞华丽，观者如堵。省宴[34]亦如此。

【注释】

1. 大起居：起居是指每五日群臣随宰相入见皇帝。其制始于后唐明宗，宋代沿袭之。《新五代史·杂传·李琪》："明宗初即位，乃诏群臣，五日一随宰相入见内殿，谓之'起居'。"平常的起居叫常起居，一般两拜。大起居则是更为隆重的起居。

2．搢笏舞蹈：古代官员的官服没有口袋，于是将笏直接插在腰带上，叫"搢笏"。舞蹈是古代臣子朝拜帝王时做出特定的舞蹈姿势，是一种礼节。

3．山楼：临时搭建的彩饰楼棚。唐苏颋《春日芙蓉园侍宴应制》诗："绕花开水殿，架竹起山楼。"

4．禁从：指皇帝身边的随从人员，特别是指诸如翰林学士之类文学、艺术等方面的随从官员。

5．黑漆矮偏钉：偏钉颇为费解。"钉"字当为"凳"字抄写之误。吴自牧《梦粱录》卷三有同样文字，但写作"黑漆矮偏凳"。

6．环饼：就是现在回族的馓子。

7．枣塔：也叫枣山、枣糕，一种装饰有枣的面点。

8．色长：教坊司的基层官员，教坊从上往下设有使、副使、判官、都色长、色长等官员。各色的负责人就是都色长、色长。

9．画面琵琶：唐宋时期，琵琶、阮咸的面板上覆以革，称为"捍拨"，以保护面板与拨子，在演奏时不致损伤。因在捍拨上绘画为饰，故称。

10．方响：石磬类打击乐器。宋陈旸《乐书·俗部·金之属中》："方响之制，盖出于梁之铜磬，形长九寸，广二寸，上圆下方。其数十六，重行编之。"

11．明金：漆器工艺，是漆匠对贴金、泥金的通俗叫法。

12．觱篥：古代的一种管乐器，形似喇叭。芦苇作嘴，以竹做管。

13．结带：原文脱"带"字，据元刻本补。

14．歌板色：旧教坊有筚篥部、大鼓部、杖鼓部、拍板色、笛色、琵琶色、筝色、方响色、笙色、舞旋色、歌板色、杂剧色、参军色。

15．《倾杯》：也叫《倾杯乐》，教坊曲名。据《乐府杂录》记载为唐宣宗始创。

16．《三台》：原唐教坊曲名，后用作词调名。明胡震亨《唐音统签》记载："唐曲有《三台》：《急三台》《宫中三台》《上皇三台》《怨陵三台》《突厥三台》，《三台》为大曲。"

17．雷中庆：北宋著名舞蹈家，世人皆呼之谓"雷大使"。蔡绦《铁围山丛谈》记载："手艺之人有称者……舞有雷中庆，世皆呼之为雷大使，笛有孟水清，此数人者，视前代之伎，一皆过之。"

18. 破撼：破、撼，是宫廷大曲演奏的两个步骤。宋王灼《碧鸡漫志》卷三记载："凡大曲，有散序、靸、排遍、撼、正撼、入破、虚催、实催、衮遍、歇拍、杀衮，始成一曲，此谓大编。"

19. 歇拍：参见注释18。

20. 擎戴：一种两人表演的杂技，一在上，头、手向下，另一人以手接撑。四手或两手相对，站立或行走。

21. 双下驼峰角子：形状像骆驼的双峰的饺子。

22. 发谭子：即发诨子，说笑话，插科打诨引人发笑之意。

23. 酒檯：古代的贮酒器，可提挈。

24. 炙子骨头：一种类似炭烤羊肋条的食物，至今在河南地区还有流行。

25. 打和：指表演技艺。

26. 破子：即破子令，也叫破字令，大曲或联章的尾声结曲。

27. 《应天长》：令曲名，始于韦庄。后来发展为词牌名。

28. 天花饼：以天花粉为面做成的饼类食品。《梦粱录》卷十八《物产》云："天花粉，即瓜蒌根。"

29. 断送：此前学者对"断送"两字不能理解，有众多解释，皆不准确。事实上，断送就是表演、演奏之意。本节下文云"乐部断送《采莲》"，明白无疑。

30. 小筑：古代球戏的一种击球动作。陈元靓《事林广记》记载："初起，头用脚头踢起与骁色，挟色至球头右手立，倾下球头膝上，用膝累起，一筑过。不过，撞在网子撷下来，着网人踢住与骁色，骁色复挟住，仍前去顿在球头膝上，筑过。"

31. 大欧：一种击球技巧。

32. 《采莲》：即《采莲曲》，乐府曲名。

33. 独下馒头：即独馅儿馒头，是一种包子。

34. 省宴：中书省、门下省等部门举行的宴会。

【译文】

到了十二日这天，宰执、各位亲王、皇家宗室以及文武百官都来到宫里为皇上祝寿，举行大起居的隆重参拜仪式，仪式上会有摺笏舞蹈的环节。集英殿前搭起一座彩楼，教坊的乐工就在这里表演。最开始的时候，并不奏乐，而是由教坊乐人仿效百禽鸣叫，大殿内外一片肃然，忽然听到空中传来阵阵鸣叫之声，好像有鸾凤在头顶盘旋。百官向皇帝谢坐后分别落座，宰执、翰林学士等禁从官员，各位亲王和皇家宗室成员，观察使以上级别的官员，以及来自大辽、高丽和夏国的正使、副使，坐在大殿上；六部和各寺、局的正、副长官及外国使团的随从人员，坐在两廊；军、校以下级别的官员，排在彩楼的后面。宴会上大家都是坐在红面青墩子和黑漆小矮偏凳上，每人面前都有一个小看盘，摆着环饼、油饼、枣塔等食物，旁边则摆着果品，只有辽人面前的看盘多了猪羊鸡鹅兔连骨熟肉。看盘里的食物都用小细绳子扎起来，葱、韭、蒜、醋四小碟摆在旁边。每三五个人，就有一大桶浆水面汤，桶里放了几根杓。两位教坊的色长站在大殿前的栏杆边上，头戴诨裹，身穿宽紫袍，金带义襕，负责"看盏"斟御酒。

《高阁凌空图》（宋 ◆ 佚名）

所谓看盏,就是在斟御酒的时候,看盏之人举起袖子,唱"绥御酒"三个字,吟唱结束,他的两个袖子就往下拂到栏杆上停止。宰相斟酒的时候,也是一样的动作,唱"绥酒"两个字。教坊的乐部集中在彩楼下的彩棚中,他们都头戴长脚幞头,根据所在队伍的不同,分别穿紫色、绯色、绿色三色的宽衫,穿黄义襕,腰系镀金凹面腰带。

整个乐队最前面一排是十个拍板,第二排则是五十面款式相同的装饰有彩绘花纹的琵琶。再后面是两座箜篌。箜篌高三尺左右,形状像一个木梳的半边,涂黑漆,雕有花纹和贴金装饰,下有台座,每台箜篌都是二十五弦。弹奏者跪坐,用两手拨弦演奏。再后面是两面放置在高架上的大鼓,鼓身上在花纹底上绘有金龙,击鼓人背结宽袖,又套着黄窄袖,手上拿着裹着金箔、挂着垂结带的鼓槌,表演的时候双手高高举起轮流击鼓,结带飞舞,宛若流星。后面是两面羯鼓,其形状就像常见的番鼓子,放在小桌子上,表演的时候双手拿着鼓杖敲击,他们这边一击羯鼓,后面的杖鼓就会响应。再后面是用铁石制成的乐器方响,挂在一个贴金彩画架子上,两边还悬挂着流苏。再往后是箫、笙、埙、篪、觱篥、龙笛之类的管乐器。在乐棚的两侧,分布着两百面杖鼓,击鼓人都是头戴长脚幞头,额头系紫绣抹额,背系紫宽衫、黄窄袖,腰间结带,穿黄义襕。杂剧色的人员杂事头戴诨裹,按部门分别穿紫色、绯色、绿色的宽衫,穿义襕,系镀金带。他们排成两列,从殿外台阶一直到乐棚下。一有舞者入场,他们就双手交叉,耸起双肩,合着音乐的节奏双脚起落,并且一齐舞蹈起来,这个叫"挼曲子"("挼"字的读音,是"仍""回"两字反切)。

皇帝敬第一盏御酒时,一名歌板色的歌手,用中音唱一支曲,笙与箫笛跟着伴奏,这位歌手唱第二遍的时候,乐队里各种乐器一起伴奏,但歌手的歌声还是最清晰。当宰臣开始敬酒,乐队演奏《倾杯》曲。百官敬酒,乐队演奏《三台》,舞蹈也开始表演,领舞的一般都是雷中庆。其他乐人舞者的打扮,都是诨裹宽衫,只有雷中庆是有官职的,所以是穿紫色的展裹官服。舞曲快要演奏到正攧、入破环节的时候,一名舞者入场独舞,等到舞曲演奏到歇拍这个环节的时候,又上来一名舞者,台上两人开始表演对舞,表演几拍之后,前面那个舞者下场,后面那个舞者独舞到舞曲结束,这个叫"舞末"。

皇帝敬第二盏御酒时，歌板色的歌手还像刚才一样唱曲。宰臣敬酒，乐队演奏慢曲子。百官敬酒时，舞者继续上台表演《三台》舞，和刚才一样。

皇帝敬第三盏御酒时，左右军的百戏演员开始入场，很快就准备妥当。这个左右军，指的是京城里坊市的两厢，不是禁军的左右各军。这里要表演的百戏演出，有上竿、跳索、倒立、折腰、弄碗注、踢瓶、筋斗、擎戴之类的杂技，不会表演舞旗、舞狮舞豹和神鬼杂剧之类的节目。参与表演的艺人有男有女，都是头系红巾，身穿彩服。大殿前本来就安置有石头做的柱窠，表演这些杂技所需的道具竿子之类，上场的时候往里面一插就行，很快就能完成装卸。当御宴到了第三盏的时候，才开始上佐酒菜，有下酒菜肴：肉、咸豉、爆肉、双下驼峰角子等等。

皇帝敬第四盏御酒时，仪式和前面几轮一样。舞蹈结束后，演员会故意做一些搞笑动作。参军色的演员上场，手里拿着竹竿拂子，唱诵致语口号。诸杂剧色的演员也配合表演，也会唱诵口号或吉祥话。之后会表演一场大曲舞。御宴到了第四盏的时候，开始上装酒的酒檠，这一轮上的菜有炙子骨头、索粉和白肉胡饼等。

皇帝敬第五盏御酒时，有演员上场表演琵琶独奏。宰臣敬酒，配乐只敲方响。凡是表演独奏，演员上场后要先谢皇恩，之后才来到殿前开始表演。百官敬酒，乐队演奏《三台》，舞者表演《三台》舞，和前几次是一样的。结束后，参军色上台，手执竹竿子唱诵致语口号，并指挥小儿队准备上场表演舞蹈。这组表演，选的是两百多名十二三岁的小孩子，站成四行，每行都有一个领头负责的，叫队头。队头被四个人簇拥，这几个人都是头戴小隐士帽，穿绯、绿、紫、青生色花衫，上领四契，身着义襕，束带，手里各拿着一根花枝排队站好。在这些小孩子上台前，会有四个头戴卷脚幞头、身穿紫衫的人，举着一面彩色的垫子，上面贴着金色字牌，踏着鼓声节奏上场，这个叫"队名"。金色字牌上有一副对联，像是"九韶翔彩凤，八佾舞青鸾"之类。"队名"上场后，乐队奏乐，这两百多个小孩子踩着舞步往前，直到大殿台阶下。参军色唱致语，并请小孩子里的班首向前，小儿班首往前几步，也唱诵一段口号。这个时候杂剧人都在旁边拍手配合。乐队的音乐响起来，这些小孩子开始表演群舞合唱，一边跳一边唱，唱到乐曲尾声《破子》结束的时候，小儿班首往前，唱诵几句致语口号，又招呼杂剧演员入场。杂剧一场表演两段，上台表演的都是教坊杂剧色的资深演员，级别很高，像鳖膨、刘乔、侯伯朝、孟景初、王颜喜等人，都是教坊使、教坊副使级别。杂剧表演平常都是轻松诙谐的风格，但这个场合因为有外国的使节在，所以表演不会过分滑稽，一般就是演一些模仿类的节目，这种节目民间叫作"拽串"。两场杂戏表演结束后，参军色唱诵致语口号，小儿队一边跳着《应天长》的集体曲舞一边下场。这一轮御宴上的菜有群仙炙、天花饼、太平毕罗、干饭、缕肉羹、莲花肉饼等。这个时候，皇帝起身到旁边休息，百官都退出大殿，到门口的帐幕里临时休息。一会儿中场休息结束了，百官们又回到大殿里，参拜之后又坐下来。

皇帝敬第六盏御酒时，笙吹奏慢曲子。宰臣敬酒，乐队演奏慢曲子。百官敬酒，乐队和舞队表演《三台》舞。左右军在殿前准备表演筑球，会现场临时设立一座球门，这球门大概三丈多高，一尺多宽，上面装饰着各种颜色的结络。左军的球头，也就是队长，名字叫苏述，头戴长脚幞头，身穿红色锦袄，其他队员有十几个人，头上是卷脚幞头，也是身穿红色锦袄。右军的队长叫孟宣，和十几个队员都是身穿青色锦衣。当乐队笛声和鼓声响起的时候，筑球比赛就开始了。球在左军的队员之间来回传递，小筑好几回，然后传到两位次球头，也就是副队长那里，再小筑几次，等到球端正，就把球交给队长，队长用大䑛的技法，一下把球送进了球门。然后右军拿到了球，他们也是在队员

之间来回传递，小筑数次，副队长也像左军那样，把球交给队长，队长同样用大肷的技法来进球。打进球门次数多的一队获胜。获胜的那队，皇帝会赏赐银碗和锦彩，他们就把获赐的锦彩一起披在身上，跪拜谢恩。输了的那队，不会惩罚队员，单单惩罚队长，会罚他一鞭，还要把脸画花，作为失败者的标记。这一轮的菜品，有假鼋鱼、蜜浮酥捺花等。

皇帝敬第七盏御酒时，乐队吹奏慢曲子。宰臣敬酒时，也一直是慢曲子。百官敬酒，乐队和舞队又开始表演《三台》舞，《三台》舞结束之后，参军色又上台唱诵致语口号，并指挥女童队入场。女童队中的女童，都是从左右两军里选的正值妙龄、容颜漂亮的女童，有四百多人。她们有的头戴花冠，有的梳着仙人髻，身穿鸦霞之服，还有的头戴卷曲花脚幞头，身穿四契红黄生色销金锦绣衣服。她们的衣着打扮都与众不同，无不是最流行新颖的款式，不管从哪个角度看，都非常曼妙。有四名队长，叫"杖子头"，都是头戴裹曲脚向后指天幞头，簪花，身穿红黄宽袖衫和义襕，手里拿着杖头包银的杖子。她们无不是京城演艺界的佼佼者，那个时候最有名的，有陈奴哥、俎姐哥、李伴奴、双奴等等，其他还有很多，不一一列举。这四位"杖子头"，每人身边也簇拥四个人，这四人都是仙童打扮，梳着丫髻，身穿仙裳，手里拿着花枝，踩着舞步前行，走到前面后排成行列。要是跳《采莲》舞，那么大殿前面就装饰一排排莲花。前面也有

《歌乐图卷》（宋 ◆ 佚名）

跟之前小儿队一样进"队名"的。参军色唱诵致语，杖子头向前唱诵口号，之后表演就开始了，也是且舞且唱。等到乐队演奏完《采莲》曲，舞曲结束后，还会唱中音歌曲，继续群舞。之后女童再唱诵致语，并指挥杂戏入场，跟前面一轮一样，也是表演一场两段，结束后参军色上前唱诵致语，请女童队离场。于是女童队齐声唱着曲子，一起踩着舞步缓缓出场。和小儿队比，女童队表演的内容更多一些。这一轮上的菜肴，有排炊羊、胡饼、炙金肠等。

皇帝敬第八盏御酒时，歌板色的一名歌手表演踏歌。宰臣敬酒，乐队继续演奏慢曲子。百官敬酒，乐队和舞队又开始表演《三台》舞，在《三台》曲到了曲破阶段，即将结束的时候，又表演舞旋。这一轮的下酒菜肴，有假沙鱼、独下馒头、肚羹。

皇帝敬第九盏御酒时，乐队奏慢曲子。宰臣敬酒，乐队继续演奏慢曲子。百官敬酒，乐队和舞队表演《三台》舞。曲子都跟之前一样。左右军表演相扑。这一轮的菜肴有水饭、簇饤下饭。之后皇帝起驾回宫。

御筵上使用的酒盏都是屈卮，样式像菜碗，带手柄。坐在殿上的宰执、翰林学士等禁从官员、各位亲王和皇家宗室成员、观察使以上级别的官员，以及来自大辽、高丽和西夏国的正使、副使等人使用金杯，六部和各寺、局的正、副长官及外国使团的随从人员等使用银杯。宴会上的各种餐具，都是金银棱漆的碗碟。宴会结束后，臣僚们都戴着御赐的簪花回家，他们的呵引从人，也会戴官方出钱采购的簪花。女童队表演结束出右掖门的时候，京城里的年轻人抢着送上各种珍贵礼物，还精心准备了各种食品、饮料、水果迎接。这些女童们骑着骏马，她们有的戴着花冠，有的则作男子打扮，在御街上纵马驰骋，竞相展示风姿，街两边聚集围观的人多得围起了墙。除了这场寿宴，中书省、门下省等部门举行的省宴也像这样的情景。

立冬

是月立冬。前五日，西御园进冬菜。京师地寒，冬月无蔬菜，上至宫禁，下及民间，一时收藏，以充一冬食用。于是车载马驮，充塞道路。时物：姜豉、剿子、红丝、末脏、鹅梨、榅桲、蛤蜊、螃蟹。

【译文】

到这个月立冬。立冬前五天，西御园向宫里进献冬菜。京城一带气候寒冷，到了冬天没有蔬菜，上至大内，下至民间，都会贮藏冬菜，以备冬天之需。每当售卖冬菜的时候，大家都是车载马驮，堵住了整个道路。时令的物产有姜豉、剿子、红丝、末脏、鹅梨、榅桲、蛤蜊、螃蟹。

《寒鸦图卷》（五代宋初 ◆ 李成）

卷之十

冬至

十一月冬至，京师最重此节。虽至贫者，一年之间，积累假借，至此日更易新衣，备办饮食，享祀先祖。官放关扑，庆贺往来，一如年节。

【译文】

十一月冬至，京城人最重视这个节日，哪怕再穷的人，即使用一年所积攒的钱，甚至跟人借钱，也要在这一天换上一身新衣裳，置办饮食，祭祀先祖。每到这个节日，官府会放开关扑赌博的禁令，大家都互相走动和道贺，就跟过年一样。

《冬日婴戏图》（宋 ◆ 苏汉臣）

大礼预教车象

遇大礼年[1]，预于两月前教车象[2]自宣德门至南薰门外，往来一遭，车五乘以代五辂(lù)[3]轻重。每车上置旗二口，鼓一面，驾以四马。挟车卫士，皆紫衫帽子。车前数人击鞭。象七头。前列朱旗数十面，铜锣鼙(pí)鼓十数面。先击锣二下，鼓急应三下。执旗人紫衫帽子。每一象则一人，裹交脚幞头，紫衫，人跨其颈，手执短柄铜钁(jué)[4]，尖其刃，象有不驯，击之。象至宣德楼前，团转行步数遭成列，使之面北而拜，亦能唱喏。诸戚里、宗室、贵族之家，勾呼就私第观看，赠之银彩无虚日。御街游人嬉集，观者如织。卖扑[5]土木粉捏小象儿并纸画，看人携归，以为献遗。

【注释】

1. 大礼年：有重要盛典举行的年份。

2. 车象：车驾和大象。

3. 五辂：也作五路。古代帝王所乘的五种车子，即玉路、金路、象路、革路、木路。《周礼·春官·巾车》："王之五路，一曰玉路，钖(yáng)，樊缨十有再就，建大常，十有二斿(liú)，以祀；金路，钩，樊缨九就，建大旂，以宾，同姓以封；象路，朱，樊缨七就，建大赤，以朝，异姓以封；革路，龙勒，条缨五就，建大白，以即戎，以封四卫；木路，前樊鹄缨，建大麾，以田，以封蕃国。"

4. 铜钁：铜制的类似镐的工具。

5. 卖扑：即关扑，一种赌博形式，本书中有多处相关描述。

【译文】

每逢有重要盛典举行的年份,车辆和大象都要提前两个月演练,让它们从宣德门至南薰门之间来回试走一遍。车共有五辆,象征天子五辂。每辆车都用四匹马拉,车上都安置着两面旗和一面鼓。跟车守护的卫士,穿紫衫,戴帽子。车子前面,另有几个人击打鞭子来引导。

在十几面红旗、十几架铜锣和鼙鼓的引导下,七头大象也出发了。卫士先敲击两下铜锣,鼓手马上用三声鼓来响应。手持这些红旗的人,也是穿紫衫,戴帽子。每头大象脖子上,都骑着一个头戴交脚幞头的紫衫人,他们手执一把短柄铜钁,铜钁的刃口很锋利,一旦大象不听话,就会被这个铜钁击打。

大象们到了宣德楼前,先在地上转几圈,然后排成一列,纷纷举起前腿,向北面皇帝所在的位置行礼,还能模仿人类唱喏。朝中各位皇亲国戚、宗室大臣以及贵族之家,纷纷去跟管理大象的部门打招呼,把大象接到自己家里来观赏,送上银子和彩帛等礼物。大象被拉到一家又一家,一天到晚都不停息。御街上游人聚集在一起玩乐,围观大象的人络绎不绝。做关扑赌博的庄家,会特别推出一种土木粉捏小象儿,还会制作大象图画,作为关扑的物品。来看大象的游人,就会买一个回家,作为纪念或送人的礼品。

车驾宿大庆殿

冬至前三日，驾宿大庆殿。殿庭广阔，可容数万人。尽列法驾、仪仗于庭，不能周遍。有两楼对峙，谓之"钟鼓楼"。上有太史局生测验刻漏[1]，每时刻作鸡唱，鸣鼓一下，则一服绿者执牙牌而奏之，每刻曰"某时几棒鼓"，一时则曰"某时正"。宰执百官，皆服法服，其头冠各有品从。宰执亲王加貂蝉笼巾[2]，九梁，从官七梁，余六梁至二梁有差，台谏增豸(zhì)角[3]也。所谓梁者，谓冠前额梁上排金铜叶也。皆绛袍皂缘，方心曲领，中单[4]环佩，云头履鞋，随官品执笏。余执事人，皆介帻(zé)[5]绯袍，亦有等差。惟阁门御史台，加方心曲领尔。入殿祗应人给黄方号，余黄长号、绯方长号，各有所至去处。仪仗车辂(lù)，谓信幡、龙旗、相风乌、指南车、木辂、象辂、革辂、金辂、玉辂之类，自有《三礼图》[6]可见，更不缕缕。排列殿门内外，及御街远近，禁卫全装，铁骑数万，围绕大内。是夜内殿仪卫之外，又有裹锦缘小帽，锦络缝宽衫兵士，各执银裹头黑漆杖子，谓之"喝探兵士"。十余人作一队，聚首而立，凡数十队。各一名喝曰："是与不是？"众曰："是。"又曰："是甚人？"众曰："殿前都指挥使高俅[7]。"更互喝叫不停，或如鸡叫[8]。又置警场于宣德门外，谓之"武严兵士"。画鼓二百面，角[9]称之，其角皆以彩帛如小旗脚装结其上。兵士皆小帽，黄绣抹额，黄绣宽衫，青窄衬衫。日晡时、三更时，各奏严[10]也。每奏先鸣角，角罢，一军校执一长软藤条，上系朱拂子，摇鼓者观拂子，随其高低，以鼓声应其高下也。

【注释】

1．太史局生测验刻漏：参见卷一"元旦朝会"条。

2．貂蝉笼巾：宋代朝服冠饰之一，以细藤编成，外表涂漆，正方形，如平顶帻。前有银花，上缀玳瑁蝉，并簪以立笔。左右为三小蝉，左插貂尾。三公、亲王随皇帝祭祀或重大朝会均可加于进贤冠而服之。

3．獬角：冠上刻木作獬豸角状，取直言敢谏、刚正无私之意。獬，即獬豸，又称任法兽，古代中国神话传说中的瑞兽，相传形似羊，黑毛，四足，头上有独角，善辨曲直，见人争斗即以角触不直者，因而也称"直辨兽""触邪"。

4．中单：亦作"中禅"，古时朝服、祭服的里衣。

5．介帻：一种长耳裹发巾。

6．《三礼图》：介绍中国古代礼制，并附有图像的一种图书。汉郑玄、阮谌、唐张镒等人所撰《三礼图》共六种，都已失传。现存有宋太常博士聂崇义撰《三礼图集注》20卷。

《瑞鹤图》（北宋 ◆ 宋徽宗赵佶）

7. 都指挥史高俅："史"字，据元刻本补。高俅（1071—1126），徽宗时期官员。初为小吏，善书法，因善蹴鞠得到端王赵佶宠幸。赵佶即位后官运亨通，政和七年（1117）进太尉。靖康变后病卒，死后被追削官职。

8. 鸡叫：古代报时的官员叫作鸡人，这里鸡叫指的是报时官员报时的声音。

9. 角：军中号角。

10. 奏严：一种类似打更而具有仪式化的报时活动。

【译文】

冬至往前三天，皇帝晚上就睡在大庆殿。大庆殿前的广场很宽敞，能同时容纳数万人，把皇帝的法驾、仪仗全都放进来也不显得拥挤。

广场上钟楼和鼓楼对立，有太史局生在这里测验刻漏，每过一个时辰或者一刻钟都需要报时。时间一到，鼓楼鼓响一声，穿绿衣的报时官就拿牙牌高声报告时间。整数刻钟，他就高喊"某时几棒鼓"，整数时辰，他就喊"某时正"。宰执和文武百官都穿法服。不同品级的官员，其头冠各有不同。宰执、亲王加戴貂蝉笼巾，冠上是九条梁，侍从们戴的冠上是七条梁，其余官员冠上的梁数，则从六条到二条不等。台谏官的冠上还会特别加上一块獬豸角状的木块。所谓的梁，指的其实就是冠的前额的梁上的金片或铜片。

大臣们要穿镶黑边的绛色长袍，有些人的袍子上还加穿圆领方胸。袍子里面则要穿中禅衣，还要挂上环佩，穿上云头履鞋，根据官阶的不同，手持不同的笏板。其他的执事人，都是头戴介帻，身穿绯袍，衣饰也根据官阶品级而有不同。只有阁门使和御史台的官员，穿的袍子上才有圆领方胸。进入大庆殿的当差人，会发给他们通行号牌，有黄方号，此外还有黄长号、绯方长号，不同的号牌有不同的去处。

皇帝的仪仗车辂，有信幡、龙旗、相风乌、指南车、木辂、象辂、革辂、金辂、玉辂之类，他们的规格形制，大家可以从《三礼图》中得到较详细的解释，这里就不再啰嗦了。排列在殿门内外以及御街远近各处的禁卫都是全副武装，数万铁骑，护卫大内。除了内殿仪卫之外，还有头戴锦缘小帽、身穿锦络缝宽衫的兵士，每人手持一根棍头包银的黑漆杖子，他们叫作"喝探兵士"，十几个人一队，一共有数十队。各个小队聚在一起，有一个人喝问："是与不是？"十几个队员齐声回答："是！"又问："是甚人？"大家一起回答："殿前都指挥使高俅！"几十个队伍在那边喊叫不停，声音洪亮，有点像报时官员。

此外，还在宣德门外布置了一个"警场"，守在这里的士兵被称为"武严兵士"，他们一共两百人，携带两百面画鼓，并有号角配合。号角上都绑着像旗尾形状的彩色帛带。武严兵士戴小帽，额头扎着绣花黄色抹额，身穿黄绣宽衫和青窄衬衫。每到日晡时和三更时，他们就会准时奏严。奏严的时候，先吹起号角，等吹奏结束，一个军校拿出一根长而软的藤条，藤条上系了一个红色的拂子，他拿着这根藤条来指挥，鼓手们的鼓槌跟随着拂子的高低起伏而敲击，击鼓的声音也随之高低起伏。

驾行仪卫

次日五更，摄大宗伯¹执牌奏"中严外办"²。铁骑前导番衮³，自三更时，相续而行。象七头，各以文锦被其身，金莲花座安其背，金䯼笼络其脑，锦衣人跨其颈。次第高旗大扇，画戟长矛，五色介胄。跨马之士，或小帽锦绣抹额者，或黑漆圆顶幞头者，或以皮如兜鍪⁴(móu)者，或漆皮如戽斗⁵(hù)而笼巾者，或衣红黄罨画锦绣之服者，或衣纯青纯皂以至鞋袴皆青黑者，或裹交脚幞头者，或以锦为绳如蛇而绕系其身者，或数十人唱引持大旗而过者，或执大斧者、胯剑者、执锐牌⁶者、持镫棒⁷者，或持竿上悬豹尾⁸者，或持短杵者。其矛戟皆缀五色结带铜铎(jì)，其旗扇皆画以龙，或虎，或云彩，或山河。又有旗高五丈，谓之"次黄龙"。驾诣太庙青城，并先到立斋宫前，叉竿舍索旗坐约百余人。或有交脚幞头，胯剑足靴，如四直使者⁹，千百数，不可名状。余诸司祗应人，皆锦袄。诸班直、亲从亲事官，皆帽子、结带、红锦，或红罗上紫团答戏狮子、短后打甲背子，执御从物。御龙直皆真珠结络短顶头巾、紫上杂色小花绣衫、金束带、看带、丝鞋。天武官皆顶朱漆金装笠子、红上团花背子。三衙¹⁰并带御器械官¹¹，皆小帽背子，或紫绣战袍，跨马前导。千乘万骑，出宣德门，由景灵宫太庙。

【注释】

1. 摄大宗伯：兼任大宗伯职务。《周礼》记载："大宗伯之职，掌建邦之天神、人鬼、地示之礼，以佐王建保邦国。"以小宗伯为佐官。《唐六典》谓大宗伯相当于礼部尚书，小宗

《寒林楼观》（宋 ◆ 佚名）

伯相当于太常少卿，春官府都上士相当于礼部员外郎。后代以大宗伯为礼部尚书的别称，少宗伯为礼部侍郎的别称，少宗伯即小宗伯。

2. 中严外办：皇帝离宫外出活动时的一种礼仪规制，意思是圣驾外出办事，宫中要严加管理。

3. 番衮：番衮本是一种胡曲，节奏循环反复，所以也用这个词来形容接连向前的样子。

4. 兜鍪：头盔。

5. 戽斗：一种取水灌田用的旧式农具。

6. 锐牌：锐和盾牌。锐是一种类似槊的兵器。

7. 镫棒：一种棒形武器，其一端饰马镫形铜制品，后用作仪仗。《三才图会》引《宋会要》云："镫棒，黑漆弩柄也。金铜为镫状，饰其末，紫丝绦系之。"

8. 豹尾：古代将帅旌旗上的饰物，宋代豹尾的样式，《宋史·舆服志二》记载："宋凡命节度使，有司给门旗二、龙、虎各一、旌一、节一、麾枪二、豹尾二……豹尾，制以赤黄布，画豹文，并髹杠。"

9. 四直使者：此前有学者不明所以，望文生义为禁军诸班直中某四直的使者。事实上，四直使者是民间信仰中的神祇，分别代表年、月、日、时，也叫"四值功曹"。传说四神的名字，分别是值年神李丙、值月神黄承乙、值日神周登、值时神刘洪。

10. 三衙：宋代管辖禁兵和厢兵的中央机构，即殿前都指挥使司（殿前司）、侍卫亲军马军都指挥使司（侍卫马军司）和侍卫亲军步军都指挥使司（侍卫步军司），总称三衙。参见卷六"十四日车驾幸五岳观"条注释6。

11. 带御器械官：官职名，即御带。参见卷六"十四日车驾幸五岳观"条注释8。

【译文】

第二天五更时分，兼任大宗伯的官员（一般是礼部尚书），手持牙牌启奏"中严外办"。而在此之前，禁军铁骑三更时分就已经出发，作为先导。七头大象身披着绣花锦缎，背着金莲花座，脑袋上套着金辔，脖子上各骑着一位锦衣人。仪仗队伍身披五色介胄，依次举着大旗、大扇、画戟、长矛，其中骑马的，有的头戴小帽、额头扎着锦绣抹额，有的头戴黑漆圆顶幞头，有的头戴皮质仿头盔的帽子，有的戴着漆皮制成、样子既像戽斗又像笼巾的帽子，有人身穿红黄罨画锦绣衣服，也有人身穿纯青或纯黑的衣服，连鞋子和裤子也都是纯青或纯黑的，有人头戴交脚幞头，还有人把锦绳像蛇一样缠绕在身上。队伍里有十几个人成群结队，一边唱歌一边挥舞旗子。还有的手持大斧，有的腰挎长剑，有的手持锐盾，有的手持镫棒，有的手持悬着豹尾的竿子，有的手持短杵。那些手里拿着矛戟的，矛和戟上都挂着五色结带和铜铃铛，那些手里拿着大旗和大扇的，旗、扇上分别绘有龙、虎、云彩、山河图案。有一面大旗，五丈高，叫次黄龙旗。

皇帝御驾到青城太庙时，这面巨大的次黄龙旗要提前树立在斋宫前。一百多人一起叉竿子、用绳子拉，才能把这竿旗立起来。此外还有千百名仪仗人员，头戴交脚幞头，腰间挎剑，脚踩靴子，打扮得像是城隍庙里的四直使者，难以具体形容。

其他各部门的工作人员，都是身穿锦袄，禁军各班直和亲从亲事官，都头戴帽子，系着结带、身穿红锦，或者穿红罗上紫团答戏狮子袍、短后打甲背子，手里拿着皇帝会用到的各种物品。御龙直的人头戴真珠结络短顶头巾，穿紫上杂色小花绣衫，系金束带看带，穿丝鞋。天武军的士官头戴朱漆金装笠子，穿红上团花背子。殿前司、侍卫马军司、侍卫步军司等三衙的官员和担任带御器械这一职务的官员，头戴小帽，身穿背子，或者穿紫绣战袍，骑着马在前引导。

这一天，千乘万骑同出宣德门，向景灵宫太庙行进。

驾宿太庙奉神主出室

驾乘玉辂[1]，冠服如图画间星官[2]之服，头冠皆北珠[3]装结，顶通天冠，又谓之"卷云冠"，服绛袍，执元圭[4]。其玉辂顶皆缕金大莲叶攒簇，四柱栏槛镂玉盘花龙凤。驾以四马，后出旗常[5]。辂上御座，惟近侍二人，一从官傍立，谓之"执绥"，以备顾问。挟辂卫士皆裹黑漆团顶无脚幞头，着黄生色宽衫、青窄衬衫、青裤，系以锦绳。辂后四人，擎行马。前有朝服二人，执笏面辂倒行。是夜宿太庙，喝探警严如宿殿仪。至三更车驾行事，执事皆宗室。宫架[6]乐作。主上在殿上东南隅西面立，有一朱漆金字牌曰"皇帝位"。然后奉神主出室，亦奏中严外办。逐室行礼毕，甲马、仪仗、车辂、番衮出南薰门。

【注释】

1．玉辂：帝王所乘之车，是天子五辂之一。

2．星官：即星神。古代流传有二十八星宿图，据《宋大诏令集》卷一百三十六"典礼二十一"条记载，宣和年间还曾在全国颁行过宋徽宗亲手绘制的《九星二十八宿朝元冠服图》。

3．北珠：产于我国辽宁、黑龙江、吉林地区的淡水珍珠，价值高昂。据《铁围山丛谈》卷六记载："北珠在宣和间，围寸者价至三二百万。"

4．元圭：即玄圭，黑色的玉圭。

5．旗常：也作旂常，旂与常是两种旗帜，旂画交龙，常画日月。《周礼·春官·司常》记载："日月为常，交龙为旂……王建大常，诸侯建旂。"

6. 宫架：本来是宫廷中悬挂乐器的支架，后来也指一种宫廷音乐，常用于祭祀。《续资治通鉴·宋徽宗崇宁四年》："（九成宫）中央曰帝霱，其色黄，祭以土王日，为大祠。币用黄。乐用宫架。"

【译文】

　　皇帝乘坐玉辂出发，他的衣着打扮，有点像图画中二十八星宿神。他头上戴的冠冕，用珍贵的北珠装饰，叫通天冠，也叫作卷云冠。皇帝身穿绛袍，手执元圭，坐在玉辂车上。车顶是紧密的镂金大莲叶纹，四角的边柱和栏杆上，则是镂玉的盘花、龙凤纹饰。玉辂用四匹马来拉，持天子旗帜的仪仗在后面跟随。玉辂里的御座旁，只有两名近侍，旁边还站着一位从官，叫作"执绥"，随时准备回答皇帝的问题。保护玉辂的卫兵，都头戴黑漆团顶无脚幞头，穿黄生色宽衫、青窄衬衫和青裤，身上缠系锦绳。玉辂后有四个人，举着一个用来阻挡行人的木架子。玉辂的前面有两位身穿朝服的官员，手执笏板，面朝玉辂倒着走。

　　这天夜里，皇帝就在太庙里歇息。喝探卫士和警严卫士的安排布置，和皇帝夜宿大庆殿的时候是一样的。

　　到了第二天三更时分，皇帝就开始准备祭祀太庙的仪式，参加这场仪式的都是皇家宗室成员。用于祭祀的宫架乐一响，皇帝就会朝西站到殿里东南角的位置，那边有一块朱红漆的牌位，用金字写着"皇帝位"字样。皇帝对这个神主牌位行礼供奉，之后走出正殿，也有官员上前报告"中严外办"。然后皇帝继续到各位先帝的神主前行礼。

　　等祭祀结束，甲马、仪仗、车辂的队伍就轮番儿出南薰门。

驾诣青城斋宫

驾御玉辂,诣青城斋宫。所谓青城,旧来止以青布幕为之,画砌甓之文,旋结城阙殿宇。宣政间,悉用土木盖造矣。铁骑围斋宫外,诸军有紫巾绯衣素队[1]约千余,罗布郊野,每队军乐一火[2]。行宫巡检部[3]领甲马来往巡逻。至夜严警喝探如前。

【注释】

1. 素队:皇家卫队。

2. 一火:火即伙,本以十人为一火,但宋代时已经和今天一样,不拘具体人数,都叫一伙。

3. 行宫巡检部:临时官署。北宋每逢皇帝出巡时就临时设置这样一个官署,长官称为"行宫长官"。

【译文】

皇帝乘坐玉辂,来到青城斋宫。之所以叫"青城",是因为早年间这里没有真正的宫殿,都是临时用青布拉起来的布帐。这些青布上画上砖墙的图案,很短时间就能搭建成城阙殿宇的样式。

到了宣和、政和年间,用土木建造了宫殿。

禁军的铁骑团团围住斋宫,各军还派出头戴紫巾、身穿绯衣的卫队千余人,分散在周边各处把守,每队配一伙儿人的军乐。

皇帝出巡时都会临时成立行宫巡检部，这个部门组织甲马来回巡逻。到了晚上，严警卫士、喝探卫士像前面提到的一样维持警戒。

《松鹤层楼图》（北宋 ◆ 张敦礼）

驾诣郊坛行礼

三更，驾诣郊坛[1]行礼。有三重壝墙(wéi)[2]。驾出青城，南行曲尺[3]西去约一里许，乃坛也。入外壝东门，至第二壝里，面南设一大幕次，谓之"大次"。更换祭服，平天冠二十四旒[4]，青衮龙服，中单，朱舃(xì)[5]，纯玉佩。二中贵扶侍，行至坛前，坛下又有一小幕殿，谓之"小次"，内有御座。坛高三层七十二级，坛面方圆三丈许，有四踏道。正南曰午阶，东曰卯阶，西曰酉阶，北曰子阶。坛上设二黄褥，位北面南曰昊天上帝，东南面曰太祖皇帝。惟两矮案，上设礼料，有登歌[6]道士十余人，列钟磬二架，余歌色[7]及琴瑟之类，三五执事人而已。坛前设宫架乐，前列编钟、玉磬。其架有如常乐方响，增其高大。编钟形稍扁，上下两层挂之，架两角缀以流苏。玉磬状如曲尺，系其曲尖处，亦架之，上下两层挂之。次列数架大鼓，或三或五，用木穿贯，立于架座上。又有大钟曰景钟，曰节鼓。有琴而长者，如筝而大者，截竹如箫管两头存节而横吹者，有土烧成如圆弹而开窍者，如笙而大者，如箫而增其管者。有歌者，其声清亮，非郑、卫[8]之比。宫架前立两竿，乐工皆裹介帻(zé)如笼巾，绯宽衫，勒帛。二舞者顶紫色冠，上有一横板，皂服，朱裙履。乐作，初则文舞，皆手执一紫囊，盛一笛管结带。武舞一手执短稍(shuò)[9]，一手执小牌，比文舞加数人，击铜铙响环，又击如铜灶突[10]者，又两人共携一铜瓮就地击者。舞者如击刺，如乘云，如分手，皆舞容矣。乐作，先击柷(zhù)[11]，以木为之，如方壶，画山水之状。每奏乐，击之内外共九下。乐止则击敔(yǔ)[12]，如伏虎，脊上如锯齿，一曲终，以破竹刮之。礼直官奏请驾登坛，前导官皆躬身侧引至坛止，惟大礼使[13]登之。先正北一位拜跪酒，殿中监东向一拜进爵盏，再拜兴。复诣正东一位。才登坛而宫架声止，则坛上乐作，降坛则宫架乐复作。武舞上复归小次。亚献、终献[14]上亦如前仪。当时燕、越王[15]为亚终献也。第二次登坛，乐作如初。跪酒毕，中书舍人读册，左右两人举册而跪读。降坛复归小次，亚终献如前。再登坛进玉爵盏，皇帝饮福[16]矣。亚终献毕降坛，驾小次前立，则坛上礼料币帛玉册，由西阶而下。南壝门外，去坛百余步，有燎炉高丈许。诸物上台，一人点唱，入炉焚之。坛三层，四踏道之间，有十二龛，祭十二宫神，内壝外祭百星。执事与陪祠官皆面北立班。宫架乐罢，鼓吹未作，外内数十万众肃然，惟闻轻风环佩之声。一赞者喝曰："赞一拜。"皆拜。礼毕。

【注释】

1. 郊坛：古代为祭祀所筑的土坛，一般设在南郊。宋周密《武林旧事·大礼》记载："冬至有事于南郊，或用次年元日行事。先于五六月内择日命司漕及修内司修饰郊坛……郊坛，天盘至地高三丈二尺四寸，通七十二级，分四成。"

2. 壝墙：围绕着郊坛的三道不高的土墙。

3. 曲尺：木工用来求直角的尺，这里指直角拐弯。

4. 旒：帝王礼帽前后悬垂的玉串。

5. 朱舄：红色的鞋。

6. 登歌：古代举行祭典会时，乐师登堂而歌，称为登歌。《乐府诗集》："登歌者，祭祀燕飨，堂上所奏之歌也。"

7. 歌色：乐队之一。《宋史》卷一百三十《乐志》："大礼用乐，凡三十有四色，歌色一。"

8. 郑、卫：春秋时两国名。郑卫之音本是民间俗乐，儒家认为不同于雅乐，故称为淫靡之声。《礼记·乐记》："郑卫之音，乱世之音也。"

9. 短稍：兵器，短槊。

10. 灶突：灶上烟囱。

11. 柷：打击乐器，像方匣子，用木头做成，奏乐开始时敲打。用于宫廷雅乐。

12. 敔：又称楬，形如伏虎。奏乐结束时敲打，表示演奏停止。用于宫廷雅乐。

13. 大礼使：北宋行南郊之类的大礼时设置"五使"，宰相为大礼使，学士为礼仪使、卤簿使，御史中丞为仪仗使，知开封府为桥道顿递使。

14．亚献终献：古代祭祀时献酒三次，即初献爵、亚献爵、终献爵，合称"三献"。

15．燕、越王：宋徽宗的两个弟弟，燕王赵俣和越王赵偲。

16．饮福：祭祀完毕饮食供神的酒肉，以求神赐福。

【译文】

三更的时候，皇帝会到郊坛进行祭祀礼仪。御驾从青城出发，先是往南，之后直角转弯，转为往西，大概一里多路就到郊坛了。

郊坛外面有三道墙墙。御驾从三道墙墙中最外那道墙的东门进来，走到第二道墙墙前，这里布置有一个朝南的临时帐幕，名叫"大次"。皇帝在这儿换上祭服，祭服主要有二十四旒平天冠，青衮龙服，中单，朱红色的鞋和纯玉佩。两名宦官走上前来，扶着皇帝走到郊坛前，这边又有一个小的帐幕，叫作"小次"，里面设有御座。郊坛共三层，有七十二级台阶，面积大概三丈多。郊坛有四个踏道，位于正南的叫午阶，正东叫卯阶，正西叫酉阶，正北叫子阶。

在郊坛上，安置有两个黄褥，其中坐北朝南面的那个，上面写着"昊天上帝"，东南面的那个，上面写着"太祖皇帝"。坛上摆放两张矮桌子，用来陈设各种祭品。除此之外，坛上还有十几个准备演唱登歌的道士，两架钟磬，歌色、琴瑟等乐队人员，以及三五个工作人员。郊坛前面摆放宫架乐的各种乐器。最前面的是编钟、玉磬，宫廷架乐的架子和一般用来挂方响的架子差不多，但是更高大一些。编钟的形状稍扁，分上下两层挂在架子上，架子的两角吊着两串流苏作为装饰。玉磬的形状有点像曲尺，从直角尖那儿挂在架子上，也是上下两层。再后面排列着几面大鼓，有时是三面一组，有时是五面一组，同一组大鼓用木条连接起来，放在同一个架座上。

此外还有很多其他乐器，大钟名叫"景钟"，有节鼓，还有像琴而更长的乐器，有像筝而更大的乐器，有用竹子制成的，两端保存着竹节，像是箫管但是横着吹的乐器，有土烧成如圆弹而开孔的乐器，有像笙而更大的乐器，有像箫而好几个箫管的乐器。有一位歌手，歌声清澈响亮，不是郑卫靡靡之音能比的。宫架的最前面，立着两个竿子。

乐工们都头戴像笼巾一样的介帻,穿绯色宽衫,勒帛。两名舞者头戴紫色冠,冠上有一块小横板,穿黑色衣服、红色的裙子和鞋。

仪式开始时,乐队先开始奏乐,先跳文舞,舞者手里都拿一个紫色袋子,袋子里装着一条挂着结带的笛管。然后再跳武舞,舞者一手拿着一把短捎,一手拿着一个小盾牌,表演者比文舞增加了几个人。此时开始击打铜铙和响环,又击打一个像灶突一样的铜制乐器,又有两人一起提着一个铜瓮敲击地面。舞者的动作一会儿像是在互相格斗,一会儿又像是腾云驾雾,一会儿又像是在挥手告别,千变万化。

音乐开始时,要先敲击柷,这种乐器用木头做成,样子像方壶,上面描绘着山水花纹。每次要奏乐的时候,就把它里里外外敲九下。音乐结束时,则要敲击敔,这种乐器样子像是伏虎,后脊呈锯齿状,乐曲结束的时候,就用竹片刮这些锯齿来发出声音。音乐结束后,礼直官奏请皇帝登坛,引导皇帝的前导官们,都是在皇帝前面弯着腰侧身走,一直把皇帝引导到坛前。这些前导官都不登坛,只有大礼使可以陪同皇帝登上郊坛。

皇帝登坛之后,先向正北的"昊天上帝"跪拜敬酒。当皇帝要敬酒的时候,殿中监就朝东跪下,将爵盏递给皇帝。皇帝再拜一次,起身。然后再往东,跪拜"太祖皇帝"。皇帝一登上郊坛,宫架乐就停止,郊坛上的乐队开始奏乐,等到皇帝祭祀后从郊坛走下来,宫架乐又开始响起来。这个时候开始跳武舞,皇帝回到"小次"。至此,三献的初献就完成了,亚献、终献的礼仪和初献是一样的。当时进行亚献和终献的,是燕王赵俣和越王赵偲。两王登坛的时候,奏乐和刚才一样,跪拜敬酒结束后,中书舍人宣读皇帝的祭祀文书,这个环节需要左右两人举着文书,中书舍人跪着宣读。两王从坛上走下来,也回到小次,这个环节亚终、献都和前面初献是一样的。

皇帝再一次登坛,进献玉爵盏,并饮食供神的酒肉,以求神赐福。亚献、终献到此就都结束了,皇帝从坛上下来,到小次前站立。距离郊坛百来步的地方,有个一丈多高的火炉。坛上的礼料币帛玉册等,祭祀结束后,会从酉阶踏道拿下来,走南面壝墙上的门外,拿到火炉所在的平台,一个人逐件唱出物品名字,其他人将其一一放入火炉中烧掉。在郊坛的三层台阶和四道踏道之间,有十二个小神龛,供奉十二宫神,祭祀百星则是在内墙外。祭祀的时候，执事与陪祠官都朝北站立，根据品级排列。

　　宫架乐结束演奏，鼓乐和吹乐也都悄无声息，祭祀现场数十万人都肃然无声，只听到清风吹过玉佩叮当作响的声音。一赞者喝道："赞一拜！"所有人都下拜。祭祀大典到此就圆满完成了。

《千里江山图》局部（北宋 ◆ 王希孟）

郊毕驾回

　　驾自小次祭服还大次，惟近侍椽烛二百余条，列成围子。至大次更服衮冕[1]，登大安辇[2]。辇如玉辂而大，无轮，四垂大带。辇官服色亦如挟路者。才升辇，教坊在外壝东门排列。钧容直先奏乐。一甲士舞一曲破讫，教坊进口号。乐作，诸军队伍鼓吹皆动，声震天地。回青城，天色未晓。百官常服入贺，赐茶酒毕，而法驾、仪仗、铁骑、鼓吹入南薰门。御路数十里之间，起居幕次，贵家看棚，华彩鳞砌，略无空闲去处。

【注释】

1．衮冕：衮衣和冕冠的合称，是古代天子王公穿戴的礼服。
2．大安辇：又叫大辇，皇帝在宫中乘坐的轿子。

【译文】

　　祭祀结束后，皇帝穿着祭服，从小次来到大次。近侍们点亮两百多根粗壮的蜡烛，列成一个围子。皇帝到了大次就会更换衣服，穿戴上原来的衮衣和冕冠，登上大安辇。大安辇外形有点像玉辂车，但更大一些，没有轮子，四面垂着四根大带子。抬辇官身上的服饰，跟护卫人员是一样的。皇帝升辇的时候，教坊人员已经在外壝东门排列好了，钧容直先奏乐，一位甲士伴着音乐起舞，到结尾时候，教坊的人上前唱诵口号。乐队又开始奏乐，诸军队伍的鼓吹乐队也都开始吹打起来，声音响天动地。

皇上御驾回到青城时,天色还没有完全亮。百官穿着常服来拜贺,皇帝赐他们茶酒。之后皇帝的法驾、仪仗以及随护的铁骑、鼓吹乐队一路前往南薰门。御驾经过的几十里路的路边,供皇帝临时停留的幕帐和富贵人家搭建的看棚华丽非常,鳞次栉比,都几乎没有空地了。

《梅花绣眼图》(北宋 ◆ 宋徽宗赵佶)

《竹梅戏雀图》(宋 ◆ 佚名)

下赦

车驾登宣德楼,楼前立大旗数口,内一口大者,与宣德楼齐,谓之"盖天旗"。旗立御路中心,不动。次一口稍小,随驾立,谓之"次黄龙"。青城太庙随逐立之,俗亦呼为"盖天旗"。亦设宫架,乐作,须臾,击柝之声,旋立鸡竿,约高十数丈,竿尖有一大木盘,上有金鸡,口衔红幡子,书"皇帝万岁"字。盘底有彩索四条垂下,有四红巾者,争先缘索而上,捷得金鸡红幡,则山呼谢恩讫。楼上以红锦索通门下一彩楼,上有金凤衔赦而下,至彩楼上,而通事舍人[1]得赦宣读。开封府大理寺排列罪人在楼前,罪人皆绯缝黄布衫,狱吏皆簪花鲜洁,闻鼓声,疎栅放去。各山呼谢恩讫。楼下钧容直乐作,杂剧舞旋,御龙直装神鬼,斫真刀掉刀。楼上百官赐茶酒,诸班直呈拽马队,六军归营。至日晡时,礼毕。

【注释】

1. 通事舍人:即阁门通事舍人,属阁门司,掌殿庭传宣赞谒。宋代以内廷诸司及三班使臣充阁门祗候,从中选试通识文字,善能宣赞,熟于祗应者迁阁门通事舍人,都称阁职。天禧中,只称通事舍人。政和六年(1116),改为宣赞舍人。

【译文】

皇帝御驾来到宣德楼。楼前树着几面大旗,其中最大的那面和宣德楼一样高,叫作盖天旗,这面旗树立在御路中心,固定不移动。另有一面略小的旗子,会跟着皇帝车驾位置而移动，叫次黄龙旗。青城和太庙举办大型祭祀的时候，也会树立大旗，老百姓把这些大旗也叫盖天旗。

宣德楼下也设置了宫架，音乐声响起，一会儿的功夫，响起击柝的声音，一根鸡竿就现场立起来了。这根竿子高十多丈，竿尖放置有一个大木盘，里面站着一只金鸡，嘴里衔着一枚红幡子，上面写着"皇帝万岁"四个字。大木盘底下垂下来四条彩色绳索，四个头系红头巾的人，各抓住一条彩索，竞相向上攀援。最先爬到顶上的人，摘下金鸡嘴里的红幡子，高呼万岁谢恩。

宣德楼上有一根红锦索连着楼下的一座彩楼，一只金凤嘴里衔着皇帝的赦令，沿着这根绳索到彩楼上，通事舍人就会宣读这份赦令诏书。开封府和大理寺提前把罪人带到宣德楼前，这些罪人都穿着绯缝黄布衫，监狱狱吏们则头上簪花，衣服鲜洁。狱吏听到鼓声，就打开枷锁，将这些罪犯释放。得到赦免的罪犯们就山呼万岁谢恩。

楼下的钧容直奏乐，表演杂剧和舞旋，御龙直表演神鬼杂剧，道具都用真刀。在宣德楼上，皇帝赐百官茶酒。禁军诸班直安排好马队，六军都回归军营。到了下午三四点，宣赦仪式就结束了。

驾还择日诣诸宫行谢

驾还内，择日诣景灵东西宫，行恭谢之礼三日。第三日毕，即游幸别宫观或大臣私第。是月卖糍糕，鹑兔[1]方盛。

【注释】

1. 鹑兔：鹌鹑和兔子，泛指各种野味。

【译文】

御驾返回皇宫,选择吉日到东西景灵宫,行恭谢礼,持续三天时间。等第三天仪式结束,皇帝会莅临其他宫观或者大臣的私人宅邸。这个月开始卖糍糕,市面上各种野味也越来越多。

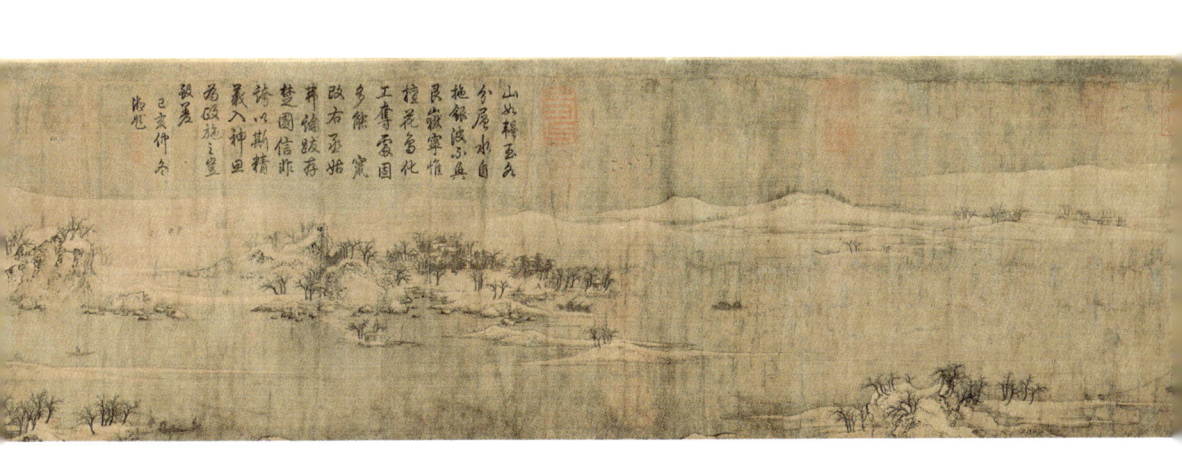

《雪江归棹图》(北宋 ◆ 宋徽宗赵佶)

十二月

十二月，街市尽卖撒佛花[1]、韭黄、生菜、兰芽、勃荷[2]、胡桃、泽州饧。初八日，街巷中有僧尼三五人作队念佛，以银铜沙罗[3]或好盆器，坐一金铜或木佛像，浸以香水，杨枝洒浴，排门教化[4]。诸大寺作浴佛会，并送七宝、五味粥[5]与门徒，谓之"腊八粥"。都人是日各家亦以果子杂料煮粥而食也。腊日，寺院送面油与门徒，却入疏教化上元灯油钱[6]。闾巷家家互相遗送。是月景龙门预赏元夕[7]于宝箓宫，一方灯火繁盛。二十四日交年[8]，都人至夜请僧道看经，备酒果送神，烧合家替代钱纸，帖灶马[9]于灶上，以酒糟涂抹灶门，谓之"醉司命"。夜于床底点灯，谓之"照虚耗"。此月虽无节序，而豪贵之家，遇雪即开筵，塑雪狮，装雪灯雪[10]，以会亲旧。近岁节，市井皆印卖门神、钟馗、桃板、桃符，及财门钝驴[11]、回头鹿马[12]、天行帖子[13]。卖干茄瓠、马牙菜、胶牙饧之类，以备除夜之用。自入此月，即有贫者三数人为一火，装妇人神鬼，敲锣击鼓，巡门乞钱，俗呼为"打夜胡"，亦驱祟之道也。

【注释】

1. 撒佛花：用来供佛的鲜花。

2. 勃荷：即薄荷。

3. 沙罗：即沙锣，一种打击乐器，也有人用来做盥洗用具。

4. 教化：化缘。

5. 七宝、五味粥：七宝粥和五味粥两种粥，一素一荤。《梦粱录》卷十三"天晓诸人出市"条载："冬天卖五味肉粥、七宝素粥。"

6. 上元灯油钱：当时寺院在正月十五日前后组织盛大的灯会。可参阅本书卷六"十六日"条。

7. 预赏元夕：元宵节演出的彩排活动。

8. 交年：宋代以农历十二月二十四日为交年节，谓旧年和新年在这一天交接。民间皆焚纸钱，诵道佛经咒，以送故迎新。

9. 灶马：印刷在纸上的灶神像。

10. 雪灯雪：第二个"雪"字后，疑脱字。

11. 财门钝驴：一种木板年画，也叫财门、财马。宋吴自牧《梦粱录》卷六"十二月"记载："岁旦在迩，席铺百货，画门神桃符，迎春牌儿，纸马铺印钟馗、财马、回头马等，馈与主顾。"内容是马或驴拉着一车元宝。

12. 回头鹿马：一种木板年画，也叫"回头马"。

13. 天行帖子：天行是当时对瘟疫的称谓，天行帖子应当是一种祈求平安祛除疫病的图案。

【译文】

到了十二月，京城到处都有人在卖撒佛花、韭黄、生菜、兰芽、勃荷、胡桃、泽州饧等。腊月初八这天，街巷中会有僧尼三五成群，排队念佛，他们捧着一个银制或铜制的沙罗盆，盆里供着一尊铜佛或木佛，僧人手持柳枝，蘸起盆里的香水往佛像身上洒浴，并挨家挨户化缘。京城各家大的佛寺，会在这一天举行浴佛会，并且煮好七宝粥和五味粥分送给信众，叫作"腊八粥"。

这天京城里的百姓，也会用果子杂料煮成粥来喝。腊日，也就是腊月初八，寺院会把面粉和油分送信众，同时化缘下一年元宵节灯会的灯油钱。住在街巷里的普通百姓们，也都会互相馈赠礼品。这个月，宝箓宫前的景龙门一带，举行元宵节演出的彩排，夜里灯火辉煌。腊月二十四日是交年节，这天夜里，京城人家会请道士或和尚到家里念经，还会准备好酒水和水果送灶神，焚烧全家人的替代纸钱，在灶上贴灶马。大家还会把酒糟涂抹在灶门，这个叫"醉司命"，夜里会在床下点一盏灯，这个则叫"照虚耗"。

腊月虽没有什么节日，但富贵人家一到下雪天就要设宴，会堆雪狮子，挂起雪灯，并借着宴会和亲人老友相聚。接近年关的时候，大街上都在卖印制的门神、钟馗像、桃板、桃符，以及财门钝驴、回头鹿马、天行帖子等年画。还有售卖干茄瓠、马牙菜、胶牙饧之类食物的，供大家除夕晚上用。一到十二月，就会有穷人三五人一伙，打扮成妇人神鬼之类，敲锣打鼓，挨家挨户乞讨，大家把这个叫"打夜胡"，也算是一种驱邪除恶的方法。

《蜡梅山禽图》（北宋　◆　宋徽宗赵佶）

除夕

至除日,禁中呈大傩仪[1]。并用皇城亲事官、诸班直戴假面,绣画色衣,执金枪龙旗。教坊使孟景初身品魁伟,贯全副金镀铜甲,装将军。用镇殿将军二人,亦介胄,装门神。教坊南河炭丑恶魁肥,装判官。又装钟馗小妹[2]、土地、灶神之类,共千余人,自禁中驱祟,出南薰门外转龙湾,谓之"埋祟"而罢。是夜禁中爆竹山呼,声闻于外。士庶之家,围炉团坐,达旦不寐,谓之"守岁"。

凡大礼与禁中节次,但尝见习按,又不知果为如何。不无脱略,或改而正之,则幸甚[3]。

【注释】

1. 大傩仪:傩仪是以驱鬼逐疫为主要目的的傩祭仪礼,始于商周时期。

2. 钟馗小妹:钟馗嫁妹是我国流传已久的民间传说故事,古代有不少以此为题材的绘画、戏曲等艺术作品。

3. 凡大礼……则幸甚:本段系孟元老识语。各本末有"孟元老识"四字。弘治本及元刻本无此四字。

【译文】

到了除夕这一天,皇宫里会举行驱鬼逐疫的大傩仪。这个仪式上,皇城亲事官、诸班直的人戴着假面,穿绣画色衣,手持金枪和龙旗。教坊使孟景初身材魁伟,全身披挂金镀铜甲，打扮成将军。两名镇殿将军也身披介胄，打扮成门神。教坊里有位南河炭，相貌丑陋，身材肥胖，扮演判官，还有其他人扮演钟馗小妹、土地爷、灶神等角色，所有参与这个仪式的，共一千多人。在这个仪式上，大家在皇宫驱鬼逐疫，之后一路来到南薰门外转龙湾，在这个地方"埋祟"，仪式到这里就结束了。

这天夜里，皇宫里爆竹声声，山呼阵阵，声音远远传出来，在皇宫外也能听得见。普通人家，也会围炉而坐，整个晚上都不睡，这叫"守岁"。

一些重大典礼和宫里的节庆，我仅仅是见过一些演习场面，并不知道其最终演出是什么样的。对相关细节的描述，也难免有所脱略，要是有人能予以指正，那真是荣幸之至。

《大傩图》（宋 ◆ 佚名）

译后记

故都风华常念远

《东京梦华录》是生活在两宋之交的孟元老撰写的一部追记北宋都城汴京风物的名著,内容翔实,影响很大。据书前作者自序,孟元老在徽宗崇宁二年(1103)随父定居京城,当时尚是少年,此后一直在京城生活二十多年,"数十年烂赏叠游,莫知厌足"。靖康二年(1127),金兵攻陷汴京,掳走徽、钦二帝,北宋灭亡,这就是有名的靖康之变。孟元老在这一年南下躲避战乱,此后一直生活在江苏一带。南朝时期的《世说新语》中曾记载一则故事,西晋灭亡后,避乱南下的诸位名士,经常在新亭约会,有人感慨:"风景不殊,正自有山河之异!"然后席间彼此相视流泪,这就是有名的"新亭对泣"。而北宋结束时,南渡文人也有全然相同的情思。宋人周煇在《清波别志》中说:"绍兴初,故老闲坐必谈京师风物。"和当时避乱到南方的其他文人一样,孟元老无比怀念故都风物往事,"暗想当年,节物风流,人情和美,但成怅恨"。于是他将记忆中的繁华,一一诉诸笔端,直到宋高宗绍兴十七年(1147)的除夕之夜才完成,这时距离他躲避战火离开汴京,已经足足二十年了。《列子》里曾记载了一个故事,黄帝白天睡觉时忽然梦到自己来到了华胥氏之国,并深深被这个世外桃源所打动。所以后人经常用"华胥之梦"来指代理想的安乐和平之境,或作为梦境的代称。孟元老就是使用了这个典故,将这部笔记体的回忆录取名为《梦华录》。

《东京梦华录》对后来相同题材的书籍,比如吴自牧的《梦粱录》、佚名的《西湖老人繁胜录》、耐得翁的《都城纪胜》以及周密的《武林旧事》等著作,都有直接的影响。书中关于北宋末年民间说唱、杂剧、伎艺等表演的记载,关于当时各类酒馆以及特色饮食糕点的记录，关于市场各色买卖的描写，关于节令及生活民俗的描述，不少都是独一无二的材料，对经济史、文化史、戏曲史、民俗史乃至于宗教史、烹饪史、体育史的研究都有非常重要的作用，历来受到相关学者的重视。书中关于猫狗宠物市场、租马出行等市民生活的记载，现在看来都觉得新颖可观。四库馆臣将《东京梦华录》收入《四库全书》，文渊阁《四库全书》"卷前提要"认为《梦华录》可以与《宋史》相关内容"相互考核，不可谓无裨于史学也"。《四库全书总目提要》则称许它与《宋史》"可以互相考证，订史氏之讹舛"。

关于《东京梦华录》的作者，书前作者自序题为孟元老，号幽兰居士，宋本《郡斋读书志》亦著录为孟元老，长期以来并无疑问。直到清道光年间，有一位叫常茂徕的没有太大影响的地方学者，提出孟元老名叫孟揆，宋徽宗时曾任礼部侍郎，他说："（孟）揆非异人，即元老也，元老其字而揆其名者也。"也就是说元老是孟揆的字。这一说法并无依据，邓之诚曾批评他"不知宋人多以老命名，竟谓元老是字，奇想天开"。到了20世纪80年代，孔宪易先生在《历史研究》刊文《孟元老其人》，提出一种新说，认为孟元老并非孟揆，而是孟揆的子侄辈、曾担任开封府仪曹的孟钺。遗憾的是孔文并没有提出绝对有力的证据，但仍有不少辞书受此影响，将《东京梦华录》的作者定为孟钺。2006年，李致忠先生在《文献》杂志发表论文《〈东京梦华录〉作者续考》，肯定了孔宪易的结论，并提出一些新的证据。但经过仔细分析，我们认为孔文和李文提出的证据严重不足，并且还存在一些错误，只能作为一种猜测，不足以作为结论。除了以上两种新说，2011年，伊永文先生在《南开学报》发表《孟元老考》一文，又提出孟元老实为宋宗室赵子淔，虽令人耳目一新，但依然没有提出严谨的证明，也只能聊备一说。将《东京梦华录》的作者题为孟元老，实是目前最准确的做法。

《东京梦华录》最早由赵师侠刊刻于南宋淳熙十四年（1187），他在刊书跋中说："幽兰居士记录旧所经历为《梦华录》，其间事关宫禁典礼，得之传闻者，不无谬误。若市井游观，岁时物货，民风尚俗，则见闻习熟，皆得其真。……今甲子一周，故老沦没，旧闻日远，后余生者尤不得而知，则西北寓客绝谈矣。因锓木以广之，使观者追念故都之乐，当共起风景不殊之叹。淳熙丁未岁十月朔旦，浚仪赵师侠介之书于坦庵。"但遗憾的是，这个宋刻本失传已久。明清乃至民国，均有藏书家号称收藏有此书的宋刻本,其实都非宋刻,而是下文提到的元刻本。

现存最早的版本是元刻本。元刻本存世有两部,均题为《幽兰居士东京梦华录》,十卷。其一现藏中国国家图书馆,细黑口,左右双边,每半叶十四行,行二十二至二十四字不等,为汲古阁毛晋、毛扆父子旧藏,民国时为袁克文所藏,均有藏书印记,以前曾长期被误认为是宋本。另一部藏日本静嘉堂文库,是元刻明印,使用了不少明初国子监的废纸,蝴蝶装。此本有黄丕烈手书长跋二则,有顾元庆、黄丕烈、汪士钟、陆树声等递藏印章。行款与国图所藏者相同。此本原为陆心源皕宋楼旧藏,陆心源去世后,和皕宋楼其他精品一样,成为日本静嘉堂文库的收藏。此本1941年由静嘉堂文库作为《静嘉堂秘笈》第三种影印出版,1983年岩波书店亦曾影印出版。

明弘治十七年(1504)曾据宋刻本翻刻,亦题为《幽兰居士东京梦华录》,国家图书馆有藏本,正文半叶八行,行十六字,卷末有黑底白字牌记"弘治甲子年重新刊行"。因为这个版本源自宋本,所以比元刻本更加接近原貌。尤其是卷三最后几条,比元刻本多出不少文字,是《梦华录》最有价值的版本。以卷三"天晓诸人入市"条中的一小段为例,弘治本作"诸门桥市井已开,如瓠羹店门首坐一小儿,叫'饶骨头',间有灌肺及炒肺。酒店多点灯烛沽卖,每分钱不过二十文,并粥饭点心。亦间或有卖洗面水、煎点汤药者,直至天明"。而元刻本则作"诸行门店多点灯烛沽卖,每分不过二十文,并汤药者,直至天明"。漏刻数十字之多。

明代还有嘉靖年间刻本,现藏上海图书馆和国家图书馆。国家图书馆藏本是傅增湘旧藏。明末也曾刻过一次,题为《东京梦华录》,半叶九行,行二十字,今藏国家图书馆,上有刘履芬及王国维校记及题跋,是翻刻的元刻本。此外,国家图书馆还藏有一明抄本,有吴翌凤、黄丕烈校记及题跋。清抄本则有《四库全书》本。《东京梦华录》自明清以来还陆续被收入《秘册汇函》《津逮秘书》《学津讨原》《三怡堂丛书》等丛书,均题《东京梦华录》,俱是十卷。在《唐宋丛书》及《说郛》中,则题为《幽兰居士东京梦华录》,一卷。

本次整理,底本采用各版本中价值最高的明代弘治甲子刻本,对异体字做了规范。在参校元刻本等其他版本时,发现不少重要异文,对其中经过查考确定为弘治刻本雕刻疏误的,直接予以修正,其他重要异文,则择要在注释中予以辨析。在标点和注释的过程中，重点参考并吸收了邓之诚先生《东京梦华录注》和伊永文先生《东京梦华录笺注》的相关校勘和研究。但两书断句、注释亦有可商榷之处，笔者参考学界最新成果做了不少修订，部分有所发明之处，做了较为详细的注释说明。整理工作中广泛参考了吴自牧《梦粱录》等宋代史料，同时查阅了大量文学、经济、城市规划、建筑、体育、宗教等领域的专著论文和专门辞书，力求准确，修订了不少此前注译本陈陈相因的舛误，希望能够做到后出转精。同时，为了使书更为丰富生动，本书编者为全书选了不少宋画作为配图，尤其将《清明上河图》的细节图结合内容随文搭配，并撰写了图注，虽然配图难以做到一一完美对应，但在图文结合中，为读者了解汴京乃至宋朝景象打开了一个窗口，以期读者可以更为直观地感受大宋盛景。但限于才力，加之以时间较为紧迫，难免还有不少错漏之处，恳请读者指正。

译罢掩卷，东京开封的繁华依旧历历眼前。但对于经历乱离远遁南方的孟元老来说，这只能是在繁华落尽二十年后，梦境中念念不忘的旧时风华。北宋晏殊词云"满目山河空念远，落花风雨更伤春"，对孟元老来说，这本书，大概就是他"旧都风华常念远"的回忆录了。但对于今人来说，它却又是一部"梦回大宋"，重读久远年代繁华盛世的文字版《清明上河图》。

本次译注能够顺利完成，要感谢南京大学历史学院研究生武云昊提供的帮助和建议。

侯印国
2019 年七夕于南京小自在斋
2020 年谷雨前一日复校

孟元老

生卒年待考，宋代文学家，号幽兰居士，北宋都城东京（今河南开封）人。少时随做官的父亲至东京，自宋徽宗崇宁二年（1103）至南宋高宗建炎元年（1127），在东京居住二十余年。金灭北宋，孟元老南渡，常忆东京繁华，"节物风流，人情和美"，恐时间一久，"论其风俗者，失于事实，诚为可惜"，遂于南宋绍兴十七年（1147）撰成《东京梦华录》，自作序。

侯印国

文化学者，毕业于南京大学古典文献学专业，任多所高校及佛学院兼职教授。著有《清代稀见私家书目研究》《中国佛教慈善简史》等著作。

东京梦华录

作者 _ [宋] 孟元老　译注 _ 侯印国

编辑 _ 牛长红　装帧设计 _ 郑力珲　主管 _ 李佳婕
执行印制 _ 刘世乐　策划人 _ 许文婷

营销团队 _ 阮班欢　李佳　王维思

果麦
www.goldmye.com

以 微 小 的 力 量 推 动 文 明

图书在版编目（CIP）数据

东京梦华录 /（宋）孟元老著；侯印国译注. — 西安：三秦出版社，2021.4（2025.4重印）
ISBN 978-7-5518-2380-7

Ⅰ. ①东… Ⅱ. ①孟… ②侯… Ⅲ. ①开封－地方史－史料－北宋②《东京梦华录》－注释③《东京梦华录》－译文 Ⅳ. ①K296.13

中国版本图书馆CIP数据核字（2021）第046591号

东京梦华录

[宋] 孟元老著　侯印国译注

出版发行	三秦出版社
社　　址	西安市雁塔区曲江新区登高路1388号
电　　话	（029）81205236
邮政编码	710061
印　　刷	天津市豪迈印务有限公司
开　　本	710mm×960mm　1/16
印　　张	18.75
插　　页	1
字　　数	206千字
版　　次	2021年4月第1版
印　　次	2025年4月第22次印刷
印　　数	119 001—124 000
标准书号	ISBN 978-7-5518-2380-7
定　　价	88.00元
网　　址	http://www.sqcbs.cn

如发现印装质量问题，影响阅读，请联系021-64386496调换。